KB217994

오감으로 성경 읽기

오감으로 성경 읽기

김동문 지음

1판 1쇄 발행 2014. 10. 27. | **1판 4쇄 발행** 2023. 12. 10. | **발행처** 포이에마 | **발행인** 고세규 | **등록번호** 제 300-2006-190호 | **등록일자** 2006. 10. 16. | 서울특별시 종로구 북촌로 63-3 우편번호 03052 | 마케팅부 02)3668-3260, 편집부 02)730-8648, 팩스 02)745-4827

값은 뒤표지에 있습니다. ISBN 978-89-97760-92-3 03230 | 독자의견 전화 02)730-8648 | 이메일 masterpiece@gimmyoung.com | 좋은 독자가 좋은 책을 만듭니다. | 포이에마는 독자 여러분의 의견에 항상 귀를 기울이고 있습니다.

포이에마
POIEMA

들어가는 말

오감과 일상으로 성경을 공감하다

언젠가 "내가 천사의 손에서 작은 두루마리를 갖다 먹어버리니 내 입에는 꿀같이 다나 먹은 후에 내 배에서는 쓰게 되더라"(계 10:10)라는 성경구절을 읽다가 의문이 든 적이 있습니다. "두루마리(성경)를 먹으라", "그 말씀이 내 배(안)에서 씁니다"라는 식의 대화가 잘 이해되지 않았습니다. 그런데 지금은 그 말씀의 의미를 조금 알게 되었습니다. 말씀은 정말로 먹는 것이고, 온몸으로 깊숙이 느끼는 것임을 체험했기 때문입니다.

성경을 읽는 것은, 버스를 타고 목적지에 도착하는 것과 비슷합니다. 아무 생각 없이 목적지에 도착하는 것처럼 성경을 일독할 수도 있습니다. 그러나 목적지에 가는 동안 스쳐 지나가는 거리의 풍경, 버스에 올라타는 승객의 표정, 거리의 냄새, 벌어지는 상황 등을 하나하나 살펴보며 가면 보다 풍성한 여정이 되겠지요. 성경을 읽는 것도 마찬가지일 것입니다.

성경은 기독교인이든 비기독교인이든, 모든 사람이 관심을 가지는 책입니다. 요즘은 비기독교인조차 성경의 이야기를 예화로 들거나 성경 용어를 일상적으로 사용합니다. 그런데도 적지 않은 이들이 성경을 여전히 어려운 책으로 생각합니다. 기독교인 중에도 성경이 이해하기 힘든 책이라 말하는 이들이 의외로 많습니다. 사실 우리에게 익숙한 성경공부는 '문제 풀기식'인 경우가 많습니다. 실제로 성경을 가르치는 대부분의 책들은 논리적이고 합리적인 사고를 요구합니다. 성경의 내용과 흐름을 일목요연하게 보여주고 가르치고 이해하도록 돕는 지침서로 공부하는 것이 대부분이지요. 그런 점에서 성경은 머리로 잘 이해해야 하는 책이 맞습니다.

그러나 또 다른 점에서 성경은 일상에서 '느끼는' 책이기도 합니다. 그때 그 자리에서 말씀하시고 일하셨던 하나님은 온몸으로 당신의 마음과 생각 그리고 임재를 느끼도록 하셨습니다. 논리적으로, 합리적으로만 이해되도록 우리에게 다가오시지 않습니다. 그러한 하나님의 역사役事를 기록한 것이 성경입니다. 그렇다면 우리도 성경을 읽으면서 그 당시의 이스라엘 백성이 어떻게 느꼈을까를 항상 염두에 두어야 하는 것 아닐까요?

성경은 느낄 수 있어야 합니다. 본문의 의미와 무관하게 마음껏 상상의 나래를 펴야 한다는 말이 아닙니다. 그럴 경우 성경의 배경에 대한 무지에서 비롯된 자의적 해석으로 빠지기 십상이지요. 성경을 오감으로 느끼는 것은 오히려 성경에 대한 바른 이해를 전제로 할 때 제 효과를 볼 수 있습니다. 성경이 원래 담고 있는 그 느낌 그대로를 읽어내는 것이 중요하기 때문입니다.

"텔레비전 속 드라마는 너무 현실감 있고 생생한데, 거기 비하면 성경은 밋밋한 윤리 교과서 같은 느낌이에요." 이런 의견에 여러분도 공감하시는지요? 사실 드라마와 영화를 통해 느끼는 아름다움과 감동은 그 속에 등장하는 대사 때문이 아닙니다. 감미로운 배경음악과 촉촉한 분위기, 웅대한 스케일과 배우들의 살아 있는 표정 연기 등이 어우러져 시청자들의 눈과 마음을 사로잡습니다. 사실 우리의 의사소통에 있어서 말로써 전달되는 정보는 7퍼센트 정도에 불과하다고 하니 나머지 비중이 얼마나 큰지 쉽게 가늠할 수 있습니다.

우리의 성경 읽기는 주어진 텍스트 읽기에 너무 매몰되어 있습니다. 귀납적 성경 연구가 한국 교회의 성경 읽기와 묵상에 안겨준 유익은 결코 적지 않았습니다. 지적 성경 읽기는 우리의 지성을 십분 활용하도록 자극했지요. 맹목적으로 많이 읽는 것을 권장하는 것이 아니라 객관적이고 이성적인 성경 읽기를 유도했습니다. 하지만 무미건조한 성경 읽기, 지식적이고 사변적인 읽기로 빠지는 경향 또한 있었음을 부인할 수 없습니다. 다른 한편에서는 말씀 묵상이 우리의 감성을 자극했습니다. 이러한 경향은 본문의 의미와 무관하게 자의적 감동에 빠지는 것으로 자족한다거나, 하나님의 음성이라고 오해하기도 했습니다.

《천일야화》에는 알라딘의 요술 램프가 등장합니다. 램프를 문지르면 나타나는 요정은 주인이 소원하는 바를 이뤄주고는 곧장 다시 램프 안으로 사라집니다. 램프의 요정이 주체적으로 주인과 대화하는 법이 없었습니다. 문득 우리의 성경 읽기가 이와 같지는 않은가 싶었습니다. 오직 내 스케줄과 방법에 따라 성경을 펼쳐 주님을 부른 뒤 나만의 일방적 독백으로 대화를 끝낸 뒤 성경을 덮습니다. 주님은 더 이상 우리의 삶에 능동적으로 개입하지 않습니다. 왜냐하면 '그 주님'은 내가 부를 때에만 나타나야 하기 때문입니다. 내가 부르지 않아도 내게 다가오시고, 내가 구하지 않아도 말씀하시는 하나님을 우리의 일상 한가운데서 느끼고 살아갈 수는 없을까요?

어떤 점에서 우리는 성경의 비언어적인 부분에는 지나칠 정도로 둔감했습니다. 사실 우리가 사는 일상은 오감으로 가득 차 있습니다. 어떤 특정한 이름을 떠올릴 때 머리로 분석되는 대상이 있는가 하면 온몸으로 감각되는 대상이 있습니다. 후자의 경우가 실제 그 대상을 안다고 할 수 있습니다. 우리가 살고 있는 동네나 태어나 자란 마을을 떠올려보십시오. 시각, 청각, 후각, 미각, 촉각이 자극될 것입니다. 살아 있는 경험은 이렇게 먼저 우리의 감각으로 다가옵니다. 분석이 아니라 통합적으로 체험됩니다. 통으로 느껴집니다. 이것이 살아 있는 경험이자 살아 있는 만남의 증거가 됩니다. 살아 있는 만남은 머리로 재구성하는 것과는 다릅니다. 몸으로 반응합니다. 먼저 감각하고서 그다음에 지각하는 것이지요.

성경은 볼 수 있고, 맛볼 수 있으며, 느낄 수 있습니다. 또한 들을 수 있으며, 냄새를 맡을 수 있습니다. 그런데 우리가 성경을 읽을 때는 지각만 총동원되고 오감을 동원하는 능력은 점점 퇴화됩니다. 오감으로 느껴지는 것 없이 곧장 머리로만 이해하려고 할 때 그것은 사변적으로 흐르기 쉽습니다. 성경은 느끼는 것입니다. 호흡하는 것입니다. 성경말씀이 삶의 자리에서 다시금 오감을 통해 입체적으로 다가올 때 성경공부는 더 풍성해질 수 있습니다.

성경을 읽으면서 사계절이 느껴집니까? 성경 이야기에서 냄새를 맡을 수 있습니까? 갈릴리 호수의 서늘한 바람이 와 닿습니까? 한밤중 광야의 삭막한 정적이 느껴집니까? 예수님의 발 위에 그득하게 부어진 순전한 나드의 진동하는 향기가 전율로 다가옵니까? 엔학고레 샘물 곁에서 부르짖는 삼손의 절규가 들리십니까? 하갈이 브엘세바 광야에서 물을 만나기 직전의, 그 타는 목마름이 느껴지십니까? 갈릴리 호숫가에서 예수님이 모닥불을 피워놓고 베드로와 제자들을 다시 맞았을 때의 그 붉은 빛 가득한 풍경이 보이십니까? 어떻게 하면 성경의 이야기들을 오감으로 느끼며 읽을 수 있을까요? 요한1서 기자가 "태초부터 있는 생명의 말씀에 관하여는 우리가 들은 바요 눈으로 본 바요 우리 손으로 만진 바"(요일 1:1) 되었다고 한 것처럼 우리도 오감으로 느껴야 합니다. 아니, 느낄 수 있습니다. 이 책은 그런 기대와 고민을 담았습니다.

하지만 영화의 대사와 같은 텍스트를 통해 우리의 오감을 자극하기란 쉽지 않은 일입니다. 그러나 오감을 최대한 활용하도록 노력을 기울인다면 그간 놓치고 있던 작은 것들을 통해 본문을 더 선명하게 이해할 수 있을 것입니다. 물론 한 권의 책이나 세미나를 통해 해결할 수 있는 것은 아니지만 말입니다. 우리의 다양한 시도가 성경을 더 체험적으로 읽을 수 있도록 돕는 중요한 도구가 되기를 바랍니다.

이처럼 성경은 일상 속에서 느끼도록, 깨닫도록 되어 있습니다. 하나님께서는 일상을 살아가고 있는 이들에게 무언가를 보내시거나 직접 말씀하시고 일하셨습니다. 일상에서 사용하는 모든 것이 말씀을 전달하는 매개가 되었고, 그림언어가 되었습니다. 관념이나 개념이 아닌 실체가 있는 말씀을 전해주신 것입니다. 그때 그 자리에서 말씀하시고 일하셨던 하나님은 당신의 온몸으로 그분의 마음과 생각 그리고 존재감을 느끼도록 만드셨습니다.

우리와 같은 사람으로 오셔서 매일의 삶을 사셨던 주님을 기억하는 계절이기를 꿈꿉니다. 이 책을 통해 성경을 하나님의 영감으로 감동시키신 성령님의 손길을 다시 느꼈으면 좋겠습니다. 그 성령으로 인해 우리가 성경을 읽을 때 그동안 잊어버렸고 잃어버렸던 오감을 회복할 수 있기를 소망합니다. 하나님의 말씀이 지금도 살아 있고 운동력이 있음을 온몸으로 느낄 수 있기를 바랍니다.

오늘도 하나님께서는 머리로, 지식으로, 정보로만이 아니라 일상에서 느끼고 경험할 수 있도록 말씀하십니다. 그 하나님의 말씀을 우리의 온 감각으로 느끼고 배우고 알아가고 누리는 하루가 되기를 소망합니다.

차례

2부 일상으로 성경 읽기

3부 공감하며 성경 읽기

강렬한 태양은 붉고
노란빛을 내며
하늘과 땅을 가득히 채웁니다.
_요르단 암만 지역

—

겨자꽃. 산을 옮길 만한 믿음을 표현할 때
등장하는 겨자씨를 품고 있는 꽃입니다.
아주 작고 사소하고 보잘것없는 것을 지칭할 때 쓰이지요.

겨자꽃이 가득히 피어오른 바산 들판은
봄의 향기를 가득히 뿜어냅니다.
_요르단 바산 지역

눈 덮인 바닷가를 연상시키는
눈부신 흰빛으로 가득한 풍경.
_요르단 사해

양 무리의 움직임이 보이는 광야는 빈들이 아닙니다.
온갖 색감이 어우러지는, 삶이 이어지는 공간입니다.

_요르단 아라바 광야

붉은 아침 햇살을 머금은 화강암 산지와 작은 저수지.
이곳에서 모세는 떨기나무 체험을 했습니다.
_이집트 시내 산

빵이 익어가는 그곳에
화덕의 온도를 오래 유지하기 위해 돌이 놓여 있습니다.
_이스라엘 가나 지역

معرض معلولا
هدايا

막 구워진 구수한 밀가루 빵이
하루의 삶을 약속합니다.
성경 속 사람들은 먹을 빵을
날마다 만들어야 했습니다.
_시리아 마울룰라 지역

사막 위에 세워진 죽은 왕의 거대한 집이었던 피라미드.
그 뒤로 산 사람들의 삶의 공간인 도시가 가득합니다.
_이집트 기자 지역

사해 수심이 점점 낮아지고 있습니다.
사해를 형성해주는 민물의 유입도 줄어들고 사해물의 고갈도 늘어갑니다.
_요르단 사해

광야에도 아침이 밝아옵니다.
유목민들에게 밤의 추위와 낮의 더위는 일상입니다.
_이집트 시나이

대추야자, 석류, 밤, 무화과 등의
과일이 저마다의 색과 맛으로
사람들을 유혹합니다.
_요르단 암만

جميع أنواع البهارات
تجهيز ...
فوري أمامك...
لوز مالح
الوقية
لوز حلو
الوقية
مخلوطة سوبر
الوقية
حلبي فندقي
حلو
الوقية

이몬드, 알레포 피스타치오,
땅콩 등 다양한 견과류가 입맛을 돋웁니다.
_요르단 암만

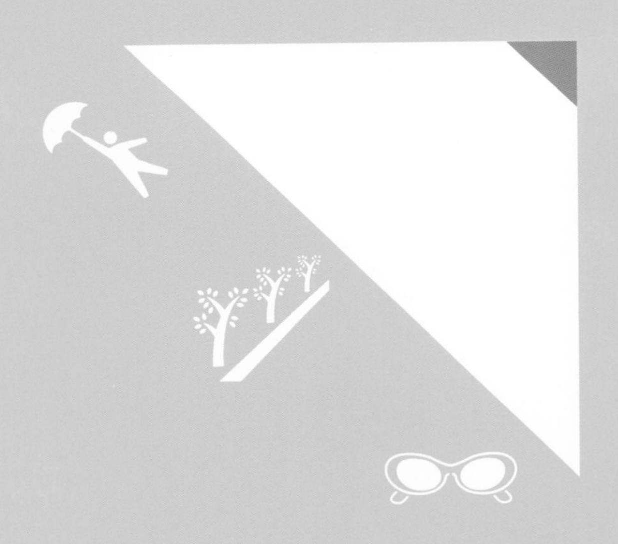

1부

오감으로
성경 읽기

"성경을 느낀다? 성경을 그저 내 마음대로 느끼라는 말인가요?"라고 반문하는 사람이 있을지도 모르겠습니다. '마음대로 느껴라'가 아니라 '있는 그대로 느껴라'가 맞는 표현입니다. 일상에서 작동되는 우리의 감각기관들이 성경을 읽을 때에도 작동되어야 합니다. 의지적으로가 아니라 무의식적으로, 본능적으로 가동되어야 합니다. 우리가 일상에서 감각적으로, 때로는 본능적으로 느끼며 사는 것처럼 말입니다.

"머리로는 이해가 되는데, 가슴으로 느껴지지가 않아요!" "드라마나 영화는 즐기며 볼 수 있는데, 성경공부는 머리 아파요." "어렵고 낯선 문체에 무슨 말인지 모르겠어요"라고 생각하는 분들이 많습니다. 성경을 그저 '재미없는 교훈집이나 위인전기'쯤으로 생각하는 경우도 적지 않습니다. 본받고 깨우쳐야 할 이치를 찾느라 애를 쓰기도 합니다. 편안한 마음으로 성경을 읽기가 힘듭니다.

학교공부는 혼자 해도 성경공부는 혼자 하면 큰일 날 것 같습니다. 교회 교육조차 암기위주나 주입식으로 배워야 마음이 편합니다. 그러면서도 쉬운 글로 번역된 성경은 왠지 하나님의 거룩한 말씀 같지 않아서 멀리 하게 되고요.

성경은 정말로 재미있고 스펙터클하며 쉬운 책입니다. 하나님께서 당신의 마음을 전하기 위해 직접 볼 수 있고, 들을 수 있고, 냄새 맡을 수 있고, 맛볼 수 있고, 만질 수 있도록 만드셨기 때문입니다. 눈에 보이지 않는 것을 우리가 느낄 수 있는 것으로 전해주셨습니다. 어렵게 표현하면 "말씀이 육신이 되었다"는 것이지요. 그 기록이 성경입니다. 성경은 어떤 면에서 현장감 있는 '르포'입니다.

영화를 보러가면서 여러분들은 어떤 준비를 하시나요? 그냥 영화관에 가서 영화를 보면 됩니다. 영화 속에 몰입하면서 영화가 전해주는 것을 다양하게 느끼고 반응할 수 있습니다. 웃거나 울고, 화를 내기도 하고 심지어 욕을 하기도 합니다. 영화의 방대한 스토리가 다양한 감각, 즉 오감으로 말을 걸기 때문입니다. 감정이입이 이뤄지기도 하고, 공감 또는 반감을 느끼면서 영화와 영화 제작자와 영화 속 등장인물들과 대화하는 것입니다. 저는 성경도 이와 같다고 생각합니다. 성경의 이야기를 따라가면서 자연스럽게 듣고 보고 느끼고 감각할 수 있도록, 성경은 아주 정밀하게 구성되어 있기 때문입니다. 그런데 우리는 성경을, 눈으로(만) 보고 머리로(만) 생각하는 것에 지나칠 정도로 익숙해져 있습니다. 성경을 읽으며 여러가지 감각이 동시에 움직이는 걸 알아차린 적 있으신지요? 본문에서 그 감각을 한번 깨워볼까 합니다.

1 오장육부로 느껴라

여러분에게 갑자기 웃긴 상황이 벌어지면 어떻게 하나요? 배꼽을 잡고 웃지요. 그런데 사실 배꼽이 아픈 게 아니라 창자가 아픈 것입니다. 고통이나 괴로움이 너무 크면 창자가 움직입니다. 그래서 옛날부터 너무 아플 때 "창자가 끊어진다"라는 표현을 쓴 것입니다.

창자는 희로애락을 느끼는 부위입니다. 너무 즐거울 때도, 괴로울 때도, 아플 때도 다른 곳이 아닌 창자가 자극됩니다. 창자는 감각의 깊이를 느낄 수 있는 곳입니다. 이 때문일까요? 예레미야가 창자로 하나님의 말씀을 느끼고 있는 구절들이 눈에 띕니다. 너무 슬프고 아파서 "내 창자여, 내 창자여"(렘 4:19, NIV) 하며 절규합니다. 예루살렘의 망하는 것을 바라보면서 창자가 끊어지는(애 2:11) 아픔을 느낍니다.

서양의학에는 오장육부伍藏六府가 없지만(장과 부를 따로 구분하지 않는다는 의미에서), 한의학에서는 내장을 통틀어 일컫는 말로 사용합니다. 간肝, 심장心, 비장脾, 폐肺, 신장腎을 오장伍臟이라 하고, 담낭 · 소장 · 위장 · 대장 · 방광 · 삼초를 육부六腑라고 합니다. 고대 중근동에서는 이 오장육부를 어떻게 생각했을까요? 고대 이집트인은 장기 중 심장, 위장, 간장, 폐와 장(대장과 소장)을 중요하게 생각했습니다. 그래서 내세를 위해 미라를 만들 때도 심장을 제외한 4개의 장기는 별도로 만든 특별한 항아리 안에 보존했습니다. 특히 심장은 한 개인의 모든 행위를 담은 것으로 생각했습니다. 삶의 기록이 저장된 장소로 생각했습니다.

심장으로 생각하다

성경 시대 사람들은 우리의 양심이나 의식이 심장에 있다고 생각했습니다. 예를 들면 '폐부를 시험한다'라는 말은 생각을 살핀다는 뜻을 지니고 있습니다. 고대 이집트나 중근동에서 쓰는 "마음을 잰다"라는 표현은 심장이 한 개인의 선행과 악행을 모두 담고 있다는 생각에 바탕을 두고 있습니다. 그래서 죽은 자가 내세에서 심판을 받을 때 선행의 저울추(기준)였던 진리와 정의의 신 마아트의 깃털로 심장의 무게를 쟀습니다. 바로 이 때문에 미라를 만들 때는 반드시 심장을 몸 안에 남겨두어야 했던 것이지요. 고대 이집트의 《사자의 서 *Book of the Dead*》 4장에 따르면, 심장이 담고 있는 선행의 무게가 죽은 자가 저승에 들어갈 수 있는 요건이 되었다고 기록합니다. 그런 까닭에서인지 모르겠지만, 고대 이집트에서는 오히려 뇌가 중요하게 취급되지 않았습니다. 미라를 만드는 과정에서 뇌가 제거된 것은 이것

때문입니다. 아래 성경구절에서 이런 의미로 사용된 단어를 짚어가며 읽을 때 새롭게 와 닿는 것이 있을 것입니다.

- 악인의 악을 끊고 의인을 세우소서. 의로우신 하나님이 사람의 심장(사람의 심장 속과 신장까지)을 감찰하시나이다(시 7:9, 개역한글).
- 나를 훈계하신 여호와를 송축할지라. 밤마다 내 심장(신장)이 나를 교훈하도다(시 16:7, 개역한글).
- 내 마음이 산란하며 내 심장(신장)이 찔렸나이다(시 73:21, 개역한글).
- 공의로 판단하시며 사람의 심장(신장과 마음)을 감찰하시는 만군의 여호와여 나의 원정을 주께 아뢰었사오니 그들에게 대한 주의 보수를 내가 보리이다 하였더니(렘 11:20, 개역한글).
- 의인을 시험하사 그 폐부(신장)와 심장을 보시는 만군의 여호와여, 나의 사정을 주께 아뢰었사온즉 주께서 그들에게 보복하심을 나로 보게 하옵소서(렘 20:12).
- 주께서 그들을 심으심으로 그들이 뿌리가 박히고 장성하여 열매를 맺었거늘 그들의 입은 주께 가까우나 그 마음(신장)은 머니이다(렘 12:2).
- 나 여호와는 심장을 살피며 폐부(신장)를 시험하고 각각 그 행위와 그 행실대로 보응하시나니(렘 17:10)
- 또 내가 사망으로 그의 자녀를 죽이리니, 모든 교회가 나는 사람의 뜻(신장)과 마음(심장)을 살피는 자인 줄 알지라. 내가 너희 각

사람의 행위대로 갚아주리라(계 2:23).

• 만일 네 입술이 정직을 말하면 내 속(신장)이 유쾌하리라(잠 23:16).

창자로 느끼다

'마음'은 어디에 있을까요? 어떤 사람은 머리에, 어떤 사람은 가슴에 있다고 말합니다. 우리는 '마음' 또는 '심장'으로 희로애락을 느낀다고 흔히 생각합니다. 그러나 사실 깊은 감정을 느끼는 부분은 심장이 아닙니다. 기분이 아주 좋거나 마음이 아주 슬플 때, 또는 아주 웃길 때 심장이 아니라 창자가 자극을 받습니다. 그래서인지 깊은 생각도 사실은 창자에서 시작된 게 아닌가 하는 생각도 듭니다.

• 이러므로 나의 마음이 모압을 위하여 수금 같이 소리를 발하며 나의 창자가 길하레셋을 위하여 그러하도다(사 16:11, 개역한글).

• 내 눈이 눈물에 상하며 내 창자가 끓으며 내 간이 땅에 쏟아졌으니 이는 처녀 딸 내 백성이 패망하여 어린 자녀와 젖 먹는 아이들이 성읍 길거리에 기절함이로다(애 2:11).

• 내게 이르시되 인자야 내가 네게 주는 이 두루마리로 네 배에 넣으며 네 창자에 채우라 하시기에 내가 먹으니 그것이 내 입에서 달기가 꿀 같더라(겔 3:3).

• 그들이 그 은을 거리에 던지며 그 금을 오물 같이 여기리니 이는 여호와 내가 진노를 내리는 날에 그들의 은과 금이 능히 그들을

건지지 못하며 능히 그 심령을 족하게 하거나 그 창자를 채우지 못하고 오직 죄악의 걸림돌이 됨이로다(겔 7:19).

- 내가 들었으므로 내 창자가 흔들렸고 그 목소리로 말미암아 내 입술이 떨렸도다. 무리가 우리를 치러 올라오는 환난 날을 내가 기다리므로 썩이는 것이 내 뼈에 들어왔으며 내 몸은 내 처소에서 떨리는도다(합 3:16).
- 슬프고 아프다(내 창자여 창자여). 내 마음속이 아프고 내 마음이 답답하여 잠잠할 수 없으니 이는 나의 심령이 나팔 소리와 전쟁의 경보를 들음이로다(렘 4:19).
- 에브라임은 나의 사랑하는 아들 기뻐하는 자식이 아니냐. 내가 그를 책망하여 말할 때마다 깊이 생각하노라. 그러므로 그를 위하여 내 마음이 측은한즉(내 창자가 들끓으니) 내가 반드시 그를 불쌍히 여기리라. 여호와의 말이니라(렘 31:20, 개역한글).
- 여호와여 돌아보옵소서. 내가 환난 중에서 마음이 괴롭고(창자가 뒤틀리고) 번뇌하오니 나의 패역이 심히 큼이니이다. 밖으로는 칼의 살육이 있고 집에는 사망 같은 것이 있나이다(애 1:20, 개역한글).
- 형제여 성도들의 마음이 너로 말미암아 평안함을 얻었으니(창자가 시원함을 얻었으니) 내가 너의 사랑으로 많은 기쁨과 위로를 받았노라(몬 1:7).
- 내가 예수 그리스도의 심장(창자)으로 너희 무리를 얼마나 사모하는지 하나님이 내 증인이시니라(빌 1:8).

심장으로 사랑하다

사랑은 깨닫는 것이 아니라 느끼고, 살아내는 것이 아닌가 싶습니다. 앞서 언급했듯, 이집트의 미라에 얽힌 이야기가 떠오릅니다. 5개의 장기 중에서 심장은 미라 몸 안에 남겨두었습니다. 심장은 한 개인의 모든 것, 즉 그의 삶과 생각을 다 담고 있기에, 이 심장은 심판대 앞에 서게 되는 죽은 이의 완벽한 증거자료라고 생각한 것입니다.

- 너는 마음(심장)을 다하고 뜻을 다하고 힘을 다하여 네 하나님 여호와를 사랑하라. 오늘 내가 네게 명한 이 말씀을 너는 마음에 새기고(신 6:5-6).
- 여호와께서 거기에서 네 마음(심장)을 떨게 하고 눈을 쇠하게 하고 정신을 산란하게 하시리니(신 28:65).
- 내가 다시는 여호와를 선포하지 아니하며 그의 이름으로 말하지 아니하리라 하면 나의 마음(심장)이 불붙는 것 같아서 골수에 사무치나 답답하여 견딜 수 없나이다(렘 20:9).

코로 분노하다

코로 화를 내는 것은 중동 사람들이 자주 쓰는 표현입니다. 성난 황소가 콧김을 내뿜는 장면, 뿔이 난 나귀나 숫염소, 숫양 등이 콧김을 내뿜으며 열을 내는 장면은 우리에게도 익숙합니다. 코로 분노하는 모습은, 목축 현장에서 어렵지 않게 마주하던 장면들입니다. 이런 이미지를 하나님의 분노를 묘사할 때 사용하는 것은 아주 인상적입니다.

- 여호와께서 모세를 향하여 노하여(콧구멍이 뜨거워져서) 이르시되(출 4:14).
- 그 코에서 연기가 오르고 입에서 불이 나와 사름이여 그 불에 숯이 피었도다(삼하 22:9; 시 18:8).
- 사람에게 이르기를 너는 네 자리에 서 있고 내게 가까이 하지 말라. 나는 너보다 거룩함이니라 하나니 이런 자들은 내 코의 연기(분노)요 종일 타는 불이로다(사 65:5).

볼기로 수치를 느끼다

성경 시대 사람들에게는, 자신의 볼기가 드러나는 것은 한 개인 특히 남자에게는 가장 치욕스런 모습이라 믿었습니다. 술에 취한 노아의 벌거벗은 모습이나, 다윗이 암몬 왕국에 보낸 특별 사절단이 엉덩이 볼기를 다 드러낸 채로 강제 추방되는 이야기는 바로 이 볼기가 수치심의 상징인 것을 보여줍니다.

- 네가 두 손으로 네 머리를 싸고 거기서도 나가리니 이는 네가 의지하는 자들을 나 여호와가 버렸으므로 네가 그들로 말미암아 형통하지 못할 것임이라(렘 2:37).

- 이에 하눈이 다윗의 신하들을 잡아 그 수염 절반을 깎고 그 의복의 중동볼기까지 자르고 돌려보내매(삼하 10:4).
- 이와 같이 애굽의 포로와 구스의 사로잡힌 자가 앗수르 왕에게 끌려 갈 때에 젊은 자나 늙은 자가 다 벗은 몸, 벗은 발로 볼기까지 드러내어 애굽의 수치를 보이리니(사 20:4).
- 내가 돌이킴을 받은 후에 뉘우쳤고 내가 교훈을 받은 후에 내 볼기(허벅지)를 쳤사오니 이는 어렸을 때의 치욕을 진고로 부끄럽고 욕됨이니이다 하도다(렘 31:19).

시각

성경, 빛으로 보기

일상에서 접하는 말, 사건, 경험 등은 시각적인 요소를 담고 있습니다. 사람들의 표정이나 주변 환경 등이 입체적으로 떠오르고, 다양한 색감으로도 다가옵니다. 성경도 동일합니다. 그것은 성경이 매우 시각적인 요소를 갖고 있어 우리가 등장인물들의 말과 행동을 상상하도록 만들어졌기 때문입니다. 영화나 드라마에서 등장인물들이 굳이 대사를 말하지 않아도 화면의 시각적인 효과가 시청자나 관람객에게 많은 내용을 전달해주고 있습니다. 성경을 읽을 때 배경에 대한 시각적 이해는 필수입니다.

이런 이유로, 성경에 등장하는 인물들의 대화를 제대로 느끼기 위해서는, 환경에 대한 색감 이해가 필수입니다. 우리가 환경으로부터 오는 시각적인 것에 영향을 받듯이, 성경 시대 사람들도 같았을 것입니다.

다양한 지형이 주는 독특한 색감

광야, 산지, 골짜기 같은 지형의 기본 색감을 먼저 생각해봅시다. 비옥한 농경지로는 이스르엘 골짜기나 요르단 골짜기(요단 들녘), 고센 들녘이 대표적인데, 이곳들은 붉거나 검은 토양이 넓게 펼쳐져 있습니다. 다른 경작지는 대개 석회암 산지를 바탕으로 돌 3분의 1, 흙 3분의 1, 가시덤불 3분의 1이라 할 수 있습니다.

에돔 산지나 바란 광야의 색깔은 다른 지역보다 붉은 빛이 강한데, 특히 아침과 저녁의 붉은 색감이 아주 인상적입니다. 에돔이라는 단어 자체도 붉다는 뜻을 갖고 있습니다. 에돔 왕국의 남쪽 도시였던 데만(페트라) 주변 지역의 붉은 장미빛 색감 역시 압권입니다. 이 때문에, 에돔 사람 에돔이 에돔 산지에 살았다는 표현은 붉은 빛을 강조하고 있는 것입니다. "에돔에서 오며 홍의를 입고 보스라에서 오는 자가 누구뇨. 그 화려한 의복 큰 능력으로 걷는 자가 누구뇨. 그는 내니 의를 말하는 자요, 구원하기에 능한 자니라"(사 63:1, 개역한글)에서도 붉은 빛이 비교되며, 강조되고 있습니다.

길르앗 산지나 갈릴리 지방은 그나마 녹지 공간이 많아 한국의 전원 풍경을 연상시킵니다. 헬몬 산이 자리한 남부 레바논 산지는 흰빛'으로 다가옵니다. 우윳빛 그 자체입니다. 야곱의 외삼촌이자 장인인 라반의 이름도 우유(또는 우윳빛)라는 뜻을 담고 있습니다. 그런데 성경을 읽는 이들에게 라반의 행동은, 그 이름이 주는 순결한 흰빛보다 어둡고 탁한 느낌이 더욱 큽니다.

그 나머지 지역의 대부분은 밝은 황갈색의 황토색이 주를 이룹니다. 이 황갈색 색감으로 가득찬 공간은, 성경에서 광야 또는 빈들로도 묘사하고 있습니다. '광야에서 외치는 자'의 이미지도 노란색감과 연결됩니다. 세례 요한도 광야의 사람이었습니다. 그는 노란빛의 낙타 털옷을 입고, 가죽 띠를 띠고 광야에 살았습니다.

생명체가 주는 독특한 색감

다양한 동물과 식물, 사람이 안겨주는 색감이 있습니다. 특히 식물들은 저마다의 화려한 색감으로 우리에게 손짓합니다. 특히 봄철엔 꽃이 피고 잎이 무성해지는 풍경은 빨간색, 노란색, 파란색, 초록색, 흰색 할 것 없이 그야말로 자연의 빛이 가득 차오릅니다. 꽃과 나무와 잎은 저마다 특별한 색을 보여줍니다. 붉은빛 아네모네, 양귀비, 연분홍빛의 아몬드, 살구꽃, 보랏빛의 합환채, 노란빛의 겨자꽃, 연두빛의 올리브(감람) 열매, 흰빛의 뽕나무 열매(오디), 자줏빛과 초록빛의 포도, 진한 붉은빛의 석류, 노란빛과 보랏빛의 종려나무 열매 등 독특하게 구별되는 색감이 있습니다. 동물들도 저마다의 특징적인 색감이 있습니다. 검은색의 염소와 희고 노란빛이 대부분이나 때로 검은색 반점도 있는 양, 누런빛의 낙타(약대)와 때로 흰빛의 낙타, 노란갈색과 검은빛, 흰빛의 나귀 등 저마다 고유한 빛을 갖고 있습니다.

사람들은 인종에 따른 색감과 한 개인의 사회적 지위와 부와 권력을 보여주는 색감이 있습니다. 색동옷을 입은 어린 요셉, 붉은빛 옷을 강제로 입으신 예수님, 붉은빛 피부를 가진 에돔, 검은 피부의 하갈과 술람미 여인, 화려한 옷을 입은 부자들, 흰색 세마포 옷을 입은 제사장들, 검은색 옷을 입은 여인들 등 사람들은 저마다 구별되는 색감을 갖고 있습니다.

사계절이 연출하는 색감

같은 장소라고 하여도, 계절과 날씨에 따라 색감이 전혀 다르게 보입니다. 겨울철 눈 덮인 시내 산 주변 광야 분위기나 암만, 모압, 에돔, 길르앗 지방을 연상해보십시오. 요르단 지역의 경우 종종 하룻밤새 50센티미터씩 눈이 쌓이기도 합니다. 레바논 남부 지역의 헬몬 산지는 물론 레바논 주요 산지도 온통 흰색으로 넘쳐나지요. 때로는 4월까지도 그 설경을 볼 수 있습니다.

봄이 되면 누런빛 광야는 물론 석회암의 바위 산지마저 푸른빛을 바탕에 깔고 형형색색의 들꽃으로 뒤덮입니다. 가을이면 광야가 아닌 요단 들녘이나 경작지는 노란 물결을 이루고, 밀이 익는 들판에는 추수하는 풍경이 넘쳐납니다.

삶의 터전을 제공해주는 강도 계절에 따라 그 낯빛을 달리합니다. 나일 강과 요단 강이 대표적입니다. 나일 강은 봄철에 시작되어 3-4개월 범람하곤 했습니다. 범람하면서 유입된 붉은 토양이 나일 강에 빨려들고, 하류로 내려오면서 점점 물살이 거세지는 덕분에 물의 색깔은 붉은빛, 핏빛 그 자체였습니다. 갈릴리 호수에서 시작되는 요단 강도 그 시기에 이전보다 더 붉은빛을 띠곤 했습니다. 부드러운 토사가 물에 가득 흩어졌기 때문입니다. 오늘날은 댐과 수문 등을 통해 물을 통제하고 있기에, 이전과 같은 대규모 범람 현상은 벌어지지 않지만 지역적인 범람은 여전히 볼 수 있습니다.

하루 동안 벌어지는 변화무쌍한 색감

산과 바다, 강과 호수 그리고 도시와 시골의 24시간 풍경이 보여주는 색감은 변화무쌍 그 자체입니다. 갈릴리 호수나 사해, 지중해, 홍해, 나일 강 등에서 바라보는 물의 색감이 해 뜰 무렵과 해질 무렵 다르게 보이듯이 말입니다. 일몰의 색감은 주로 붉은빛과 노란빛이 어우러지고 해 뜰 무렵의 색감은 붉은 빛이 훨씬 강합니다. 물가에서 직접 접하는 일출과 일몰은 또 다른 감동입니다. 해의 변화보다 그 주변 산지와 들판의 색감이 빠르게 변하는 것이 인상적이지요. 물 아지랑이가 피어오르는 아침 무렵, 강가에서 느끼는 색감은 또 어떨까요?

요한복음 21장의 이야기는 이른 아침 붉은빛으로 가득한 갈릴리 호수를 배경으로 이뤄졌습니다. 점점 날이 밝아오면서, 하늘과 땅, 호수에 가득했던 붉은빛이 사라지고, 멀리서 해가 떠오르는 풍경도 이 이야기에 담겨 있습니다. 베드로에겐 잊을 수 없는 새로운 아침이 밝아오고 있었지요.

밤의 색감은 어떠할까요? 빈들에서는 저 멀리 도시와 마을에서 새어나오는 불빛과 달과 별이 안겨주는 빛을 바라볼 수 있습니다. 여기에 더하여 여우와 같은 야생동물들의 눈빛이 어우러집니다. 쏟아질 듯한 별이 가득한 하늘, 지평선에 맞닿아 있는 하늘에 박혀 있는 무수한 별들을 바라볼 수 있습니다. 그 색감을 바탕으로 아브라함에게 하늘의 별처럼 많은 후손을 보게 될 것이라 약속하셨던 하나님을 떠

—— 아랍 지역에서 흰 털을 가진 양을 찾기란 무척 어려운 일입니다.

올려보십시오.

우리에게 익숙한 색에 얽힌 성경 이야기가 있습니다. 양털과 솔로몬의 영광에 관련한 이야기지요. "양털같이 희게 되리라(사 1:18)"는 이사야의 표현에서 우리는 〈알프스의 소녀 하이디〉에 나오는 하얀 어린 양을 떠올리기 십상입니다. 하지만 아랍 지역 들판에서 흰 양을 찾기란 무척 어려운 일입니다. 안타깝게도 양떼는 모두 누런 털을 가지고 있습니다. 그래서 이사야가 "오라 우리가 서로 변론하자. 너희의 죄가 주홍 같을지라도 눈과 같이 희어질 것이요 진홍 같이 붉을지라도 양털 같이 희게 되리라"(사 1:18)는 말씀을 읽을 때 기분이 이상해집니다. 성경 본문의 표현이 적절치 못했다고 봐야 할까요, 아니면 양털같이 희다는 개념이 그때는 지금과 달랐다고 생각해야 할까요?

필자가 요르단에 머물 때, 겨울을 지난 봄철 들녘을 찾을 때면 이 말씀의 의미를 늘 새롭게 깨달았습니다. 누리끼리한 어미 양들 사이에서 새끼 양들을 발견했는데, 그 어린 양의 털은 백옥처럼 희더군요. 바로 이것이 이사야가 말한 "양털같이 희게 되리라"는 의미가 아닐까 싶었습니다. 이사야의 표현은 '갓 태어난 어린 양'의 털같이 희게 되리라로 읽으면 정확할 것입니다.

또 다른 하나는 붉은색에 얽힌 것입니다. "솔로몬의 모든 영광", "들꽃의 영광"이 그것입니다. 먼저 성경 본문을 떠올려봅니다.

- 그러나 내가 너희에게 말하노니, 솔로몬의 모든 영광으로도 입은 것이 이 꽃 하나만 같지 못하였느니라"(마 6:29).
- 백합화를 생각하여 보아라. 실도 만들지 않고 짜지도 아니하느니라. 그러나 내가 너희에게 말하노니 솔로몬의 모든 영광으로도 입은 것이 이 꽃 하나만 같지 못하였느니라(눅 12:27, 개역한글).

복음서에 나오는 들꽃은 백합화를 말합니다. 우리는 흔히 백합화가 하얀 꽃이라고 생각하는데, 이는 '백합화'의 '백'이 '흰 백白'이라고 오해하기 때문입니다. 한자 표기는 '百合花'가 맞습니다. 무엇보다 이 꽃이 아네모네나 양귀비와 아주 유사한 것을 알고 나면 모두 놀라곤 합니다. 복음서가 말하는 '솔로몬의 영광'은 왕으로서 솔로몬

—— 성경 속 백합화는 흰색이 아니라 자주색입니다.

이 입었던 옷, 즉 자줏빛 옷 또는 '홍의'를 말합니다. 그 당시 자줏빛 옷은 최고급 소재인 데다가 최고 권력을 상징하기도 했습니다. 이 땅의 최고 권세자가 뽐내며 챙겨 입은 붉은 옷 색깔보다 권력 없는 곳, 빈들의 붉은 꽃이 더 아름답다고 말씀하신 것입니다. "에돔에서 오며 홍의를 입고 보스라에서 오는 자가 누구뇨. 그 화려한 의복 큰 능력으로 걷는 자가 누구뇨. 그는 내니 의를 말하는 자요 구원하기에 능한 자니라"(사 63:1).

오감으로 성경 읽기

성경 속 설경 · · · 성경 속 시대의 지역에선 눈이 내렸을까요?

잠시 시간 여행을 해보겠습니다. 신명기에서 모세가 모압 평지에서 다시금 말씀을 선포하는 장면이 나옵니다. 그런데 신명기는 한 겨울에 일어난 이야기입니다. 양력으로 2월 초의 일이니까요.

하루 사이에 수십 센티미터의 눈이 내리는 광경을 떠올려보세요. 게다가 북서풍이 휘몰아치고 종종 회리바람도 부는 들판을 떠올려보세요. 모세의 흰 머리카락과 수염도 생각해보세요. 우산 따위는 없던 시절, 모세의 두터운 외투에 눈이 쌓여 있는 모습까지도요. 여기에 낮과 밤의 온도차가 10~20도가 넘는 상황을 떠올려보세요. 일교차로 부르는 낮과 밤의 온도차에 우리는 더욱 추위를 느낍니다.

요즘도 신명기의 무대인 요르단에서는 늦으면 4월 초까지 눈이 내리곤 합니다. 한겨울에는 하룻밤 사이에 수십 센티미터, 심지어 일부 지역에는 1미터 넘는

눈이 쌓이기도 합니다. 눈이 가장 많이 내리는 곳은 레바논 지역입니다. 성경에 레바논 산지로 나오는 곳은 지리나 세계사 시간에 레바논 산맥으로 배운 곳입니다. 그 가운데 헬몬 산이 만년설 지대입니다. 레바논 지역은 다른 지역보다 강설량이 많습니다. 눈이 내리는 시기도 4개월 이상입니다. 그래서 레바논은 흰색 도시였습니다. 젖(우유)빛으로 일컬어지기도 했습니다. 레바논이라는 말의 뜻도 흰빛, 젖을 뜻하는 것입니다.

광야에 겨울철에 장막을 치고 사니, 눈 내리는 날 온 세상이 하얗게 덮이고, 천막 위는 물론 땅도 산과 들판도 모두 눈으로 덮이던 날들이 적지 않았습니다. 눈이 내린 날이면 어떤 풍경이 펼쳐졌을까요? 어떤 집의 장막은 눈의 무게에 눌려 무너지기도 했을 것이고, 아이들은 눈싸움을 하기도 했겠지요. 이런 날은 양떼도 들로 나가지 않고 장막 곁 우리에서 보호받고 있었을 것이고요.

예수님과 어우러진 눈 풍경도 떠올려보세요. 예수님의 이야기 가운데 눈 내리는 풍경이 배경이 된 게 있을까요? 수전절에 예수님께서 예루살렘에 가셨다는 이야기가 기억날 겁니다. 요한복음 10장 19-24절의 본문이지요. 수전절은 12월 초에 열리는 8일간의 축제입니다. 알렉산더 대왕 이후에 시리아 팔레스타인 지역을 지배한 안티오쿠스 에피파네스 4세 왕에 의해 예루살렘 성전에서 이방신 제사를 드려 예루살렘 성전 모독 행위가 일어났습니다. 주전 168년의 일입니다. 주전 165년 유다 마카베오가 예루살렘을 회복하고 성전을 다시 봉헌하였습니다. 이날을 기념하여 축제로 지키는 것이 수전절입니다. 겨울에는 예루살렘에 눈이 쌓이곤 했습니다. 예루살렘도 900미터 안팎의 고지대인 까닭에 겨울철 강설량이 적지 않았습니다. 때로는 수십 센티미터에서 1미터 안팎에 이르는 눈이 쌓이곤 했습니다.

여러분, 혹시 성경 속 소금 비유를 기억하나요? 다만 밖에 버리워 사람들에게 밟힐 뿐이라는 내용 말입니다. 당시 눈과 빙판으로 인해 미끄러지는 것을 막기 위해 순도가 낮은 소금을 성전 대리석 바닥에 뿌렸습니다. 예수님께서는 그것을 비유에 사용하신 것입니다.

겨울철에는 전쟁도 하지 않았습니다. 아니, 못했습니다. 사무엘하 10장을 보면, 다윗이 보낸, 요압이 지휘하는 이스라엘군의 승리가 묘사되고 있습니다. "요압과 그와 함께 한 백성이 아람 사람을 대항하여 싸우려고 나아가니 그들이 그 앞에서 도망하고, 암몬 자손은 아람 사람이 도망함을 보고 그들도 아비새 앞에서 도망하여 성읍으로 들어간지라. 요압이 암몬 자손을 떠나 예루살렘으로 돌아가니라"(삼하 10:13-14).

이 본문은 상대편 연합군이 분열되고 위축되는 장면을 보여주고 있습니다. 랍바 암몬 성 함락이 눈앞인데, 뜬금없이 요압이 그곳을 떠나 예루살렘으로 돌아갑니다. 승리하고 있는 상황에서 돌연한 철군이었지요. 왜 그래야 했나요? 그 실마리는 아래 본문에서 찾아봅니다. "그 해가 돌아와 왕들이 출전할 때가 되매"(삼하 11:1). 이것은 당시에 겨울철에는 전쟁을 하지 않았던 것을 보여주는 것입니다. 게다가 랍바 암몬 성(오늘날 요르단의 수도 암만)은 해발 고도가 1000미터 안팎의 산지 도시입니다. 겨울철 강설량이 예루살렘보다 더 많았습니다. 겨울철이 되면 이런 기후와 보급 물자의 부족 등으로 인해 전쟁을 제대로 치를 수가 없었기에 겨울에는 전쟁을 하지 않았습니다.

후각

성경, 냄새로 맡기

식사 시간을 생각해봅시다. 음식을 맛보기도 전에 우리는 음식에서 나는 냄새를 맡으며, 혹은 음식이 구워지거나 튀겨질 때 나는 소리를 들으며, 그 맛을 상상하게 됩니다. 맛은 냄새, 그리고 소리와도 긴밀하게 연결되어 있습니다. 얼마 전에 저는 코감기를 동반한 몸살로 일주일을 꼬박 앓은 적이 있는데, 그때 입맛을 잃어 음식을 제대로 먹지 못했지요. 지금 생각하면 코로 냄새를 맡을 수 없어서, 냄새에 의한 자극이 없어서 입맛을 찾는 데 어려움이 있지 않았나 생각됩니다. 그런 우리의 습성 때문인지 '보는 라디오', '맛있는 TV', '먹는 성경' 등의 공감각적인 단어가 낯설지 않습니다.

어떤 단어를 머릿속에 떠올렸을 때, 나도 모르게 손으로 코를 막는 경험을 해본 적 있으십니까? 냄새는 한 개인은 물론 특정한 지역, 국가나 민족 할 것 없이 다른 대상과 구별되는 독특한 특징이 있습니다. 냄새는 환경과 문화, 생활 형편에 영향을 받기도 합니다. 눈을 감고도 냄새만으로도 그 대상을 식별해낼 수 있습니다.

성경에는 다양한 냄새들이 담겨 있습니다. 예수님 시대 사람들의 일상에도 우리 삶처럼 다양한 냄새가 가득합니다. 그때에는 냄새만으로도 개인의 신분까지 구별할 수 있었습니다. 성경의 냄새는 환경에서 비롯되는 특유한 냄새와 음식, 향료, 향유 같은 기름 종류는 물론 꽃과 식물에서도 느낄 수 있습니다. 한국인에게는 고유의 냄새가 있습니다. 서양인들이나 아랍인들에게도 저마다의 독특한 체향이 넘쳐납니다. 성경의 냄새는 이른바 중동 냄새와 다르지 않습니다.

"저녁에 같이 식사해요. 청국장 어때요?" 이런 정도의 대화만 오고가도 우리의 오감은 작동됩니다. 청국장 끓이는 광경이 눈에 선하고 입안에 침이 고이고 냄새도 나는 것 같습니다. 맛도 느껴지지요. 이미 경험한 것이 우리 혈관 속에 넘치고 있는 덕분입니다. 성경에서 냄새 맡기가 힘든 것은 우리의 예비 경험이나 직접 경험이 부족하기 때문입니다. 성지를 여러 번 다녀왔다고 저절로 주어지는 것도 아닙니다. 성지를 다녀와야만 성경 냄새를 음미할 수 있는 것도 아닙니다. 그것은 관점의 문제일 수도 있기 때문입니다. 사실 냄새는 어떻게 설명할 방도가 없습니다. 글이나 그림, 사진 등으로 냄새를 전달하기 난감하지만, 성경 속 지역의 냄새를 조금이나마 설명하고자 합니다.

환경의 냄새

자연환경에서 솟아나는 냄새는 그리 어렵지 않게 떠올려볼 수 있습니다. 지중해(서해, 대해)의 분위기는 바람이 많이 부는 바닷가를 상상해보시면 도움이 됩니다. 사해(동해, 아라바 바다, 염해)의 경우는 다른 지역보다 햇살이 상대적으로 강하고, 보통 바닷물에 비교도 안 될 만

—— 갈릴리 호수에서 그물을 들어 올리는 어부들의 아침.

큼 짠 맛이 강합니다. 따사로움과 소금기가 함께 달라붙는 듯한 촉감이 느껴집니다. 거기다 싱그러운 바다 냄새가 한몫 곁들여집니다. 건조한 날씨 덕에 뜨거운 하늘이지만 그늘에 들어갔을 때 말도 못하게 시원한 느낌이 전달됩니다.

도시의 냄새

상업 도시, 어촌 도시, 다문화 도시, 농촌, 목축 지역 등 저마다의 고유한 분위기와 냄새가 있습니다.

동물을 제물삼아 제사가 쉴 새 없이 드려지던 예루살렘은 동물과 쓰레기를 태우는 냄새로 가득했습니다. 바다 냄새가 어우러진 갈릴리 호수 주변의 어촌의 냄새도 저마다였지요. 산속에 자리했던 도시 가이사랴 빌립보의 경우는 주변의 요단 강과 숲에서 풍겨나는 신선한 냄새로 가득했습니다. 목축을 주로 하는 벧세메스에서는 소 냄새가, 종려나무가 가득한 가을철 여리고에 대추야자 향이 가득했습니다. 상수리나무가 우거진 요단 강 동편 길르앗 산지의 도시 냄새도 구별됩니다. 해마다 침수되던 나일 강 하류 지역은 시궁창 냄새가 나는 도시였지요.

개인의 냄새

처한 지위와 신분, 상황에 따라 개개인도 역시 다른 냄새를 풍길 것입니다. 성경에는 값비싼 향유와 화장용품을 사용할 수 있었던 아주 일부의 특권층이 등장하지요. 냄새만으로도 특정인의 신분과 지위를 가늠할 수 있다는 뜻입니다. 야곱의 냄새와 에서의 냄새가 구별되듯이, 사람들은 저마다 냄새를 갖고 있습니다. 돼지와 더불어 살 때 탕자의 냄새와 그가 집에 돌아와 아들로 회복되었을 때의 냄새도 확연히 다를 겁니다. 아가서에 등장하는 술람미 여인의 몸에서도 몸치장을 하기 전과 한 후의 냄새가 다르겠지요. 광야에서 노숙하던 나병환자들과 나면서부터 앉은뱅이었던 이의 냄새도 다릅니다. 바디매오의 냄새, 베드로의 냄새… 저마다의 냄새는 개인을 식별하는 기호인 것입니다.

계절의 냄새

계절에도 특별한 냄새가 있습니다. 각 계절이 익어가는 느낌이랄까요. 봄철이면 산과 들에서 풀과 꽃이 안겨주는 냄새가 있지요. 특별히 계절별 과일 향을 연상하는 것이 어떨까요? 또한 계절별로 수확하는 각종 야채와 곡식이 풍기는 계절의 냄새도 있습니다.

향신료의 냄새

성경에 나오는 향신료는 음식 냄새가 기본을 이룹니다. 사람들의 몸에서 나는 냄새는 사실 그 지역의 고유한 음식 문화나 식생활 습관에 따라 달라집니다. 성경에 나오는 음식의 기본 조미료인 향신료는 바로 그들 고유의 냄새를 만들어냅니다. 예수님의 몸에서 났을 냄

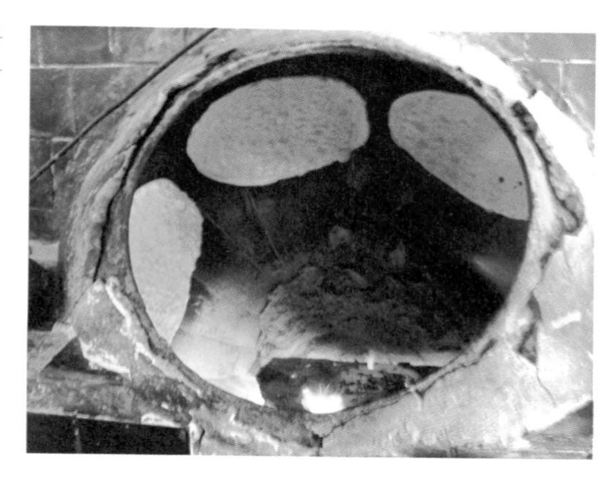

— 우리가 즐겨 먹은 밥과 빵에도 저마다의 냄새가 있습니다.

새도 이들의 냄새로 인해 만들어졌을 겁니다. 성경에 등장하는 주요 향신료는 무엇이 있을까요? 박하, 회향, 근채, 채소, 우슬초, 깟(미나리), 계피. 양파, 겨자, 번홍화, 육계 같은 향신료가 대표적이라 할 수 있습니다.

음식의 냄새

일상에서 가장 중요한 냄새는 음식 냄새입니다. 우리가 즐겨 먹는 밥과 빵에 저마다의 냄새가 있듯, 성경 시대 음식에도 다양한 냄새가 있습니다. 조리 방식과 온도, 사용한 향신료에 따라 맛과 냄새가 달라집니다.

에덴 동산의 과일들, 쥐엄나무 열매, 건포도, 꿀, 감람유, 양과 염소

—— 조리 방식과 온도, 향신료에 따라 맛과 냄새는 달라집니다.

젖, 치즈는 물론, 아브라함이 세 천사를 대접한 그 음식의 냄새, 유월절 직전에 예수님과 제자들이 마주한 저녁식사, 부활 후 다시 갈릴리에서 베드로를 만나서 제공하신 구운 생선과 빵, 오병이어와 칠병이어 같은 기적의 현장에서 나눈 보리떡과 물고기, 가나 혼인잔칫집의 음식 등 다양한 음식이 풍기던 냄새가 있습니다.

향유와 등유의 냄새

음식 냄새 못지않게 중요한 냄새가 있습니다. 그것은 바르는 기름, 즉 '향유'입니다. 그 시절 향수는 아주 귀했는데, 이는 천연 식물성 재료를 이용하여 향유를 만들어 사용했기 때문입니다. 향유는 냄새와 향, 피부 회복과 치료의 기능이 있습니다. 향품, 몰약, 나드, 유향, 침향, 감람유 등이 대표적입니다.

등불을 켤 때 사용하던 연료로서의 기름 냄새도 일상에서 맡을 수 있는 대표적인 냄새이지요. 최고급 올리브 기름이 탈 때 나는 냄새와 동물성 기름을 태울 때 나는 냄새는 확연히 구별됩니다. 질이 좋지 않은 기름을 사용하여 불을 밝힐 때는 그을음과 격한 냄새가 같이 납니다.

돌아온 탕자의 냄새

이제 이러한 냄새에 대한 기본 이해를 바탕으로 성경의 한 부분을 읽어봅시다. 탕자의 이야기는 다 알고 계시지요? 냄새를 중심으로 그 이야기를 다시 한 번 꾸며보도록 하겠습니다. 탕자의 집에서 출발해 그곳으로부터 아주 멀리 떨어진 곳, 그리고 먼 나라, 다시 먼 나라를 떠나 집으로 돌아오는 발걸음을 냄새로 상상해보는 것입니다. 아버지의 냄새, 형의 냄새, 탕자의 냄새. 아울러 탕자가 살던 고향, 탕자가 살던 도시, 탕자가 살던 나라는 물론, 돼지우리 같은 특정 공간의 냄새도 연상됩니다. 냄새를 말로 표현하다 보면, 오히려 더 시각적으로 느껴지고, 미각까지 자극되는 경험을 할 수 있을 것입니다.

탕자가 귀한 집안의 아들이었을 때 그의 몸에서 풍겼을 체취를 떠올려보십시오. 그가 살던 유대 지방의 고유한 냄새도 어우러졌을 것입니다. 탕자가 집을 나갔습니다. 그의 발걸음을 따라 가면 또 다른 나라, 도시, 지역, 생활에서 풍겨 나오는 다른 냄새를 느낄 수 있을 것입니다. 마침내 탕자의 몸에서 동물 냄새가 뒤엉킵니다. 돼지가 먹는 쥐엄열매를 먹으며 삶을 이어가는 동안 그의 몸에서는 음식물 찌꺼기 냄새도 풍깁니다.

집으로 돌아오기 전 탕자의 냄새도 느껴봅시다. 탕자의 몰골은 어떠했을까요? 아마도 찢어진 옷에 오랫동안 씻지 않은 몸에서는 불쾌한 냄새가 풍겼을 것입니다. 게다가 돼지 치는 공간에서 살았다면, 돼지 냄새까지 온몸에 가득했겠지요. 유대인들에게 그것은 죽음의 냄새였고, 사회적으로 천하디 천한 존재가 풍기는 냄새였습니다.

그가 발걸음을 내딛습니다. 그가 고생했던 지역과 도시, 나라를 떠나 그의 본토 고향 집으로 돌아오고 있습니다. 달라지는 공기, 냄새,

분위기가 있을 것입니다. 그의 온몸에 다가왔을 그 감각을 기억해보십시오. 탕자도 잊고 있던, 익숙한 그 냄새들을 맡았던 것입니다.

아버지와의 재회에서도 냄새를 느낄 수 있습니다. 탕자의 아버지는 지위가 높은 사람이었습니다. 그에게는 값비싼 향유가 풍기는 좋은 냄새와 사회적으로 지위가 높은 이들이 풍기던 품위와 여유의 냄새가 가득했을 것입니다. 여기에 탕자의 낯선 냄새가 뒤섞입니다. 이 두 냄새는 계층 차이에서 비롯된 것입니다. 아버지가 아들을 껴안으면서 두 냄새는 뒤엉켰습니다. 그 두 냄새가 만난 것입니다.

잠시 뒤 탕자의 몸에서 풍겨나는 체취가 변합니다. 그 만남은 두 사람의 계층차이를 제거했습니다. 거칠고 거북한 냄새가 씻기고, 기쁨의 냄새로 바뀌었기 때문입니다. 이제는 원래의 탕자의 몸에서 풍겨나던 냄새가 퍼집니다. 그러더니 달콤한 음식 냄새와 힘차고 밝은 음악 소리가 뒤엉킵니다. 탕자가 잔치 자리에 주빈으로 자리하고 있는 것입니다.

이제 코가 조금 자극되기 시작했나요? 성경을 읽으며 '코'라는 신체부위도 사용할 수 있음을 우리가 알게 되었습니다. 매주일 교회에서 설교를 들을 때에도 후각을 활용해 성경을 읽으면 더욱 좋을 것 같습니다.

오감으로 성경 읽기

물고기에게 먹힌 요나의 냄새 • • • 요나 이야기에 등장하는 큰 물고기가 정확히 어떤 종류였는지, 어느 정도 크기였는지는 알려져 있지 않습니다. 요나는 3일 밤낮을 물고기 배 속에 머물러야 했습니다. 게다가 요나는 고기 배 속에 얌전히 머물렀다기보다 그 안에서 사투를 벌였을 확률이 더 높습니다. 그는 살기 위해 몸부림쳤을 것입니다. 물고기 배 속이 아니라 입 안에서 다양한 작은 물고기들이 소화되는 과정도 보았을 것입니다. 자신조차 물고기의 소화액에 녹을 수 있다는 두려움에 사로잡혀 있진 않았을까요? 이제 그 분위기를 느껴보세요.

생선 시장에 가본 적이 있을 것입니다. 생선을 토막 내고 다듬는 과정에서 나온 내장과 생선 지느러미나 머리 같은 것이 가득한 통에서 나는 냄새, 그것도 며칠 동안 삭힌 냄새를 떠올려보십시오. 진한 비린내와 상한 냄새가 코끝에 확 다가올 것입니다. 게다가 소화 중인 음식을 생각해보십시오. 끈적끈적한 어떤 액체에 몸이 뒤덮여 있다면, 기분이 어떨지 상상해보십시오. 아마도 요나는 물고기 밥이 되지 않기 위해 갖은 애를 썼을 것입니다. 머리털도 빠지고, 몸에는 멍도 들고, 곳곳에 찰과상도 입었을 것입니다. 그가 육지에 토해졌을 때, 그의 얼굴과 머리, 온몸에서 풍겼을 생선 냄새를, 그리고 그때 요나의 기분을 상상해보십시오.

♩♪♫ 청각

성경, 소리로 듣기

성경을 눈으로 볼 때와 귀로 들을 때, 어떻게 다른가요? 혹은 하나의 영상으로 성경을 대할 때 어떻게 다른가요? 사실 가장 공감가는 경우는 귀로 들을 때인 것 같습니다. 눈으로 성경을 읽을 때 간과해버리는 것도 귀로 들으면 떠오르는 이미지들이 있기 때문에 더 생생하게 느껴집니다. 그래서 성경에 '들으라'는 말이 자주 등장하는 것인지도 모르겠습니다.

할머니, 어머니의 이야기를 들으면서 자란 어린 시절의 기억이 있습니까? 몇 번 들었던 내용인데도 다시 들으면 또 처음 듣는 것처럼 재미난 기억이 있는지요? 반대로 아이들에게 책을 읽어줄 때, 아이들의 눈빛을 보셨는지요? 눈으로 읽을 때보다 귀로 이야기를 들을 때 느끼고 깨닫는 것이 다릅니다.

성경 시대 사람들 그 누구도 우리가 갖고 있는 성경 모두를 가졌거나 들었던 적이 없습니다. 지극히 작은 사건 하나만을 직접 겪었거나 들었을 뿐입니다. 그럼에도 그 시대 사람들은 하나님의 말씀을 '만끽'했습니다. 성경의 모든 이야기에는 하나님을 느끼고 알아갈 수 있는 넉넉함으로 가득 차 있습니다. 하나님과의 인격적인 만남은 우리의 온 감각이 열려 있을 때 더욱 풍성해지고 깊어집니다.

당시 사람들은 귀로 성경을 들어야 했습니다. 하나님의 말씀이 기록되기 전이기 때문입니다. 글로 적힌 다음에 구술로 전해지는 경우가 많았습니다. 심지어 예수님 시대에도 하나님의 말씀은 글보다 말로 들려졌습니다. 당시 책이 아주 귀했기 때문입니다. 옛날에는 돌이나 점토판, 양가죽(양피지)이나 파피루스 등에 글을 남겨야 했습니다. 중국에서는 비단 천에 글과 그림을 남기기도 했습니다. 그 재료가 무엇이든 글과 그림이 담긴 기록물(책)은 너무나 희귀했고, 값이 만만치 않았습니다. 그래서 평범한 이들은 개인이 책을 갖거나 직접 보는 경우가 아주 드물었습니다.

그래서 당시 사람들은 듣는 귀가 발달했고, 전문 이야기꾼들을 통해 말이 전해졌습니다. '들을 귀 있는 자는 들으라'는 성경구절도 이와 관련된 말이 아닐까요? 당시 사람들은 성경말씀 전체도 아닌 지극히 작은 부분을 들으면서 하나님의 말씀을 온 감각으로 느꼈을 것입니다.

라디오로 축구나 야구 경기 중계를 집중하며 들을 때 저는 간혹 경기가 펼쳐지고 있는 운동장의 분위기를 눈앞에 그리곤 했습니다. 무엇이 이런 일이 가능하게 했을까요? 어떤 것이 라디오 중계를 들으면서 경기 장면을 볼 수 있게 도왔나요? 우선 저는 일반적인 경기 분위기를 알고 있었습니다. 그렇지 않으면 경기 장면을 입체화시킬 수 없었을 것입니다. 다음으로 경기 용어에 대한 이해가 있었습니다. 선수들의 위치에 대한 설명은 물론이고, 경기장의 구조와 용어들에 대해 알고 있었던 것입니다. 세 번째는 내가 응원하는 편 선수들에 대한 생생한 정보를 알고 있었습니다. 등번호 몇 번 선수 아무개 하면, 그 선수의 얼굴과 몸, 동작과 표정 등을 떠올릴 수 있었습니다. 이런 기본적인 선 경험 없이 라디오 중계를 들었다면, 그야말로 축구 중계는 하나의 소리일 뿐이었을 것입니다.

글로 소리를 보여주고 들려주는 것은 참 난해한 것 같지만 우리의 간접 경험을 통해 어느 정도 유추할 수 있습니다. 소리만 들어도 눈앞에 마치 홀로그램처럼 상황이 떠오를 때가 있습니다. 먹는 소리를 들으면 음식이 보이는 것이지요. 성경 속의 사계절과 지역 환경에 따라 다양한 소리가 존재한다는 것을 염두에 두어도, 여러 가지 소리를 들을 수 있습니다.

성경은 듣는 귀를 강조합니다. 소리는 살아 있는 현장의 증거자료이기도 합니다. 우리 모두 음향 담당자처럼 성경 안에 담겨 있는 수많은 소리들을 들어봅시다.

장소의 소리

특정 장소에서 즐겨 들을 수 있는 고유한 소리가 있습니다. 물론 이것은 생활의 소리와 연결되어 있습니다. 장터의 소리, 일터의 소리, 무엇보다도 많은 사람들이 오가는 장소였던, 예루살렘 성전의 소리가 있습니다. 성경 속에 등장하는 인물이 내거나 들었을 추억의 소리, 내면의 소리가 있었을 것입니다.

자연의 소리

자연환경에서 비롯된 소리를 들을 수 있습니다. 거기에는 광야의 소리가 있고, 계절의 소리가 있고, 동식물들이 내는 소리가 있습니다. 광야는 맹수의 소리가 대표적입니다. 물론 모든 곳에 모든 종류의 맹수가 있지는 않았습니다. 들 사자와 곰을 비롯한 맹수들과 독수리 같은 맹조의 소리, 도시 가까운 들판에서도 어렵지 않게 들을 수 있었던 여우의 소리, 사람들이 있는 곳 어디서나 접할 수 있던 양과 염소의 소리가 있습니다. 이 가축들보다 수는 적지만, 아브라함의 이야기나 동방박사의 이야기에도 당연히 등장하는 낙타의 소리, 발람 선지자 이야기에 등장하는, 고래고래 질러대는 나귀의 소리도 들을 수 있습니다.

성경의 땅에서 접할 수 있는 자연의 인상적인 소리라면, 요단 강 상류를 형성하는 단 강이나 가이사랴 빌립보의 바니야스 강물의 우렁차고 시원스런 소리를 꼽을 수 있습니다. 요단 강 상류의 이 우렁참은 갈릴리 호수를 지나면서부터 전혀 들리지 않습니다. 레바논 산지와 헬몬 산에서 발원한 요단 강 상류의 이 우렁찬 소리를 바탕으로 바알 신화를 구성할 수 있었던 것이 아니었을까요? 강의 소리, 시냇물 소리, 비 오는 소리, 홍수, 풍랑, 폭풍 등 다양한 자연의 소리를 생각해봅시다.

지역의 소리

특정 지역에서 특정한 계절에 들을 수 있는 소리가 있습니다. 왕의 대로를 따라 이어지는 요르단에 자리한 에돔, 모압, 르우벤 지파 땅의 산지는, 겨울철이면 북서풍이 눈보라와 더불어 자주 불어옵니다. 그 때문에 가로수나 나무들이 서쪽에서 동편으로 기울어져 있는 것을 볼 수 있습니다. 또한 이 지역은 봄철이면 동쪽 사막 지역에서 뜨거운 모래바람이 거세게 불어닥칩니다. 50여 일간 계속되는 봄철의 황사현상은 본격적인 여름이 오는 길목이라면 반드시 만나는 자연의 소리입니다.

도시의 소리

특정 도시에서만 들을 수 있는 특별한 소리가 있습니다. 성경 속에 등장하는 도시의 거주자들은 나름의 지역 언어를 사용하고 있었습니다. 사투리와 외국어에 해당하는 언어들의 고유한 억양과 강세가 있었다는 것을 염두에 둘 필요가 있습니다. 그런 다양한 목소리가 뒤엉키는 도시들이 있었습니다. 이른바 다문화도시, 문명과 문물이 교류되던 국제도시들이지요. 구약성경에 등장하는 다메섹이 대표적입니다. 이스라엘의 므깃도 지역은 물론 요르단 북부의 라못 길르앗, 요르단 남부 페트라, 구약시대 이집트 북부의 고센의 중심 도시들, 아브라함 시대의 갈대아 우르, 하란 등도 그에 속합니다.

무엇보다 신약시대의 예루살렘은 그야말로 다양한 언어가 뒤엉키던 다국적·다문화 공간이었습니다. 예루살렘에 찾아들던 흩어진 유대인들과 유대교에 입교한 일부 외국인들이 어우러졌기 때문입니다. 다양한 인종과 민족과 족속과 나라의 목소리가 예루살렘 거리와 성전 마당에서 어우러지는 것을 상상해보십시오. 게다가 성전 안에서 각종 물품을 파는 이들의 호객하는 소리와 제물로 거래되던 비둘기와 소와 양 등 동물들의 소리가 뒤엉키는 현장도 함께 상상해보십시오. 그야말로 시끌벅적 그 자체였을 것입니다.

사람의 소리

한 개인이나 무리가 만들어내는 소리가 있습니다. 한 부족이 만들어대던 소리도 있었습니다. 아브라함이나 이삭, 야곱 등은 다민족으로 이뤄진 부족이었습니다. 자기들끼리는 자신들의 난 곳 방언으로 말했을 터이고 아브라함이나 부족장의 말은 또 다른 말이었을 것입니다. 아브라함을 비롯한 족장 시대의 족장들은 어떤 지역 말을 사용했을까요? 메소포타미아 지역의 말을 사용했을 것이지만, 하란을 거치고 다메섹을 거치고 이집트를 오가면서 이들이 주로 사용하던 말과 말투도 변했을 것입니다. 같은 나라에 살아도 바닷가와 내지, 도시와 산지에 사는 토착민들의 억양이나 말투가 다르다는 것을 생각하면, 말도 때와 장소에 따라 제각각의 소리를 냈을 것입니다.

아랍 국가에서 산 지 20여 년이 되니까, 사람들이 많이 몰리는 장소에 가면 다양한 억양의 소리가 구분되어 들립니다. 이집트인들의

—— 온갖 소리가 들리는 성경 시대 장터의 모습을 상상해봅시다.

통통 튀고 억세며 우렁찬 목소리, 목젖을 울리며 내는 거친 소리, 프랑스어로 착각할 만큼 부드러운 소리 등 아랍어도 다양합니다. 시간이 지나 소리에 점차 익숙해지면서 어느 지역 출신인지 감을 잡을 수 있었을 것입니다.

지금과 달리 옛날에는 자신이 태어나 자란 시골 마을을 벗어나지 못한 이들이 많았습니다. 그러다 보니 지역의 소리, 말은 각 지역 고유한 특성이 더 강했을 것입니다. 완전 토박이 전라도 사투리, 경상도 사투리, 제주도 사투리를 떠올려보면 도움이 될 것 같습니다. 다른 민족과 다른 곳에서 따로 따로 살아간다면 다양한 언어가 존재하는 것은 당연한 일입니다.

생활의 소리

일상에서 듣던 소리들이 있습니다. 잔칫집 소리, 초상집 소리, 장터 소리 등 일상이 자아내던 소리가 있습니다. 기쁨과 슬픔, 괴로움과 분노의 소리가 있습니다. 전쟁터의 소리, 갈등과 반목의 소리, 아이들의 소리, 여인들의 소리, 음식 끓는 소리, 양과 염소를 몰고 다니면서 목자들이 뿜어내는 소리, 물건 흥정하는 소리 등 그야말로 우리에게 친숙한 소리들이 일상에서 어우러지고 있습니다. 피리를 불어도 춤을 추지 않고 곡소리를 내어도 슬퍼하지 않는다는 예수님의 비유도 이런 소리에 바탕을 두고 있습니다.

개인적으론 광야의 소리를 더 좋아합니다. 광야로 나가면 간간히 양떼를 치고 있는 목자들을 만나게 됩니다. 종종 'ㄲ르르' 하면서 양과 염소를 통제하는 소리가 들려옵니다. 광야의 거친 바람소리도 좋습니다. 자연과 사람 그리고 동물이 같이 어우러져 만들어내는 일상의 소리가 들려오기 때문입니다.

오른손이 하는 것을 왼손이 모르게 하라는 예수님의 비유를 기억하십니까? 시골 장터로 우리의 생각을 가져가봅시다. 장터엔 야바위꾼도 있겠지요. 엎어놓은 그릇 세 개 중 하나에 물건을 숨기고는 물건이 어느 쪽에 있는지를 맞추면 건 돈의 배를 준다고 호객합니다. 눈 크게 뜨고 정확하게 한 그릇을 가리키지만, 그릇 안에는 그 물건이 들어 있지 않습니다. 감쪽같은 솜씨입니다. 그 장면을 연상하면서 '오른손이 하는 것을 왼손이 모르게 하라'라는 의미를 되새길 수도 있지 않을까요?

시간의 소리

이 소리는 성경 본문에서 직접 묘사하지 않는 경우가 많습니다. 그래서 성경 읽기에서는 거의 주목받지 못했습니다. 그러나 신명기 34장에서 모세가 삶을 마치면서 느꼈을 감회라든지, 야곱이 바로를 만나 자신의 삶을 회고하는(창 47:9) 장면, 베드로와 예수님의 마지막 만남의 자리(요 21장) 등에는, 앞서서 말한 많은 소리와 기억들이 재연되고 있습니다.

성경 속 오병이어 사건에 등장하는 다양한 소리를 정리해볼까요? 자연의 소리, 사람의 소리, 마음의 소리 등 소리로 표현할 수 있는 소리는 다 찾아보는 것입니다. 벳세다 들녘을 가로지르는 요단 강 강물이 흐르는 소리는 밤에 더욱 크게 들려옵니다. 오병이어 현장에 함께 모여 있던 다양한 인종들이 만들어내는 말소리(모여든 군중의 언어가 달랐습니다), 제자들과 예수님의 소리, 저녁 무렵에 갈릴리 호숫가를 날던 갈매기와 새들의 소리, 갈릴리 호숫가의 사공과 어부의 소리, 로마군인들의 소리 등 성경에서는 찾아낼 수 있는 소리가 많습니다. 잠시 그 현장의 소리를 느껴보시면 좋겠습니다. 그리고 여기에 더해 이 사건을 적절하게 묘사할 수 있는 배경 음악(주제 음악) 하나를 정해보는 것입니다. 이 배경 음악은, 아니 우리가 배경 음악을 결정하는 것은, 오병이어 이야기를 접하면서 그 현장을 어떻게 느끼고 있는지를 가장 명쾌하게 보여주는 증거일 것입니다.

개념의 소리

이것은 성경의 소리를 듣는 것과는 다른 측면입니다. 성경의 소리가 눈앞에 보입니다. '봄'이라는 단어를 떠올릴 때 어떤 느낌이 듭니까? 사전적인 의미보다 그동안 봄을 겪은 수많은 경험들을 바탕으로 한 느낌이 먼저 다가올 것입니다. '봄'은 아랍어로 '라비이아'라고 합니다. "아랍어 라비이아가 한국어로 봄이라는 뜻이다"라는 식의 설명을 듣는다고 하여 우리가 감각적으로 이 단어를 느끼는 것은 아닐 것입니다. 같은 단어와 같은 장소, 같은 사람과 같은 주제에 대해 우리는 얼마든지 다른 느낌을 가질 수 있습니다. 느낌의 깊이와 폭과 높이도 다를 것입니다. 이 느낌의 차이는 지식의 정도에 따른 것이 아니라 체험의 차이에 더 큰 영향을 받은 것입니다. 이 체험은 관계 맺음의 정도에 따라 달라지는 것입니다.

관계의 소리

우리는 살아가면서 많은 소리를 듣습니다. 이 소리는 여러 종류가 있습니다. 그야말로 무의미하게 다가오는 소리들, 이것은 소음입니다. 그렇지만 소음 가운데 들리는 '소리'들이 있습니다. 소음 가운데서 소리를 듣는 것은, 내 안에 그 소리를 소리로 구별해낼 수 있는 지식이나 이해가 있기에 가능한 것입니다. 다음 단계가 단어나 문장으로 들리는 단계입니다. 제가 여러분 앞에서 아랍어로 유창하게 얘기해도 여러분들에게 아랍어는 단지 하나의 소음일 뿐, 그 소리 속에서 어떤 단어도 건져내지 못합니다. 소리 가운데서 단어나 문장을 듣게 되면, 그다음 단계는 그것의 의미가 내 안에 다가오는 과정을 겪습니다. 끝으로는 그 단어나 문장에 대하여 내가 온몸과 마음으로 느끼고 반응하는 단계를 맞이합니다.

성경을 눈으로만 읽는 것이 아니라 귀로도 듣는 수고를 해보면 어떨까요? 성경 낭독 CD(또는 음원)를 구하여서 여러분들의 귀로 그 성경을 듣는 것입니다. 성경 낭독 CD에서 들려오는 소리가 소음으로는 들리지 않겠지요. 일단 그 소리들을 들으면서 내 눈앞에 무엇이 그려지는지, 내 머릿속에 무엇이 스쳐 지나가는지를 생각해보면 좋을 것 같습니다.

우리에게 익숙한 성경 읽기는 눈으로 읽는 것입니다. 그런데 소리 내어 성경을 읽으면 다른 느낌으로 다가옵니다. 그리고 다른 이가 읽어주는 성경을 들으면 더욱 다르게 다가옵니다. 귀로 성경을 들을 때 우리의 감각이 살아납니다. 우리 눈앞에 홀로그램처럼 성경이 보여지고 느껴지기 시작합니다. 상상이 가능해지기 때문입니다. 무엇보다 사복음서의 한 꼭지 한 꼭지의 에피소드를 단편으로 들으시고, 그 현장을 연상해보는 것도 좋습니다.

오감으로 성경 읽기

생물로 번성케 하라 · · · 창세기 1장 천지창조 본문을 기억하십니까? 첫째 날부터 여섯째 날까지 그에 따른 창조 순서는 모두 외울 정도로 잘 아시지요. 그런데 1장을 읽으면서 오감이 자극되지 않는다면 아쉽습니다. 그 본문 안에서 빛과 색감을 느껴본 적 있으십니까?

창세기 1장의 다양한 소리를 들어보세요. 어떤 소리가 들리나요? 천지창조 기록 가운데 다섯째 날은 육해공 모든 공간에서 생명들이 넘쳐나는 장면을 적고 있습니다. 그런데 우리 귀에는 그 동물들의 소리가 들리지 않습니다. 무관심했기 때문이지요. 또 바다 생명들의 소리도 들어보십시오. 물고기들의 몸짓과 돌고래는 물론 다양한 생명의 소리가 들릴 것입니다. 작고 큰 새들의 지저귐이 들리십니까? 사나운 새들의 날갯짓과 날아오름의 힘찬 소리도 함께 들릴 것입니다.

이제 다시금 여섯째 날의 소리에 귀를 기울여보십시오. 가축 소리에 귀를 기울이십시오. 맹수들의 울부짖음과 크고 작은 동물들의 소리가 들릴 것입니다. 살아 움직이는 모든 동물들의 소리가 어우러집니다. 하늘과 땅과 바다 깊은 곳까지. 소리의 향연입니다. 들을 귀 있는 자는 들으라는 말이 또 한 번 깊이 와 닿습니다.

미각

성경, 맛으로 느끼기

어떤 음식을 떠올리기만 해도 입안에 군침이 도는 경험은 누구나 가지고 있습니다. 어떤 사람은 맛이 느껴지기도 합니다. 그런데 같은 단어를 들어도 누군가는 이렇게 미각을 느끼고 누구는 아무런 반응도 느끼지 못하는 경우가 있습니다. 그 음식의 맛을 경험하거나 그렇지 않은 것은 큰 차이일 것입니다. 저는 요르단 지역에서 파는 밀가루 빵의 구수한 맛을 종종 그리워합니다. 그곳의 갓 구운 빵을 떠올리기만 해도 제 온몸의 감각이 살아나는 것 같습니다. 성경의 맛을 느끼는 것도 이런 게 아닐까요? 그 맛을 아느냐 모르느냐에 따라 달려 있습니다.

한국의 다양한 지역 베이커리도 고유한 맛과 향으로 호객합니다. 커피 전문점도 마찬가지이고, 음식점마다 고유한 맛과 향이 있습니다. 맛과 향을 감별하는 특별한 재능을 가진 이들도 있습니다. 이처럼 맛과 향은 일상을 누리는 데 중요한 감각입니다. 한국 드라마에는 먹는 장면이 자주 등장합니다. 그 먹는 장면을 보면서 입맛이 돌 때가 많을 것입니다. 그런데 먹어보지 않은 음식이 나올 때조차도 입맛이 돌 때가 종종 있습니다. 이미 먹어본 맛을 바탕으로 상상력이 발동하기 때문입니다. 그런데 성경을 대할 때면 이런 우리의 반응은 사

—— 붉은빛의 달콤한 석류는 가을의 대표적인 과일입니다.

라지곤 합니다. 성경에 먹는 장면이 아무리 나와도 냄새도 못 맡고 입맛도 느끼지 못합니다. 지금부턴 코로 성경의 냄새를 맡고, 혀로 성경의 맛을 느끼는 훈련을 하고자 합니다.

모든 먹거리는 맛과 향을 같이 갖고 있습니다. 코를 막고 음식을 먹는다면, 우리는 음식 맛을 제대로 느끼지 못할 것입니다. 그래서 냄새와 향은 맛을 느끼도록 돕는 감각인 셈입니다.

맛은 단맛, 신맛, 쓴맛, 짠맛 등 여러 가지 맛들이 있습니다. 맛은 냄새와 연관이 깊습니다. 과일과 향신료, 음식과 자연의 맛으로 나눠 볼 수 있습니다. 이 맛을 제대로 연상하려면 성경 시대, 각 지역과 도시의 농산물과 과일 재배의 역사와 교역의 과정을 참고해보는 것도

—— 무화과는 씹히는 식감과 부드러운 단맛이 일품입니다.

좋은 방법입니다. 그 땅에서 나지 않아도 국제적인 교역을 통해 과일이나 음식물이 유입될 수 있었기 때문입니다.

단맛

젖과 꿀이 흐르는 땅으로 묘사되던 가나안 땅의 대추야자를 비롯한 각종 과일이 안겨주던 단맛이 있습니다. 단맛 하면 가장 먼저 떠오르는 과일은 대추야자입니다. 노랗게 익었을 때는 쌉싸름한 맛과 어우러진 단맛을 안겨줍니다. 그러나 말리는 정도에 따라 그야말로 설탕 덩어리로 변신합니다. 입에서 녹는 수준입니다. 대추야자로 만든 시럽은 꿀로 불렸습니다. 위 속까지 달짝지근함을 느낄 정도입니다. 그다음이 쥐엄나무 열매로 만든 시럽입니다. 냄새가 거북하고 낯설게 다가오지만 입안에 감도는 맛을 음미할수록 다디단 느낌입니다. 여기에 단맛을 내는 과일들이 있습니다. 헤브론이나 헬몬 산을 비롯한 산지에서 재배되는 포도와 건포도, 물이 맑은 골짜기에서 자라던 석류와 무화과는 단맛의 대표들입니다.

신맛

새콤한 이 맛은 엉긴 젖 등으로 표현하던 말린 치즈와 요구르트가 대표적입니다. 소고기나 양고기 요리에 이 엉긴 젖을 뿌려서 먹곤 했습니다. 고기 냄새를 줄여주는 신맛이 입맛을 돋워주었습니다. 아브라함이 세 천사를 대접할 때 만든 송아지 요리에도 이 엉긴 젖이 첨가되었습니다. 출애굽 유월절 이야기에서 등장하는 우슬초도 시큼한 맛을 지니고 있습니다.

쓴맛

엘리사의 제자들은 야등덩굴의 들외 열매로 국을 끓였습니다. 제자들은 그 열매에 사망의 독이 들어 있다고 말할 정도였습니다. 정말 독이 들어 있다는 말은 물론 아닙니다. 그야말로 감당할 수 없는 쓴맛 그 자체를 표현한 것입니다. 오랜 시간 달인 한약의 쓴맛도 이 맛에 비교가 되지 않을 정도입니다. 요리할 때 조미료로 사용하던 식물들 가운데 쓴맛을 자아내는 것들이 있습니다. 양고기를 구울 때 함

—— 야등덩굴의 들외열매는 감당할 수 없을 정도로 쓴맛입니다.

께 쓰던 쓴나물 종류가 대표적입니다. 양고기 냄새를 제거하고 맛을 좋게 하기 위해 향신료로 사용하는 것들입니다. 묘한 것은 성경 시대 주요 향신료들은 기본적으로 쓴맛을 안겨줍니다. 회향과 근채, 운향이 대표적입니다.

짠맛

출애굽 과정에 등장하는 마라의 샘물도 굵은 소금 잔뜩 풀어낸 물을 마시는 것 같은 짠맛입니다. 오히려 쓰다고 느껴질 정도입니다. 홍해에 위치한 마라의 샘물 특성상 지하수면에 형성된 짠물이 샘에 넘쳐난 것입니다.

—— 요르단 지역에서 파는 구수한 밀가루빵이 그립습니다.

고소한 맛

야곱의 팥죽으로 오해하고 있는 렌틸 죽이 대표적입니다. 고소한 맛으로 다가오는 렌틸 죽은 영양 흡수력이 강합니다. 막 화덕에서 구워낸 밀가루 떡도 고소하기 그지없습니다.

다양한 맛

예수님의 십일조 비유에 '모든 채소'로 번역된 향신료는 그야말로 다양한 맛이 어우러진 종합세트 향신료였습니다. 우슬초를 기본으로 깨소금과 다른 향신료를 섞어서 만든 것입니다.

쓴맛의 왕자 · · · 성경에 나오는 음식 중에 가장 쓴맛을 내는 것은 무엇일까요? 출애굽 이야기에서 한 부분과 선지자 시대에서 한 이야기를 찾아보세요. 출애굽 과정에서 이스라엘 백성들이 처음 맛본 쓴맛은 마라의 샘물(출 15:23-25)입니다. 봄날 며칠 동안 광야를 걸었습니다. 출애굽 하면서 챙겨온 물은 이제 다 동이 났습니다. 더운 날씨와 긴장감 속에서, 목이 타들어갑니다. 그런 이스라엘 백성들에게 샘(오아시스)이 눈에 들어옵니다. 그곳에서 물을 발견하고는 마셔대지요. 그런데 그 물이 너무 썼습니다. 마실 수 없었습니다. 기대감이 더한 실망감으로 변하고, 백성들은 분노하기에 이르렀습니다. 이 마라 지역은, 홍해변에 가까운 샘 지역입니다. 샘물에 소금기가 강하게 함유되어 있었기에, 쓴맛을 보여준 것입니다.

쓴맛은 엘리사의 제자들의 궁핍했던 생활과 연결된 이야기에도 나타납니다. 열왕기상 4장에 보면, 먹을 것이 없었던 엘리사의 제자들이 들로 나가서 따온 식물이 있었습니다. 작은 수박 모양의 식물이었습니다. 야등덩굴의 들외(개역개정판에는 들포도덩굴의 열매인 들호박 열매로 표기하고 있습니다)로 국을 끓였습니다. 제자들은 말합니다. '솥에 사망의 독이 있다'고요. 이 들외는 씨는 물론 속의 섬유질 부분도 무척이나 씁니다.

촉각 

성경, 피부로 느끼기

수년 전 상영되었던 〈패션 오브 더 크라이스트〉는 예수님의 십자가 고난을 가장 극대화시킨 영화로 꼽힙니다. 이 영화의 두드러진 특징은 예수님이 인간적으로 느낀 고통을 그대로 보여주는 데 있습니다. 보는 우리가 아픔을 느낄 정도로요. 그때 우리는 '촉각이 곤두선다'라는 말을 합니다. 촉각은 다른 감각보다 가장 넓은 부위로 느낄 수 있습니다. 손과 발, 그리고 온몸으로 느끼는 감각입니다.

처음 중동에 갔을 때, 뜨거운 사막과 더운 날씨만 떠올렸습니다. 겨울이 있을 것이라고는 상상도 하지 않았습니다. 아니 표면에 드러난 한겨울에도 영상 20도이기 때문에 추위를 탈 것이라고는 상상도 못했습니다. 그러나 뼛속 깊이 추위를 맛보고 나서야 알았습니다. 추위가 온도계 온도의 문제가 아니라는 것을요. 목욕탕에서 냉탕의 물이 얼음처럼 차갑게 느껴지지만 사실 냉탕의 온도는 18-20도 정도입니다. 온도가 문제가 아니라 온도 차이가 추위를 느끼게 하는 것이지요. 일교차가 10도만 넘어도 추위를 느끼는 정도가 엄청납니다.

구약성경에서 자주 등장하는 단어 중 하나가 '낮의 해'와 '밤의 달'입니다. 낮의 뜨거움과 밤의 추위를 가늠해봅시다. 성경 속에 나오는 대부분의 광야는 여름철에도 일교차가 20도를 넘나드는 곳입니다. 대표적인 도시로는 이집트 남부의 유적 도시인 룩소르가 있습니다. 여름철 낮 기온이 40도를 오르내리곤 합니다. 그런데도 새벽녘에 모닥불을 피우는 이들이 있습니다. 한여름 새벽에 산을 오르면 손이 시려워 장갑을 끼는 이들도 있고요. 사막 기후의 특징입니다. 게다가 사막 기후의 고온 건조한 특성으로 그늘에만 들어가도 에어컨 바람을 쐬는 것 같습니다. 햇볕이 닿는 부분과 그늘 사이에도 온도차가 크고 낮과 밤에도 일교차가 있습니다. 성경의 무대인 중동 지역의 이런 추위(체감 온도)는 우리와 다른 것입니다. 겨울철에 난방을 안 하고, 바닥에 얇은 담요를 깔고 잔다 생각해보세요. 바로 그 이상스런 추위가 중동에서 느낄 수 있는 추위입니다.

이런 환경에서 살려면 어떤 옷을 입어야 할까요? 긴 옷입니다. 햇살을 막아주고, 그늘의 추위에서는 체온을 지켜주는 것이지요. 거기에 머리에는 머리 덮개를 씁니다. 바람이 불면 모래로부터 얼굴을 보호해주는 등 다양한 용도로 환경에 적응하게끔 도와줍니다. 이런 사연을 갖고 있는 옷차림새가 오늘날 중동 지역 주민들의 옷차림입니다. 이것은 문화적으로 보수적이냐 아니냐, 노출을 억제하느냐 아니냐의 문제가 아니었습니다.

발로 느끼다

길을 가면서 발로 느끼던 감각이 있습니다. 대개의 경우 신발을 사용하지 않고 맨발로 다니면 그 감각은 더욱 새롭게 다가옵니다. 가시

밭, 돌짝밭, 부드러운 모래사막, 봄철의 푸른 초장, 일반 산길을 걷고 있다고 생각해보세요. 물 위를 걷거나, 가파른 산지를 걸을 때, 나무 위를 오를 때, 비탈길을 올라갈 때와 내려갈 때, 광야 길을 걸을 때, 밭에서 일할 때, 발의 느낌이 어떻게 달랐을까요? 걸을 때나 뛸 때조차 발의 느낌은 달랐을 것입니다.

손으로 느끼다

부드러움, 까칠함, 따가움, 촉촉함 등은 촉각을 대변하는 말입니다. 손끝으로 느꼈던 다양한 느낌들 가운데 동물들의 털이 안겨주던 느낌이 대표적입니다. 꺼칠꺼칠한 염소털을 비롯해 가축들의 가죽과 털에서 만져지는 느낌이 있습니다. 기드온이 하나님 앞에서 이적을 요구할 때 사용하던 양털은 우리가 보통 생각하는 것처럼 부드러운 솜뭉치 같은 느낌은 아니었습니다. 머리카락, 일상생활 용품이 안겨주던 촉감들을 떠올려보세요. 씻지도 닦지도 못하고 고생하던 베데스다 연못가의 38년 된 병자의 손은 어떤 느낌이었을까요?

몸으로 느끼다

몸으로 느끼는 것은 시각, 청각, 후각, 미각에 촉각이 어우러진 종합적인 감각입니다. 추위와 더위, 배고픔과 굶주림, 따가움 같은 느낌이 여기에 포함됩니다. 성경에서 몸으로 무언가를 느끼던 대표적인 인물은 요나와 탕자입니다. 물고기의 소화액에 의해 온몸이 상한 요나는 뜨거운 햇살을 맞으면서 얼마나 큰 고통을 느꼈을까요? 화상 입은 부위가 다시금 뜨거운 햇살에 노출되었다고 생각하며 그 느낌을 떠올려보세요.

마음으로 느끼다

이것은 감정에 호소하는 것으로, 한 개인이나 무리가 갖는 공감입니다. 마음으로 느끼는 것은, 촉각이 없어도 이루어집니다. 슬픔과 기쁨, 괴로움과 즐거움, 아쉬움과 뿌듯함, 보람과 상심, 분노와 적대감 같은 다양한 느낌이 여기에 포함됩니다. 이것은 성경 속 등장인물의 심리를 설명할 때 긴요한 요소입니다. 예를 들면, 다윗과 밧세바 두 사람의 첫 번째 만남(삼하 11장)을 묘사하는 구절 같은 것입니다. 거기에 이런 감정의 요소를 넣어 읽어내는 것이 중요합니다.

오감으로 성경 읽기

에서와 야곱 · · · 촉각에 얽힌 가장 좋은 예는 창세기 27장입니다. 성경 본문은 아주 사실적으로 에서와 야곱을 설명하고 있습니다. 에서는 몸이 붉고, 털이 많은 인물이었고, 반면에 야곱은 매끈매끈한 사람이었습니다. 에서의 축복을 대신 받기 위해 야곱이 한 행동은 무엇이었나요? 형의 옷을 입었습니다. 옷에는 에서의 체취가 담겨 있기 때문입니다.

이제는 촉감을 조작해야 합니다. 꺼칠꺼칠하고 털 많은 에서의 느낌을 만들어야 했습니다. 이것을 위해 염소 새끼의 가죽을 손과 목의 매끈매끈한 곳에 입혔습니다. 야곱은 에서의 느낌이 나도록 촉각과 후각, 미각을 다 조작했습니다. 물론 에서처럼 보이기 위하여 시각적인 면을 조작할 필요는 없었습니다. 이삭은 이미 눈이 멀었기 때문입니다.

> 야곱이 그 아버지 이삭에게 가까이 가니 이삭이 만지며 이르되 음성은 야곱의 음성이나 손은 에서의 손이로다(창 27:22).

이삭의 촉각이 청각을 이기는 장면이 연출된 것입니다.

2 시간과 공간 개념으로 성경 읽기

우리는 성경을 대부분 정적으로 읽습니다. 개개인이 묵상하는 형태이지요. 또는 성서지도를 가져다놓고, 사건의 현장을 점으로 표시해 한 점(장소)과 다른 한 점(장소)을 직선으로 연결하면서 에피소드를 따라가는 경우도 많습니다. 하지만 성경은 점과 선으로 이뤄진 사건이 아니라, 공간 속에서 이뤄진 일입니다. 성경 사건을 한 지점에서 일어난 사건으로 느끼는 것을 넘어서서 보다 넓은 장소와 공간에서 유기적으로 일어난 사건으로, 한 인물이나 무리가 특정 시간 속에서, 그런 공간 속에서 살았음을 입체적으로 느끼는 것입니다. 마치 3D, 4D 영화를 감상하듯 말입니다.

이렇게 입체감을 느끼는 것은 앞 장에서 언급했던 '오감으로 성경 읽기'와 맞닿아 있습니다. 같은 장소에서도 아침과 저녁에 따라, 계절에 따라 다른 색감과 감각으로 느낄 수 있고, 표현할 수 있습니다.

성경에는 예수님께서 최후의 만찬을 하신 다음에 제자들과 함께 감람 산으로 기도하러 가는 장면이 묘사되고 있습니다. 당시 예수님은 지명수배가 된 상황이고, 만일에 벌어질지 모르는 사태에 대비한 로마와 성전 보안 당국이 만들어내는 긴장감이 예루살렘에 가득했습니다.

이런 가운데, 예수님과 제자들이 감람 산까지 이동하는 장면을 떠올려보세요. 당당하게 무리지어 이동하는 것이 쉽지 않았다는 것에 유의해야 합니다. 예수님은 저녁식사 장소로 제자들과 이동하는 것도 아주 은밀하게 진행하셨을 것입니다. 마치 첩보영화에서 접선하는 것처럼, 예루살렘 성안 우물가에서 긴밀하게 이동하진 않았을까요?

봄날, 어두운 밤에 올리브 나무가 가득한 산에 올라가서 기도하시는 예수님이나 제자들을 떠올려보세요. 어둠 때문에 누가 누구인지 쉽게 알아챌 수 없었을 것입니다. 밤의 분위기를 색감으로 느껴보기 바랍니다. 가까이 불을 밝혀 신분을 확인하기 전에는 누가 누구인지 알아챌 수 없었을 것입니다. 그래서 그 순간은 도망치는 것이 오히려 쉬웠을지도 모르겠습니다.

성경의 사건들이 모두가 밝은 대낮에 이뤄지지 않은 것인데도, 우리는 언제나 밝은 무대, 환한 배경을 떠올리곤 합니다. 성경 속 이야기엔 빛도 없는 어두운 밤에 일어난 사건들이 많답니다. 밤에 일어난 사건들 가운데 하나 정도를 더 골라서 묵상해보기 바랍니다. 이제 본격적으로 시간 공간 개념을 사용하여 성경 읽기를 시도해봅시다.

시간

하루의 때

우리에게는 '나중에 봐', '이따가 거기서 봐' 같은 식으로 정확한 시간 언급이 없이도 약속을 지키던 시절이 있었습니다. 시간 개념에 공감이 있었기에, 약속이 성립되었던 것입니다.

고대 중근동에는, 오늘날 우리가 쓰는 것과 같은 시간개념이 없었습니다. 지역에 따라 약간의 차이가 있었지만, 태양과 달의 움직임에 따라 대략 시간을 구분했을 뿐입니다. 밤은 초경, 이경, 새벽과 저물 때, 밤중, 닭 울 때, 새벽 등으로 구분했습니다.

시간이 현대와 비슷하게 구분되기 시작한 것은 신구약 중간시대를 거쳐 페르시아, 헬라, 로마와 접촉을 하면서부터입니다. 신약시대의 이스라엘은 로마식과 달리 현대의 새벽 6시경을 0시로 기준한 것이었습니다.

성경 이야기를 대할 때, 먼저 사건이 일어난 시간이 아침인지 오전인지 오후인지 저녁인지 밤중인지 생각해야 합니다. 여기에 따라 다가오는 느낌이 달라지기 때문입니다. 성경 시대의 시간 구분은 단순했습니다. 물론 무대가 메소포타미아 지역인지, 이집트인지, 가나안(이스라엘) 지역인지에 따라 다르게 표현되었습니다.

<table>
<tr><th>시대</th><th colspan="2">구분</th><th colspan="2">시간</th><th colspan="2">관련성구</th></tr>
<tr><td rowspan="2">구약</td><td>밤</td><td>초경
이경
삼경(새벽)</td><td colspan="2">해질 때 – 오후 10시
오후 10시 – 오전 2시
오전 2시 – 해 뜰 때</td><td colspan="2">애 2:19
삿 7:19
출 14:24</td></tr>
<tr><td>낮</td><td>아침
오전
서늘할 때
저물 때</td><td colspan="2">해 뜰 때 – 오전 10시
오전 10시 – 오후 3시
오후 3시 – 오후 6시
오후 6시</td><td colspan="2">창 18:1
창 3:8
출 7:8
창 24:63</td></tr>
<tr><td rowspan="4">신약</td><td>밤</td><td>저물 때
밤중
닭 울 때
새벽</td><td colspan="2">해질 때 – 오후 10시
오후 10시 – 오전 1시
오전 1시 – 오전 4시
오전 4시 – 해뜰 때</td><td colspan="2">막 13:35
막 13:35
막 13:35, 눅 22:61
마 14:35, 막 13:35</td></tr>
<tr><td colspan="6">24 시 간 제</td></tr>
<tr><td rowspan="2">낮</td><td rowspan="2">아침
(마 16:3)
정오
(행 22:6)
저녁
(마 16:2)</td><td>밤중 기점
– 로마식
(요한복음)</td><td>새벽 기점
– 유대식
(공관복음)</td><td>시 간</td><td>성 경</td></tr>
<tr><td>제6시
제9시
제10시
제12시
제3시
제5시
제6시
제7시</td><td>제0시
제3시
제4시
제6시
제9시
제11시
제12시
제1시</td><td>오전 6시
오전 9시
오전 10시
오전 12시
오후 3시
오후 5시
오후 6시
오후 7시</td><td>요 19:14
마 20: 3
요 1:39
마 20: 5
마 20: 5
마 20: 6
요 4: 6
요 4:52</td></tr>
</table>

하루

오전은 동틀 때(창 19:15)나 낮은 정오나 기도 시간 등으로, 저녁은 해질 때(창 15:12; 출 12:6; 출 16:12), 날이 저물 때(창 19:1; 24:63), 밤에 이슬이 진에 내릴 때(민 11:9), 저녁 때(창 24:11), 성문 닫을 때(수 2:5-7) 등으로, 밤은 해가 져서 어두울 때(창 15:17) 등으로 표현되었습니다.

정오

몇 가지 대표적인 시간 표현을 배경으로 덧붙여 살펴봅니다. 정오에 베드로의 꿈(행 10:9~16) 이야긴 어색하지 않나요? 정해져 있거나 규정된 것은 아니지만, 신약시대 사람들은 오침을 하는 경우가 많았습니다. 이럴 경우는 옥상(지붕)에 올라가 그곳에 마련된 초가(다락방)에 머물며 쉬거나 그늘에서 바람을 쐬곤 했습니다.

기도 시간

유대인의 기도 시간은 아침 아홉 시, 정오(행 10:9), 오후 세 시(행 3:1) 등 세 차례였습니다. 이 가운데 성전에서 기도할 수 있는 시간은 오전 아홉 시와 오후 세 시 두 차례(눅 18:10)였습니다. 제사장이 분향하고 제사를 드리는 동안 일반 순례자들(방문자들)은 유대인의 뜰에서 기도(눅 1:10)를 할 수 있었습니다.

저녁

성문 닫을 때쯤(수 2:5-7), 당시 성문을 갖추고 있는 곳은 도시였습니다. 이것은 전략적 중요성과 도시의 중요성을 보여주는 것입니다. 여호수아서에서, 가나안 정탐꾼들이 여리고 성에 잠입한 것은 성문 닫을 때쯤이었습니다. "성문 닫힐 때"라는 표현은 이제 사람들의 왕래가 줄어들거나 없어진다는 의미를 담고 있습니다.

신약의 시간 개념

포도원 품꾼 비유(마 20:1~16)를 생각해봅시다. 당시 일터는 해질 무렵 일을 마쳤습니다. 포도원 품꾼 비유(마 20장)에는 신약시대의 유대인들의 시간 구분이 잘 담겨 있습니다. 이른 아침(1절, 오전 6:00), 제삼시(3절, 오전 9:00) 제육시(5절, 정오), 제구시(5절, 오후 3:00), 제십일시(6절, 오후 5:00), 저물 때(8절, 오후 6:00) 등으로 시간이 묘사되고 있습니다.

오감으로 성경 읽기

하루의 때 · · · 출애굽기 14장을 보며 홍해를 건너는 장면을 하루의 때를 따라 다시 생각해봅시다. 하루의 때를 나타내는 단어들을 찾아봅니다. 어떤 단어들이 있을까요? 밤(20절), 밤새도록(20절, 21절), 새벽에(24절), 새벽이 되어(27절) 등의 표현이 나옵니다. 모세가 홍해 위로 손을 들어 기도한 것으로부터 하루 반나절 사이에 이스라엘 백성들이 홍해를 건너는 일이 벌어진 것입니다. 24절과 27절 새벽 사이에는 최소한 하루의 시간이 흘러간 것입니다.

이 본문을 하루의 흐름을 따라 시각, 촉각 등 감각을 활용하여 다시 읽어봅시다. 하루의 때를 시각적으로, 그리고 동 틀 무렵의 강한 추위도 떠올리고, 낮의 강한 햇살도 생각하면서 읽어나가기 바랍니다. 먼동 트는 장면과 저녁 해지는 장면도 색감으로 느껴보기 바랍니다. 홍해의 물 색깔이 시시각각 변하는 것도 생각할 수 있습니다.

계절

네 개의 계절을 보다

성경의 사건과 메시지는 봄, 여름, 가을, 겨울의 사계절과 연관되어 있습니다. 성경의 무대였던 오늘날의 이스라엘, 요르단, 이집트, 시리아, 레바논, 이라크, 이란… 그곳에도 사계절이 있었습니다. 물론 우리나라처럼 뚜렷한 사계절 개념은 아니었지요. 지역에 따라 조금씩 다른 계절 구분이 있었습니다.

우선 추운 겨울과 뜨거운 여름이 있습니다. 낮과 밤의 극한 일교차도 존재합니다. 겨울철에는 때에 따라 큰 홍수가 나기도 했고, 여름이면 가물어 비 한 방울 내리지 않는 건기도 있었습니다. 성경 속에서 한 해의 시작은 가을입니다. 여름은 한 해의 끝입니다. 그래서 여름을 '끝날'과 연관지어 생각했습니다.

가을秋

가을이 되면 들판은 누렇게 익어갑니다. 물론 벼가 익는 풍경이 아닙니다. 황금빛으로 물든 밀 이삭을 수확하는 들판입니다. 바람도 차가워지고 아침 저녁의 온도도 낮아집니다. 오히려 낮과 밤의 온도차는 여름철에 비하면 크지 않습니다. 보랏빛의 포도, 짙은 청갈색의 무화과와 붉디붉은 석류가 갈한 목을 촉촉하게 채워줍니다. 가을을 떠올리는 성경 표현으로는, 서풍이 불 때(출 10:19), 메추라기 이동철(출 16:13), 포도 수확의 때(사 32:10) 등이 있습니다.

겨울冬

겨울이면 일교차가 더욱 커지고, 지역에 따라 눈보라가 몰아칩니다. 그렇지 않은 지역은 겨울비가 내려 땅을 적셔줍니다. 우기입니다. 차가운 (북)서풍이 불어 닥칩니다.

성경에는 겨울을 나타내는 많은 표현들이 있습니다. 북풍(잠 25:23), 이른 비(신 11:14; 욥 29:23; 시 84:6; 잠 16:15; 렘 3:3; 5:24; 51:33; 호 6:3; 욜 2:23; 약 5:7) 등입니다. 북(서)풍은 비를 몰고 옵니다. 이른 비는, 가을을 지나 겨울을 재촉하는 비입니다. 이른 비를 지나면서 요단 강 주변 지역은 본격적으로 겨울 우기에 접어듭니다.

봄春

봄은 온 세상을 변화시킵니다. 빈들에서부터 봄이 넘쳐났습니다. 누렇던 거친 광야에 푸르른 풀빛이 넘쳐나고, 그 사이 형형색색의 꽃들이 피어올랐습니다. 빈들이 푸른 초장으로 변하고 꽃밭으로 변하는 넉넉함이 넘치는 때였습니다.

봄의 색감은 무엇일까요? 물론 지역마다 다른 색감이 보일 것입니다. 이집트의 봄철은 검은 모래바람으로 다가왔습니다. 이집트에 머물던 90년 가을 이후, 내게 봄철은 50여 일 계속되는 황사로 종종 검은 모래바람으로 기억됩니다. 잿빛 하늘도 떠오릅니다. 어느 날은 동네의 큰 나무가 뽑히기도 했습니다. 요르단이나 다른 지역도 이 짙은 검은 모래바람이 불었습니다.

그러나 봄은 가장 분주한 시기였습니다. 겨우내 자란 모맥을 추수하는 시기였으며, 씨를 뿌리고 한해살이를 준비하는 철이었습니다. 그러나 보릿고개에 해당하는 춘궁기를 견뎌내야만 하는 고난의 계절이기도 했습니다.

봄을 묘사하는 표현으로는, 보리 이삭(출 9:31), 늦은 비, 모맥 거두는 시기, 동풍 부는 시기, 메추라기 이동 때(민 11:31-32), 추수 때(렘 8:20; 요 4:35; 막 4:29), 밀 베는 때(삼상 12:17; 삼하 21:9), 왕들이 출전할 때(삼하 11:1; 대상 20:1), 씨 뿌릴 때(암 9:13; 미 6:15; 마 13:3; 마 13:18; 마 13:24; 마 13:37; 막 4:3; 막 4:26; 눅 8:5; 눅 17:6; 고전 15:36), 양털 깎을 때(창 31:19; 창 38:12-13; 신 18:4; 삿 6:37-40; 삼상 25:2, 4; 삼하 13:23-24 등), 동풍 불 때(창 41:6, 23, 27; 출 10:13; 14:21; 욥 15:2; 27:21; 38:24; 시 48:7; 78:26; 사 27:8; 렘 18:17; 겔 17:10; 19:12; 27:26; 호 12:1; 13:15; 욘 4:8) 등입니다.

늦은 비는 봄이 끝남을 알리는 표시이기도 했습니다. 여름 건기가 시작되면 그야말로 비 한 방울을 볼 수가 없었습니다. '모맥 거두는 시기'는 희망 가득한 봄철을 표현하는 말입니다. 이제 땅의 소산, 그것도 첫 수확을 맛볼 수 있는 계절이 온 것입니다. 요단 강은 해마다 보리 수확기에 범람하곤 했습니다. 일부 요단 강 주변은 상습 침수 지역이었습니다. 특히 '사르단 언덕 근처의 아담 읍' 지역이 대표적이었습니다. 봄철에 요단 강을 오갔던 이들은 헤엄을 치거나 나룻배를 이용했습니다. 예수님 시대에도 요단 강에 놓인 다리는 하나도 없었습니다. 평소에는 그냥 쉽게 건널 수 있는 작은 개울에 불과했지만 범람할 때면 최대 1킬로 이상으로까지 강폭이 불어나기도 했습니다. 물론 지역과 시기에 따라 달랐습니다. 물살이 세거나 수심이 깊은 곳도 있어서 배가 필요했습니다. 요단 강에서 예수님이 세례 받으신 계절은 봄이었을까요, 아니면 다른 계절이었을까요?

또 엘리야는 어떻게 승천했을까요? 병거 타고 하늘에 올라갔다고 떠올리는 이들도 기록합니다. 그렇지만 성경은 회리바람을 타고(왕하 2:1-8) 하늘로 올라갔다고 기록합니다. 봄철의 동풍은 광야에서 종종 강한 회리바람을 일으키곤 했습니다. 이런 정황은 엘리사의 제자들이 광야를 헤맨 이유에서도 드러납니다. 제자들은 엘리야의 시신이나 유품을 찾으러 다닌 것이었습니다.

봄철 특징 중 하나는 바로 메추라기의 이동입니다. 메추라기는 철새입니다. 메추라기는 봄철이 되면 지중해를 건너 중동으로 날아옵니다. 아프리카로 들어가기 전에 시나이 반도 동편 지역에 머물곤 합니다. 수백 킬로미터를 날아 시나이 반도에 도착한 메추라기들은 진이 다 빠진 상태가 됩니다. 높게 날지 못하고, 무리지어 이동하기에 그 속도는 더 떨어질 것입니다. 출애굽 광야 생활 가운데 메추라기와 관련한 이야기가 두 번 등장합니다. 메추라기 이동로와 도래지(서식지)와 상관성이 있습니다.

- 이스라엘 자손에게 말하여 이르라. 너희는 내가 너희에게 주는 땅에 들어가서 너희의 곡물을 거둘 때에 너희의 곡물의 첫 이삭한 단을 제사장에게로 가져갈 것이요 (레 23:10).
- 너희 땅의 곡물을 벨 때에 밭 모퉁이까지 다 베지 말며 떨어진 것을 줍지 말고 그것을 가난한 자와 거류민을 위하여 남겨두라. 나는 너희의 하나님 여호와니라(레 23:22).
- 너희의 타작은 포도 딸 때까지 미치며 너희의 포도 따는 것은 파종할 때까지 미치리니 너희가 음식을 배불리 먹고 너희의 땅에 안전하게 거주하리라(레 26:5).
- 실과 때가 가까우매 그 실과를 받으려고 자기 종들을 농부들에게 보내니(마 21:34, 개역한글).

봄을 표현하는 특별한 표현으로는 '왕들이 출전할 때'가 있습니다. 다윗은 왕들이 출전할 때, 즉 봄철에 이르렀을 때 요압을 원정 사령관으로 하여 암몬 왕국의 수도 랍바 암몬 성을 공격하도록 했습니다. 밧세바와 스캔들을 일으킨 다윗이 그 일을 은폐하기 위해 우리야를 불러들인 때였습니다. 특별 휴가 명령을 내린 것입니다. 우리야가 다윗의 부름을 받아 예루살렘을 오갈 때 요단 강은 범람하고 있었습니다. 필시 나룻배를 이용하여 요단 강을 건너야 했을 것입니다. 구약시대 전쟁은 계절을 봐가면서 했습니다. 겨울철 요르단 지역은 폭설이 쏟아지곤 했습니다. 군수 물자 공급이 어려워 전쟁을 제대로 할

—— 가을이 되면 들판에서 황금빛으로 물든 밀 이삭을 수확합니다.

수 없었던 계절이 겨울입니다. 그래서 통상 겨울철에는 전쟁을 벌이지 않았습니다. 이것을 바탕으로 출애굽 당시 이스라엘 백성들이 아모리 왕국을 점령하는 이야기를 짚어볼 필요가 있습니다. 그때는 전쟁을 하지 않는 겨울 우기였습니다.

늦은 봄에 하는 가장 대표적인 일은 양털을 깎는 것입니다. 겨우내 자란 양털은 대개 더운 여름이 되기 전에, 한 살 이상의 양들만 깎습니다. 양떼의 여름 맞이 큰 행사가 양털 깎기였습니다. 모든 목자들이 스스로 알아서 양털을 깎지는 않았습니다. 전문 양털깎이도 있었고, 곳곳에 양털 깎는 집이 있었습니다.

여름夏

여름의 색감은 '푸르름'입니다. 강물도 더욱 파랗게 느껴지고, 무화과 나뭇잎도 무성해지고, 들판의 포도 잎도 짙은 푸른색이 됩니다. 하늘에 구름 한 점 없이 새파랄 때입니다. 다만 광야만이 진한 황갈색이지요. 봄철 한때 파랗게 덮여 있던 들판이 다시금 누렇게 변하고, 노란 모래벌판의 빛이 더욱 진하게 느껴집니다. 햇살은 더욱 강해집니다. 기온은 기본적으로 35도를 넘습니다. 광야의 체감 온도는 50도에 육박합니다. 대낮에 들판에 서 있으면 현기증이 날 정도로 뜨겁고 눈이 부십니다.

여름을 묘사하는 표현은 다양합니다. 시냇물이 마를 때(왕상 17:2-7; 욜 1:20), 남풍이 불 때(욥 37:17; 시 78:26; 아 4:16; 눅 12:55; 행 27:13; 28:13),

—— 늦은 봄에 하는 가장 대표적인 일은 양털 깎기입니다.

무화과의 때, 포도가 처음 익을 즈음(민 13:20)입니다.

그릿 시냇가에 있던 엘리야가 "시냇물이 말랐다"라고 표현했습니다. 가뭄이 심해졌다는 의미도 되겠지만 여름 건기가 본격적으로 시작되었음을 보여주는 것이기도 합니다.

오감으로 성경 읽기

한여름의 얼음냉수 · · · 우리나라의 여름철 별미 가운데 대표적인 것이 팥빙수입니다. 한여름 중동에 있을 때 빙수가 너무 그리웠습니다. 지금도 중동에는 팥빙수 파는 곳이 없거든요.

냉장고도 없던 성경 시대의 여름철, 얼음물을 먹을 수 있었을까요? 누가, 어떻게 여름철에 얼음물을 마실 수 있었을까요?

성경 시대에도 겨울이 있다는 것은 앞서 이야기했습니다. 겨울이면 당연히 얼음도 먹을 수 있었지요. 그런데 겨울이 아니라 여름에도 얼음을 먹었습니다. 성경 무대인 중동에 광야만 있다고 생각하는 사람들에게는 조금 당황스럽겠지요. 그것도 3천 년 전에 여름에 얼음을 먹었다고 합니다.

구약성경 잠언 25장 13절에 보면 "충성된 사자는 그를 보낸 이에게 마치 추수하는 날에 얼음냉수 같아서 능히 그 주인의 마음을 시원하게 하느니라"라고 기록되어 있습니다. 물론 추수는 겨울에 하지 않았습니다. 이스라엘 지역의 경우 봄과 가을에 기본적인 추수가 있었습니다. 대부분의 곡식들은 여름철에 거둬들였습니다. 오늘날의 맥추절과 추수감사절 시기에 해당합니다. 그때에 먹을 수도 있었던 얼음냉수 이야기가 잠언의 배경입니다.

이곳에는 겨울에 얼었던 얼음을 깨서 저장해두었다가 다른 계절, 특히 여름철에 주로 궁궐에서 사용했습니다. 오늘 본문에서 말하는 얼음냉수는 단순히 냉수만을 의미하지는 않습니다. 물이나 음료, 포도주 등을 얼음이나 눈 등을 이용해 차게 해서 마시곤 했던 광경을 보여줍니다.

기록에 따르면 솔로몬 때 이미 빙고가 사용되고 있었습니다. 그런데 이 얼음은 어디서 온 것일까요? 그 얼음은 레바논 산맥 아래에 위치한 헬몬 산 만년설 지대에서 잘라다가 사용한 것들이었습니다. 이곳은 연중 만년설이 덮여 있는 곳으로, 눈 녹은 물이 봄 시기에는 요단 강을 더욱 풍성하게 하고, 급기야는 강물이 범람하게 만들기도 했습니다. 물론 갈릴리 호수의 근원이기도 합니다. 필요하다면 언제든지 헬몬 산에서 얼음을 잘라 올 수 있었을 것입니다.

그렇지만 한여름 얼음냉수는 아무나 먹는 것이 아니었지요. 엄청나게 귀한 것이었기에 왕이나 귀족들 일부만이 그 혜택을 누렸습니다. 그래서 사람들은 그 맛을 보지 못했음에도, 여름철의 냉수 맛이라는 이미지를 갖고 있었던 것입니다.

성경 속에서 추위를 느껴보셨나요? 지난해 10월쯤 뉴스에서 일기예보를 보는데, 카이로 낮 기온이 30도가 넘는 더운 날씨가 예상된다고 말하는 것이었습니다. 그런데 30도의 날씨에도 추위를 느낄 수 있답니다. 체감온도는 일교차가 더 중요하기 때문이지요. 이집트에는 30도 안팎이 되는 날씨에도 두터운 외투를 입고 다니는 사람들이 많지요. 방송 관계자가 온도에 대한 오해로 인해 날씨를 착각한 것이었습니다.

눈 덮인 풍경과 그곳에 살던 이들의 생활 풍경도 눈에 들어오게 되었나요? 추위와 눈보라, 돌풍과 매서운 찬바람이 뒤엉키는 들판도, 도시도 눈에 들어오나요? 중동에 눈이 내렸다는 기사나 풍경 사진, 특별히 겨울철의 헬몬 산, 갈릴리, 예루살렘 풍경 사진을 찾아보세요. 더하여 눈 덮인 들판 풍경도 찾아보세요.

거리

어떻게 움직일까

우리는 이동할 때 지도나 지하철 노선도에 그려진 것처럼 직선으로만 움직이는 것은 아닙니다. 오늘날도 그렇고 예전에도 우리는 길을 따라, 강과 산골짜기를 따라 구불구불 이동하고는 했습니다. 지도 상엔 아무리 지름길처럼 보여도 그곳에 협곡이 있다면 소요 시간은 더 많이 걸렸을 것입니다. 같은 거리라도 지형적인 특성에 따라 소요 시간은 달랐을 겁니다. 부드러운 모래사막을 걸을 때와 탄탄한 평지를 걸을 때 가파른 협곡을 따라 이동할 때, 걸리는 시간이 당연히 다릅니다.

하룻길(민 11:31; 왕상 19:4; 눅 2:44), 열하룻길(신 1:2), 삼일길(사흘길, 창 30:36; 출 3:18; 5:3; 8:27; 15:22; 민 33:8) 안식일에 가기에 알맞은 거리(1킬로미터, 행 1:12) 같은 식으로 거리감을 표현하는 구절들도 있습니다. 이것은 건강한 성인 남자가 하루에 이동할 수 있는 20-30킬로미터의 거리를 염두에 둔 말입니다. 또한 살 한 바탕쯤(창 21:16)이라는 표현은 화살을 날릴 수 있는 거리로 약 300여 미터를 말합니다.

성경을 읽을 때 거리감을 느끼기 위해 도움이 되는 중요한 수단이 있습니다. 인터넷 검색 엔진과 성서지도입니다. 성경 속 여정을 세계지도에서 찾아서 표시해보세요. 아브라함, 이삭, 야곱, 요셉의 여정은 물론 욥바(지금 이스라엘 텔아비브 인근)에서 앗수르(앗시리아) 제국의 수도 니느웨(지금 이라크 북부의 모술)로 이동하던 요나의 행적도 찾아보세요.

이세벨의 위협을 피해 호렙 산으로 도망한 엘리야의 예를 생각해 봅니다. 브엘세바(브엘쉐바)에서 호렙 산까지의 거리는 통상 150킬로미터 정도입니다. 장정들이 평지를 이동할 때 하루에 20킬로미터 정도를 이동했습니다. 그런데 도망 중인 엘리야가 150킬로미터 정도를 가는 데 40일이 걸렸습니다. 뭔가 이상하지 않은가요? 그것은 브엘세바에서 호렙 산으로 가는 길은 가파른 경사와 뙤약볕으로 인해 아무리 서둘러도 그렇게 많은 시간이 걸릴 수밖에 없었습니다. 마음은 급한데 발걸음이 제대로 떨어지지 않았을 엘리야는 얼마나 다급했을까요?

— 성경에는 거리감을 나타내는 말이나 이동 수단이 언급됩니다.

성경 이야기를 따라가면서 우리는 등장인물의 이동 수단을 살펴볼 수 있습니다. 성경 시대의 이동 방식은 도보, 나귀나 수레, 말이나 마차, 낙타 등을 이용하는 경우였습니다. 나귀나 여타 교통수단은 모든 사람들에게 주어진 것이 아닙니다. 같은 거리라도 이동 수단에 따라 걸리는 시간이 달랐습니다. 평범한 사람들은 도보 이외에 다른 방도가 없었다는 점에 주목해야 합니다.

우리나라도(아마 여러분들의 경우도) 불과 수십 년 전에는 신발 한 켤레 없이 지내던 시절이 있었습니다. 고무신도 아닌 운동화는 그야말로 귀한 것이었습니다. 2천 년 전 예수님 시대에 고급 신발이었던 가죽 샌들을 신고 다닐 수 있었던 사람들은 많지 않았습니다. 맨발로 다녀야 했던 사람들이 많았습니다. 그러다 보면 가파른 벼랑이나 가시밭길을 가는 데는 더 많은 시간이 걸렸고, 무척이나 고단한 여정이 계속되었을 것입니다. 이렇듯 성경에선 다 알고 있는 내용들을 자세하게 적지 않는 경우가 있습니다. 이동이나 여행을 둘러싼 그런 행간을 읽어내는 것이 오감과 일상으로 성경 읽기에서 중요한 과제입니다.

그때는 정말 좁고 작은 세상이었습니다. 우리는 요즘 다양한 국적의 외국인을 어렵지 않게 만날 수 있는 시대에 살고 있습니다. 영어나 다른 나라 말을 못 알아듣고, 말하지 못해서 느끼는 답답함이나 안타까움을 느껴본 적이 있는지요? 꿈속에서는 어느 나라 그 누구와도 아무런 어려움 없이 대화할 수 있지요. 그런데 현실은 그렇지 못합니다. 성경 속 인물들도 우리 이상으로 언어 장벽을 갖고 있었습니다.

교류가 많지 않은 고립된 지역에 살다 보면, 생각과 언어가 굳어집니다. 타지 사람들의 말을 잘 알아들을 수 없고, 타지 사람들이 알아들을 수 있도록 말하기도 쉽지 않습니다. 시골이라고 부르는 산촌이나 농어촌을 방문했을 때, 지역 주민들끼리 사투리로 주고받는 이야기에 도통 감을 잡을 수 없습니다. 옛날에 다른 지역이나 나라를 방문한 이들은 그야말로 부러움의 대상이었을 것입니다.

이동통신, 컴퓨터, 인터넷, TV, 라디오, 버스나 자동차, 기차와 비행기가 없다면 어떤 일이 생길까요? 여기에 책이나 장난감 같은 것이 없다면, 우리에게는 어떤 일이 벌어질까요? 내가 태어나 자란 마을을 벗어나지 않고서는 큰 도시와 다른 나라 사람들에 대한 이야기를 들을 방도가 없는데 그들의 문화나 풍습, 언어와 음식 같은 것을 어떻게 경험할 수 있겠습니까?

'물 건너갔다'라는 표현이 있습니다. 더 이상 어찌할 수 없는 상황, 이미 끝나버린 상황을 빗대는 말이기도 합니다. 그런데 이전에는 강이나 큰 시냇물이나 바다를 건너가면 돌아오지 못하던 시절이 있었습니다. 강이나 큰 시냇물이 국경이나 영역(관할 구역)의 자연 경계가 되곤 했기 때문입니다. 지금도 강을 사이에 두고 행정구역이 나눠지는 곳이 적지 않습니다. 2천 년 전 예수님 시대는 물론 3천5백여 년 전 모세 시대, 4천 년 전 아브라함 시대의 중동은 지금과 비교가 안 될 정도로 대부분의 사람들이 고립된 지역에 살고 있었습니다.

성경 인물 요셉이 노예가 되어 이집트에 끌려가는 과정을 한번 떠올려보세요. 꿈에도 걸어본 적 없는 지역을 지나, 그가 한 번도 본 적 없는 도시와 사람들 가운데로, 그 자신의 앞날을 모른 채 끌려가는 심정이 어땠을까요? 거기에는 두려움과 충격 그리고 공포감이 가득했을 것입니다. 낯선 문화를 즐길 그 어떤 여유도 그에게 없었을 것입니다. 목숨과 운명을 남에게 떠맡긴 채 포로로 끌려가던 이들도 다르지 않은 느낌을 가졌을 것입니다. 그들 눈앞에 영화 장면처럼 새로운 문명이 펼쳐졌겠지만, 이질적인 문명에 대해 반가움이나 기대감이 일기 보다는 떠나온 땅에 대한 그리움으로 가득 찼을 것입니다.

갈 바를 알지 못하였다

아브라함이 길을 떠납니다. 낯선 지역에 들어가서 살게 되면 그 땅의 말과 문화를 배워야 합니다. 성경 시대에도 통역 없이는 서로 말을 주고받지 못했을 것입니다. 〈정글의 법칙〉 같은 프로그램도 사실 제작진의 사전 준비와 배려, 현지의 통역과 코디네이터의 도움이 없으면 제작이 어려웠을 겁니다.

아브라함이 길을 떠났다고 기록된 부분을 읽으면서 우리는 어떤 두려움이나 설렘 그리고 주저함과 걱정을 느끼지 못합니다. 우리의 무심함과는 달리 아브라함은 말할 수 없는 복잡한 마음이었을 겁니다. '아브라함이 갈 바를 알지 못하였다'라고 말하는 것은, 처음 가는 길이 주는 복잡한 마음을 표현한 것입니다. 어디로 가야 할지는 알았지만 그 길을 어떻게 가야 할지 몰랐던 것이지요. 한 번도 가본 적이 없었기 때문입니다.

그가 태어나 자랐던 오늘날 이라크 남부 갈대아 우르의 언어는 바벨론의 언어와 달랐습니다. 민족도 물론 달랐습니다. 북쪽의 앗수르 지역은 또 다른 언어와 문화, 인종 지역이었습니다. 하란은 더욱 다른 곳이었습니다. 그래도 이른바 메소포타미아 문명이라는 최소한의 공통점은 있었습니다. 그런데 점점 전혀 색다른 환경을 맞이합니다. 마침내 그가 도착한 곳은 메소포타미아 문명과 쌍벽을 이루던 나일 강 문명의 중심인 이집트 제국이었습니다. 메소포타미아와 이집트를 비교하면 둘은 무척 다릅니다. 사계절을 지닌 메소포타미아는 60진법과 쐐기문자를 사용했고, 이집트는 세 개의 계절로 나뉘었고 10진법에 상형문자를 사용했습니다. 인종도 셈족인 메소포타미아인과 함족인 이집트인은 그야말로 같은 것이 하나도 없었습니다.

나이 지긋했을 아브라함이 새로운 언어를 순식간에 배워 그 지역 언어로 아무런 어려움 없이 지역 주민들과 의사소통할 수는 없었을 것입니다. 이중 언어 이상을 말할 수 있는 누군가의 도움을 받아야 했을 겁니다. 잠시 여행으로 지나가는 길이라면, 현지어를 깊이 몰라도 큰 문제가 되지 않겠지만, 그곳에 머물러 생활한다면 문제는 달라집니다. 아브라함은 어떻게 지역 주민들과 대화를 나누었을까요? 많이 양보해도 아브라함이 아주 능숙하게 현지어를 구사하는 수준은 아니었을 것입니다. 아브라함의 종이나 고용된 일꾼들 가운데, 통역을 해주는 이들이 있었음을 미루어 짐작할 수 있습니다.

예수님과 제자들은 어떤 형편이었을까요? 예수님 시대에 시골 사람들은 예루살렘에 한 번 다녀오는 것도 엄청난 경험이었습니다. 명절에는 물론이고 평소에도 다양한 나라에서 이곳을 찾은 낯선 모습을 한 방문자들이 많았습니다. 갈릴리 지방에서 예루살렘을 오가려면 왕복 3-4주가 걸렸습니다. 여행 경비도 적지 않게 들었습니다. 예수님은 사역 기간 중에 절반을 다른 지역을 방문하는 데 썼습니다.

예수님께서는 갈릴리, 사마리아, 유대와 예루살렘을 오가고, 요단 강 동쪽의 '요단 강 건너편'과 데가볼리를 방문하곤 하셨습니다. 예수님 시대의 이스라엘 지역은 다양한 통치자들에 의해 지배되던 곳이었습니다. 예루살렘은 로마 총독(예수님 당시에는 빌라도 총독)이, 요단 강 건너편, 사마리아, 갈릴리는 헤롯 안디바, 빌립, 아켈라오, 아그립바 같은 또 다른 분봉왕들이(이들은 권한에 제한이 있는 이들로, 정식 왕은 아니었습니다) 지배하던 곳이었습니다. 데가볼리는 로마의 특혜를 받던 특별 도시 국가였습니다.

서로 다른 통치자가 다스리는 지역은 별개의 화폐를 사용하기도 했습니다. 경계를 드나들 때면 관세도 지불해야 했습니다. 오늘날과 같은 입국 비자 같은 제도가 있지는 않았지만, 출입이 제한되기도 했습니다. 게다가 이들 지역은 서로 다른 언어와 문화를 유지하고 있었습니다. 로마 분위기가 물씬 풍겨나는 데가볼리와 갈릴리 그리고 예루살렘 상류층의 건물은 유대 땅의 소박한 건축물과 비교될 수밖에 없었습니다. 로마 제국의 식민 지배를 받고 있던 유대인들은, 대부분 농경과 목축을 중심으로 생활하고 있었기 때문입니다.

여행이 잦았던 예수님과 제자들은 때로는 무장하기도 했지요. 대도시를 연결하는 길이면, 무장 강도들(산적들)이 활동했습니다. 특히 예루살렘과 여리고를 연결하는 길이 대표적이었습니다. 뜨거운 햇살을 피해 밤에 이동하는 경우가 많았습니다. 밤길을 가는 것은 덥지 않다는 것 말고는 불편한 일이 한두 가지가 아니었습니다. 강도의 습격도 문제였고, 맹수의 공격도 있었습니다. 그야말로 다양한 위험이 도사렸지요. 제자들 가운데 칼을 품고 다니던 이들도 있었습니다. (베드로도 그중 한 사람이었습니다. 아마 그는 예수님의 호위무사 같은 역할을 한 것은 아니었나 싶습니다.)

오감으로 성경 읽기

동방박사 여정 표시하기 · · · "동방에서 박사들이 예루살렘에 이르매 온 성이 소동"(마 2:1)했습니다. 동방과 예루살렘은 얼마나 떨어진 거리였을까요? 중동 지도를 펼치고 예상되는 이동로를 표시해보기 바랍니다. 그리고 아브라함, 야곱의 이동로를 찾아보기 바랍니다. 유프라테스와 티그리스 강이 만나는 곳에 오늘날의 이라크와 이란이 보일 것입니다. 동방은 오늘날 이라크와 이란 지역이 만나는 곳인데, 신약시대에 파르티아 제국이 자리하고 있었습니다. 바벨론 포로로 끌려가던 길도, 다시 예루살렘으로 돌아오던 길도 동방박사가 이용한 길과 같았을 것입니다. 동방에서 예루살렘까지 거리는 1,500킬로미터 이상입니다. 사막을 건너야 했기에, 낙타는 이들의 이동에 필수였습니다. 낙타를 타고 하루에 20킬로미터 안팎을 이동하면 예루살렘까지 오는 데 걸린 기간은 3-4개월입니다. 하룻길을 온 것처럼 생각되는 그 여정은 그렇게 간단하지 않았습니다.

2부

일상엔 정치, 경제, 사회, 문화, 종교 등 다양한 영역이 자리하고 있습니다. 이 일상은 그로 인한 여러 감정들이 교차하는 공간이기도 합니다.

성경도 마찬가지입니다. 작은 이야기 한 편에 담긴 다양한 문화를 알고 그로 인한 감정을 제대로 느낀다면, 그 성경 말씀의 능력은 내게 큰 힘이 될 것입니다. 성경을 풍부하게 읽는 것은 어렵지 않습니다. 우리에게는 일상의 경험과 상상력이라는 지혜가 있습니다. 게다가 이 모든 것을 아는 성령님이 우리가 깨닫고 공감하도록 돕고 있습니다. 우리는 온 감각을 열어 성경을 느끼려고 노력하고 시도해야 합니다.

성경 무대인 아랍 지역으로 눈을 돌려봅니다. 아랍의 일반 화장실에 가면, 휴지가 없습니다. 좌변기가 설치된 화장실도 크게 예외가 아닙니다. 대개 화장실에 물통이 놓여 있습니다. 아니면 화장실 이용자가 물통을 들고 들어가야 합니다. 왜 이 물통이 필요할까요?

아랍에서는 휴지 대신 물과 왼손을 사용하여 뒤처리를 합니다. 그래서 왼손은 불결한 손, 부정한 손으로 인식하고 있습니다. 음식은 오른손으로 먹습니다. 왼손으로 음식을 움켜쥐고 먹는다는 것은 상상할 수 없는 것입니다. 그래서 식사 전에는 어떤 식으로든 손을 닦는 것이 예의입니다. 식사에 초대한 경우에는, 손님을 위하여 손과 발을 닦을 물을 주는 것이 당연한 의무였습니다.

신구약시대에도 화장실 문화는 크게 다르지 않았습니다. 물이 귀한 지역에서는 부드러운 모래 등을 뒤처리에 사용했습니다.

출애굽한 이스라엘 백성들이 광야에서 40년을 지낼 때, 화장실 문제를 어떻게 해결했을까요? 화장실 문제뿐만 아니라 일상 속에서 겪는 일을 우리가 추측할 수 있습니다. 해답이 아니더라도 풍성한 성경 읽기를 위해 몇 가지 주제를 중심으로 나누어보도록 하겠습니다.

1 종교의 중심지 예루살렘

예루살렘만큼 성경 시대 사람들의 일상 깊숙이 연결되어 있던 곳은 없었습니다. 그래서 2부의 첫 주제로 예루살렘을 다루려 합니다. 조선시대 한양을 오가던 사람들의 대부분이 돈을 벌기 위해서이듯, 예루살렘을 오가는 이들의 봇짐도 돈벌이와 연결되어 있었습니다. 그래서 한탕하려는 산적들은 예루살렘을 잇는 주요 길목에 출몰하곤 했습니다.

여리고로 가는 길에서 강도 만난 자, 성전에서 채찍을 드신 예수님, 나면서 앉은뱅이 된 사람 등이 예루살렘에 등장하는 인물들입니다. 이사야에 언급되는 예루살렘의 피비린내의 의미, 당시의 죄인들, 베데스다 병자 이야기도 포함되겠지요. 거룩한 성전에서 돈 바꾸는 사람들은 왜 존재했고 소와 비둘기, 양을 파는 이들이 왜 존재했는지, 이들과 제사장 집단의 검은 커넥션(먹이 사슬)은 무엇인지 등도 다루게 될 것입니다.

예루살렘은 우리나라 서울에 해당하는 대도시입니다. 물론 종교

—— 예루살렘은 종교의 도시, 국제도시, 부와 권력의 도시였습니다.

적인 기능이 중시되었다는 점에서 차이가 있지만요. 게다가 예루살렘은 그 시절에 보기 드문 국제적인 도시였습니다. 중동 지역 곳곳에 흩어진 유대인들과 많은 외국인들의 발걸음이 이어지던 국제도시였고, 부와 권력의 중심지였습니다. 예루살렘에 산다는 것 자체가 꿈의 실현이기도 했습니다. 농촌과 어촌을 떠나 예루살렘의 빈민지역에, 날품팔이로 유입되는 이들도 많았습니다. 그 예루살렘이 갖고 있던 다양한 느낌과 실제 현실들을 만나보고 살펴보겠습니다.

예루살렘의 냄새

도시 전체가 제물이었던 곳

'예루살렘' 하면 어떤 냄새가 연상되나요? 예루살렘 자체에 대한 이미지도 잘 안 잡히는데, 예루살렘의 냄새를 떠올리는 것이 쉽지는 않을 것 같습니다. 잠시 눈을 감고 여러분이 살고 있는 도시의 냄새를 떠올려보세요. 다양한 냄새들이 코끝을 자극할 것입니다. 이런 마음으로 예루살렘을 떠올려보겠습니다.

종교의 도시

여리고 길을 통해 예루살렘에 들어오는 이들은 먼저 성안 정면에 보이는(성을 중심으로 동쪽에 있는) 화려하게 치장된 헤롯 성전을 보게 됩니다. 그 화려함은 당시로서는 가히 비교 대상이 없을 정도였습니다. 예루살렘을 방문한 횟수와 상관없이, 사람들은 한두 시간 정도 성벽을 따라 둘러보았을 겁니다. 성의 북쪽 지역과 서쪽에 자리한 헤롯의 궁궐과 총독부 건물, 그 화려하고 장엄하게 보이는 로마식 경주장과 시설, 대제사장의 호화 저택 등은 지방 사람들의 마음에 복잡한 감정을 안겨주었습니다.

갈릴리 촌사람 베드로와 제자들 다수는 예수님을 만나기 전까지는 예루살렘을 빈번히 드나들지 않았습니다. 초행인 경우도 있었을 것입니다. 예루살렘 성전을 바라보고 눈이 휘둥그레졌을 베드로의 표정이 상상될 정도입니다.

당시 예루살렘에는 성벽 안에 거주하던 2만여 명의 주민과 5천-1만여 명의 성 밖 거주자를 포함하여 2만 5천-3만 명의 주민이 살았을 것입니다. 팔레스타인 전체 인구가 50-60만 명이었던 것을 고려하면 큰 도시였음이 분명합니다. 이 인구 중 1만 8천여 명이 제사장이거나 레위인이었습니다. 이들 중 7백여 명의 제사장과 레위인들이 그들의 차례를 따라 예루살렘에 한 달 정도 체류했습니다.

성전 광장은 포장되어 있었고, 제단 바닥의 수로는 남동쪽으로 기울어져 있었습니다. 이로 인해 희생제물의 피는 자연스럽게 흘러내려갈 수 있었습니다. 이 배수로는 기드론 골짜기로 연결되어 있었습니다. 제사가 드려지던 성전 구역의 전체 크기는 물론이고, 예루살렘의 크기, 인구 등은 학자들의 계속되는 논란의 대상입니다.

동물들이 태워지던 곳

예루살렘이 점차 가까워오고 있다는 것을 가장 먼저 알려주는 건, 예루살렘 성전의 화려함이나 도시의 훌륭한 자태가 아니었습니다. 예루살렘의 고유한 냄새였습니다. 제사에서 나오는, 동물들의 시체 썩는 냄새와 타는 노린내와 쓰레기 썩는 냄새들이었습니다. 특별히 일반 서민들이 몰려 살던 북문 근처의 악취는 참을 수 없을 정도였습니다. 그도 그럴 것이 성벽의 둘레가 4.6-6.1킬로미터이고, 면적이 132만 제곱미터 또는 최대 232만 제곱미터가 안 되는 예루살렘 성전, 수용인원이 6천여 명 정도였을 그 좁은 성전에서 날마다 번제가 드려졌기 때문입니다. 희생제물 타는 냄새가 진동했고, 동물들의 내장과 분비물들을 포함한 부산물 처리장은 그야말로 엉망이었습니다. 더운 대낮이나 여름철은 그 냄새를 감당할 수 없을 지경이었습니다. 그래서 예루살렘의 냄새는 죽음과 생명 그 사이에 있었습니다.

예루살렘은 크게 두 개의 골짜기로 둘러싸여 있습니다. 오른쪽으로는 기드론 골짜기가 있고, 그 가운데 기혼 샘에서 솟아나온 물이 흘러 예루살렘 주민들에게 생명수를 제공한 뒤 사해로 흘러들었습니다. 왼쪽으로는 힌놈 골짜기가 이어졌습니다. 그 둘이 만나는 지점이

—— 예루살렘의 냄새는 죽음과 생명 그 사이에 있었습니다.

'아겔다마'(피의 밭)였습니다. 묘한 풍경입니다. 힌놈 골짜기는 그야말로 쓰레기 처리장이었습니다. 생활 쓰레기는 물론 성전 제사에서 만들어진 부산물들이 뒤엉켜 태워지고 썩던 곳이었습니다. 이 모든 것이 예루살렘 서편 골짜기에서 뿜어져 나오고 있었습니다.

일상으로 성경 읽기

예루살렘의 냄새 · · · 봄이면 감람 산 넘어 동쪽에서 불어오는 바람을 따라 냄새가 서쪽 마을에 번져갔고, 겨울이면 동편 기드론 골짜기나 감람 산 건너 광야 지역까지 그 냄새가 전해졌습니다. 여름철이면 힌놈 골짜기 냄새는 더욱 진동했겠지요. 그 봄의 시작을 알리는 계절에 유월절 희생제가 드려졌습니다. 그야말로 유월절 예루살렘은 희생제의 냄새와 예루살렘의 고유한 냄새로 진동했을 것입니다.

제사 드리고 남은 희생제물의 쓰레기는 예루살렘 왼쪽에 있는 힌놈 골짜기 또는 게헨나 골짜기에 버려졌습니다. 이 쓰레기 처리장에서 나는 냄새는 예루살렘의 고유한 냄새로 자리 잡았습니다. 겨울보다 유월절 이후 찾아오는 봄과 여름 예루살렘의 냄새는 가히 악취라고 할 수밖에 없었을 것입니다. 물론 그 도시 속에 살던 사람들은 이미 익숙해진 일상의 냄새였을지도 모릅니다.

예루살렘의 소리

각 나라의 언어로 말하다

예루살렘엔 당시 최대 3만 명 정도가 살고 있었습니다. 3만 명이라고 해도, 2천 년 전 그곳은 작은 도시가 아니었습니다. 예루살렘에 성전이 세워진 솔로몬 시대 이후 예수님 시대에 이르기까지 예루살렘을 떠올려보겠습니다. 4천여 명 정도의 인구가 살던 솔로몬 시대에서 3만여 명의 주민이 살게 된 예루살렘은 그 크기도 커졌겠지요.

예루살렘에는 왕족과 자산 계층, 사제 귀족을 포함하여 부자 계층과 죄인으로 분류되던 일반 서민들, 그리고 로마 총독을 포함한 로마 군인들과 일부 용병과 성전 경비대 병력이 있었습니다. 또한 멀리서 예루살렘을 찾던 이스라엘 이민자들과 유대교에 입교한 이방인들은 물론이고, 돈을 벌기 위해 이곳을 오가던 많은 이방인들이 일시적으로 머물곤 했습니다. 여기에 대목을 노리고 몰려드는 좀도둑들과 걸인들은 또 다른 문젯거리였습니다. 열심당원을 포함한 반체제 운동가들도 예루살렘을 오가곤 했기에 헤롯당원들이나 로마 경비대의 경계대상이 되었습니다.

이들의 빈부 격차는 어마어마했습니다. 예루살렘 성 안의 5분의 1 정도는 성전 구역이 차지했고, 5분의 3은 일부 귀족과 권력층이, 나머지는 일반 서민들이 차지하고 있었습니다. 왕족의 부와 사치는 차

치하더라도 상류층 중 대제사장 안나스 가문이 누린 부와 사치는 대단했습니다. 이들의 주 수입은 제물용 가축 거래, 하급 제사장들에 대한 강탈, 횡포와 뇌물 수수 등을 포함해 성전 주요직에 대한 매관매직 등으로 부정 축재의 전형을 보였습니다.

숙박업, 식료품업, 요식업, 수공업에 종사하던 사람들과 사제들은 중산층에 해당했고, 노예, 날품팔이, 마부, 목동, 소매상, 의사, 푸줏간 주인, 행상인, 재단사, 이발사, 세탁업자, 세리 등 천한 신분들이 섞여 살았습니다. 물론 이들의 생활 구역은 부의 격차에 따라 엄격히 구분되었습니다.

낯설고 번잡한 도시

예루살렘에는 누가 살고 있었을까요? 다양한 국적을 가진 예루살렘 방문자들의 다양한 옷차림과 낯선 말투가 뒤엉킨 번잡한 풍경을 떠올려보기 바랍니다. 이들 방문자를 대상으로 하는 상인들은 예루살렘 언어만 구사하지 않았을 것입니다. 이른바 생계형 외국어 구사자들이 저 나름의 외국어를 구사하면서 호객을 하는 풍경도 만날 수 있을 겁니다.

예루살렘은 최고 종교 지도자들의 산실이었고, 동시에 많은 유대인들이 혐오하는 장소이며, 사건 사고가 멈추지 않던 지역이었습니다. 하나님 앞에서 죄 사함의 자비를 힘입는 곳이기도 했지만, 동시에 착취와 억압, 불평등을 실감할 수 있는 곳이 바로 예루살렘이었습니다. 유대인 성인들은 1년에 세 차례 예루살렘 성전을 찾아 제사를 드리도록 유대 율법은 규정하고 있었습니다. 그렇지만 모든 유대인 성인들이 그 절기를 따라 율법을 지킬 수 없었습니다. 이 절기를 제대로 지키지 못했던 많은 사람들을 일컬어 죄인들이라 불렀습니다. 절기를 포함한 율법의 요구에 충실한 자들은 스스로 의인이라 칭했습니다.

다양한 민족의 소리

도시의 크기에 비해 많은 수의 다양한 민족들이 살고 있었습니다. 이곳에서 사용되던 말들도 예루살렘 방언과 갈릴리 사투리 같은 이 지역 언어는 물론이고, 여러 민족의 언어가 뒤엉켰을 것입니다. 통역도 필요했기에, 다언어 구사자들이 존재했음이 분명합니다. 당시 다양한 종족과 언어에 대해 성경은 아래와 같이 적고 있습니다.

> 우리가 우리 각 사람이 난 곳 방언으로 듣게 되는 것이 어찌 됨이냐. 우리는 바대인과 메대인과 엘람인과 또 메소보다미아, 유대와 갑바도기아, 본도와 아시아, 브루기아와 밤빌리아, 애굽과 및 구레네에 가까운 리비야 여러 지방에 사는 사람들과 로마로부터 온 나그네 곧 유대인과 유대교에 들어온 사람들과 그레데인과 아라비아인들이라. 우리가 다 우리의 각 언어로 하나님의 큰 일을 말함을 듣는도다(행 2:8-11).

예수를 잃어버린 부모 · · · '얼마나 정신이 없었으면, 며칠 동안 아이가 없어졌는지도 모를 수가 있을까?' 성경을 읽다 이런 의문이 들었습니다. 누가복음 2장에 예수님을 잃어버린 부모의 이야기가 나옵니다.

> 그의 부모가 해마다 유월절이 되면 예루살렘으로 가더니 예수께서 열두 살 되었을 때에 그들이 이 절기의 관례를 따라 올라갔다가 그 날들을 마치고 돌아갈 때에 아이 예수는 예루살렘에 머무셨더라. 그 부모는 이를 알지 못하고 동행 중에 있는 줄로 생각하고 하룻길을 간 후 친족과 아는 자 중에서 찾되 만나지 못하매 찾으면서 예루살렘에 돌아갔더니 사흘 후에 성전에서 만난즉 그가 선생들 중에 앉으사 그들에게 듣기도 하시며 묻기도 하시니 듣는 자가 다 그 지혜와 대답을 놀랍게 여기더라(눅 2:41-47).

이 이야기 속에서 소리가 들리나요? 사람들의 웅성대는 소리는 물론이고, 각 지방 걸쭉한 사투리나 외국어도 들리지 않나요? 저마다 태어난 곳, 사는 곳의 말투로 말하면서 예루살렘을 빠져나가는 수많은 사람들이 있었을 것입니다. 이야기에서 유월절 같은 명절에 예루살렘을 방문하는 이들이 그려지십니까? 많은 사람들과 좁은 길로 떠밀려 가듯 이동하는 장면이 연상되는지요? 가족과 친척들이 뭉쳐서 이동하는 장면도 연상이 되나요? 아마도 갈릴리 사람들은 자신들의 집으로 돌아가기 위해, 예루살렘에서 여리고 평지까지 하룻길 이상을 걸어서 이동했을 것으로 보입니다. 예루살렘에서 사마리아 지방을 통과하는 지름길이 있지만, 유대인이나 갈릴리 사람들은 그 길을 이용하지 않았습니다. 예수님의 부모와 친척들과 더불어 여리고 평지까지 내려오느라고 다른 생각을 못했을 것입니다. 또한 이 장면은 낮에 일어난 일일까요? 아니면 밤에 있던 일일까요? 아마도 한밤중에 밤이 새도록 걸었을 겁니다.

사흘 만에 예수님을 다시 만난 상황도 이해가 되나요? 예루살렘과 여리고를 오르내리는 길은 어떠했는지 살펴보기 바랍니다. 예루살렘과 여리고 평지 사이에는 하룻길입니다. 예를 들면, 첫째 날 밤에 길을 떠나면 둘째 날 오전이나 오후에 여리고 쪽에 도착하겠지요. 둘째 날 저녁에 다시 예루살렘으로 올라갔다면, 셋째 날 오전이나 오후에 예루살렘에 도착했겠지요.

당황하며 경황이 없었을 마리아와 요셉 그리고 예수님의 친척들의 표정과 애타는 심정이 느껴지나요? 아마도 수많은 인파가 몰리던 명절이면, 적지 않은 어린아이들이 미아가 되었을 것입니다. 예루살렘 같은 곳에는 미아보호소 같은 곳도 있었을 것이고요. 누구보다 마리아의 애타는 마음, 그리고 예수님을 다시 찾은 기쁨을 떠올려보기 바랍니다.

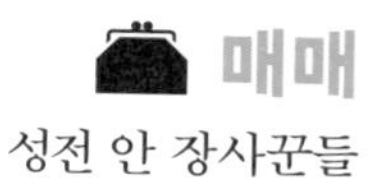

매매

성전 안 장사꾼들

> 예수께서 성전에 들어가사 성전 안에서 매매하는 모든 사람들을 내쫓으시며 돈 바꾸는 사람들의 상과 비둘기 파는 사람들의 의자를 둘러 엎으시고(마 21:12-17).

우리가 잘 알고 있는 내용입니다. 어떤 풍경들이 스쳐 지나갑니까? 성전 안에는 어떤 사람들이 등장하고 있습니까? 양이나 소, 비둘기 등의 동물을 돈과 바꿔주는 사람, 그리고 그들이 펼쳐놓았을 좌판 등을 떠올려보기 바랍니다. 어떤 소리가 들리는가요? 예수님의 노한 목소리나 예수님을 저지하려는 성전 경비병들, 그리고 제자들의 물리적인 충돌의 소리는 들리지 않는가요? 놀란 비둘기들이 내는 소리는 또 어떠했을까요? 이 현장에 있는 다양한 나라와 지역에서 온 목격자들은 뭐라고 외쳤을까요? 가격 흥정을 하는 소리도 들렸을 겁니다. 가격이 서로 맞지 않아 다투는 소리도 들리지 않았을까요?

성전 안 매매 행위에 대하여 살펴봅시다. 어떻게 성전 안에서 장사가 행해졌을까요? 성경에서 '성전'이 언급될 때 그 모든 경우가 이른바 제사 행위가 이루어지던 성소나 지성소, 성전 안뜰을 말하는 것은 아닙니다. 성전은 크게 이방인의 뜰, 여인들의 뜰, 이스라엘인(남자) 구역, 제사장의 뜰인 성소, 지성소로 나눌 수 있습니다. 그래서 '성전=성소나 지성소'로 생각하는 것은 오해를 불러일으킬 수 있습니다.

배경 이해하기

이 본문을 이해하기 위해 다시 개념을 잡아야 할 것이 있습니다. 그것은 '성전'의 의미입니다. 본문에서 말하는 "성전 안에서"가 나타내는 말은 두 가지의 내용을 담고 있습니다. 하나는 우리가 흔히 떠올리는 성전의 성소와 지성소를 포함한 제사를 위한 공간이고, 다른 하나는 성전 구역 안에 있는 다양한 시설물들입니다.

성전 구역은 벽으로 둘러싸여 있습니다. 그리고 문들로 연결되어 있습니다. 그 안에는 이방인들도 드나들 수 있는 이방인의 뜰은 물론이고, 여인들의 장소, 성전 창고, 성전 경비대 초소, 그리고 가장 중심엔 제사를 위한 공간(구약시대의 성막들이 연상되는)이 있습니다. 또한 당시에는 성전에 행각들도 있었습니다. 그래서 지금부터는 성전을 '성전 구역'과 성전의 제사를 위한 공간 자체인 '성전'으로 나누어 표현하고자 합니다. 성전 구역의 '이방인의 뜰'에 이방인들이 드나드는 것은 아무런 문제가 없고, 여인들의 출입도 허용되었습니다.

앗수르에 끌려갔던 이들, 이집트로 끌려갔던 이들, 바빌로니아와 인근 지역으로 끌려갔던 모든 유대인들이 바벨론 포로 이후에 예루살렘과 팔레스타인으로 귀환했을까요? 그렇지 않았습니다. 구약 후반 본문에 따르면 귀환한 이들의 수는 그리 많지 않았던 것으로 보입니다. 그리스 본토와 로마는 물론이고 소아시아와 메소포타미아, 바벨로니아, 시리아와 아라비아, 이집트, 에티오피아, 키프로스 등에 흩어져 있던 유대인들이 예루살렘 성전을 찾곤 하였습니다.

후에 이들 유대인 이민자들과 그 후손들이 예루살렘을 찾을 때 몇 가지 문제점들이 발생하기 시작했습니다. 율법의 흠 없고 점 없는 희생을 바치는 것이 예루살렘 성전 방문을 위해 필요한데, 먼 거리 여행이 큰 문제였습니다. 갈릴리와 예루살렘을 오갈 때도 족히 보름 이상이 걸리던 당시 상황에서, 집에서 아무리 점 없고 흠 없는 희생제물을 챙겨 가져가도 시간이 지날수록 제물이 상하고 찢기는 것은 당연한 일이었습니다. 게다가 예루살렘에 도착하려면 몇 달씩 걸리는 이들에게 자기 난 곳에서 희생제물을 가지고 오라고 강요할 수는 없었습니다.

이런 이유로 성전 안에 희생제물을 공급하던 장소가 마련되었습니다. 물론 제사 구역이 아닌 이방인의 뜰에 마련되었겠지요. 여기에 예루살렘을 방문한 유대인들과 유대교에 입교한 이방인들이 가지고 오는 화폐를 성전 화폐로 환전해야 하는 과제가 생겼고, 이를 해결하기 위하여 환전상들이 존재하게 된 것입니다. 환전소와 희생제물 판매소가 한곳에 있으니 희생제물을 드리는 과정에서의 많은 번거로움이 사라졌습니다. 그래서 예루살렘 성전 안의 이방인의 뜰 안에 이른바 좌판이 설치된 것입니다.

그런데 문제는 이들이 성전 제사장 집단, 특별히 대제사장 안나스 집안과 검은 사슬을 맺으면서 사리사욕을 채우는, 칼만 안 든 강도들로 변질되었다는 데 있었습니다. 이들이 부르는 희생제물의 값은 천정부지로 치솟았고, 환율도 엉망이었습니다. 소를 바칠 만한 돈으로 양이나 염소를, 양이나 염소를 바칠 만한 돈으로 비둘기를 겨우 바칠 수 있었으니, 백성들의 원성은 끊이지 않았습니다. 자릿세, 권리금 명목으로 상납 받던 당시 제사장들은 갈수록 호의호식했고, 백성들은 주리고 목말랐습니다. 그래서 강도의 굴혈이 되어버린 예루살렘은 개혁 대상 1호로서, 바리새인들은 물론이고 당시 뜻 있는 사람들은 예루살렘을 정화하고자 하는 갈망을 품고 있었습니다. 예루살렘의 제사장 세습 귀족들에 대한 변혁을 도모하는 흐름이 있었습니다. 그런 시기에 예수님의 성전 정화 사건이 발생한 것입니다.

묘한 것은 사사건건 예수님을 비난하고 어떻게 하면 트집 잡을까 연구하던 바리새인들이 이 사건 직후에는 아무런 부정적인 평가와 반응을 나타내지 않는다는 점입니다. 아마도 이런 성전 소란을 가장 고소해했을 이들은 바리새인들이었을 것입니다. 바리새인들도 성전 제도 개혁에 계속적인 관심과 저항 의지를 가지고 있었기 때문입니다. 그들은 제사장 집단의 전횡에 반감을 갖고 있었고, 성전 제사 제도에 대한 회의와 거부가 있었습니다. 이들은 성전 제도를 개혁하는 하나의 대안으로 회당을 통한 율법 연구와 기도를 강조하던 차였습니다. 또한 예수님의 이 소란 행위에도 불구하고 그를 체포하지 못했던 성전 경비대나 대제사장은, 이 성전 안에 가득했을 사람들이 예수님의 행동을 지지하고 있었기에 어찌할 수 없었습니다.

제사를 위한 온갖 부패

왜 예수님은 이 난리를 피우셨을까요? 그 이유는 간단했습니다. 성전 제사를 돕기 위한 목적에서 시작되었지만, 본연의 목적이 심히 부패했습니다. 제사를 돕기보다 오히려 예배자들을 곤혹스럽게 만들었기 때문입니다. 성전 장사꾼들과 환전상들은 그 자릿세(권리금)로 성전 제사장들과 관리인들에게 상납을 하고 있었습니다. 공존, 공생 관계가 형성되어 있었던 것입니다. 이 먹이사슬은 상인에게 더 큰 부정을 요구했고, 그 부정을 눈감아주기 위해 더 많은 떡값이 요구되었습니다. 이러한 부패는 결국 제사 드리기 위해 예루살렘을 찾은 사람들에게 해를 끼쳤습니다.

그들은 정결하지 못한 짐승들을 판매하거나 강매하면서 부정확한 환율로 폭리를 취하고 있었습니다. 독일 출신 신약학자 요아힘 예레미아스에 따르면 그때에는 심한 경우 수십 배까지 바가지를 씌우기도 했습니다. 그것도 상한 짐승들을 팔기도 했다는 것입니다. 이러한 점은 "너희가 상한 짐승으로 제사를 드린다"고 외쳤던 구약의 선지자들도 증언하고 있습니다. 기쁨보다는 억지로, 어쩔 수 없이 제사를 드렸던 사람들. 그러면서도 누구에게도 하소연할 수 없었던 보통의 사람들. 그래서 그들은 유대 혁명가가 되어 종교 개혁을 외치거나 산적이 되기도 했습니다.

돈 바꾸는 사람들의 유래

디아스포라 유대인들은 다양한 지역에서 예루살렘 성전을 찾아옵니다. 이들이 예루살렘 성전 안에서 사용하던 성전 화폐나 이스라엘 지역의 화폐를 가지고 있을 리 없었습니다. 그들이 사는 나라에서 미리 환전을 할 수도 없었을 것입니다. 오늘날도 한국의 은행에서 이스라엘 세겔을 환전할 수 없는 것처럼 말입니다. 또한 이스라엘 지역에 살던 사람일지라도 대속제물을 바칠 때 성전의 규정에 따라 성전 화폐로 5세겔을 내도록 되어 있었는데 이때도 미리 환전해야 했습니다. 성전 화폐로 돈을 바꾸어주는 환전 행위는 이미 오래전부터 있었습니다. 디아스포라 유대인들과 유대교에 입교한 이방인들을 돕기 위해 환전소는 필수적이었습니다.

어떻게 거룩한 성전에서 하나님의 제사장이라는 자들이 결탁하여 성전 구역은 물론이고 성전과 제사를 돈으로 바꿔버렸을까요? 백성들의 원성을 사던 공공의 적이 되어버린 성전의 부정부패. 이것은 사람들로 하여금 성전을 '강도의 굴혈'로 표현하게 만들었습니다. 이 강도의 굴혈이란 표현은 아주 적절한 것이었습니다. 로마식 시장 터를 보면 상점의 구조가 마치 동굴 모양이었습니다. 성전 안 상점들도 움푹 파인 형태였을 겁니다. 성전 안 제사장과 상인들은 마치 굴에 웅크리고 있다 표적을 덮치는 강도와도 같았습니다.

환전하기 · · ·

유대인의 유월절이 가까운지라. 예수께서 예루살렘으로 올라가셨더니 성전 안에서 소와 양과 비둘기 파는 사람들과 돈 바꾸는 사람들이 앉아 있는 것을 보시고 노끈으로 채찍을 만드사 양이나 소를 다 성전에서 내쫓으시고 돈 바꾸는 사람들의 돈을 쏟으시며 상을 엎으시고 비둘기 파는 사람들에게 이르시되 이것을 여기서 가져가라. 내 아버지의 집으로 장사하는 집을 만들지 말라 하시니 제자들이 성경말씀에 주의 전을 사모하는 열심이 나를 삼키리라 한 것을 기억하더라(요 2:13-17).

돈 바꾸는 사람들이 앉아 있는 장면을 상상해봅시다. 그런데 탁자 위에 돈을 가득 올려놓고 있는 장면을 떠올릴 필요는 없습니다. 그런 식의 탁자가 일반적으로 사용되고 있지 않았습니다. 그냥 돈 바꾸는 사람들이 여기저기 바닥에 앉아 있는 장면을 떠올려도 무리가 없습니다. 환전상도 한 명이 아니었겠지요. 그리고 성전을 찾은 이들도 같은 민족뿐이 아니라 각양 각지에서 온 사람들이었을 것입니다. 환전상의 호객 장면이나 환전하는 풍경을 떠올려보기 바랍니다. 다양한 언어와 지역 사투리가 뒤엉키고 있을 것입니다. 또한 환율이 오늘날처럼 정해진 것이 아니기에, 환율을 둘러싸고 있었을 갈등이나 마찰도 떠올려보기 바랍니다. 또한 돈에는 각 지역의 주화만이 아니라 현물도 포함되어 있을 것입니다.

다양한 디자인과 재질로 만들어진 화폐를 찾아봅시다. 돈 바꾸는 장면은 겉보기에 활기찬 분위기로 여겨지기도 하고, 공정하지 못한 환율 적용으로 분노하고 볼멘소리를 내는 이들의 심정으로 다가오기도 합니다. 예루살렘 성전의 첫인상이 되었을 환전 풍경, 어떤 모습으로 다가오나요?

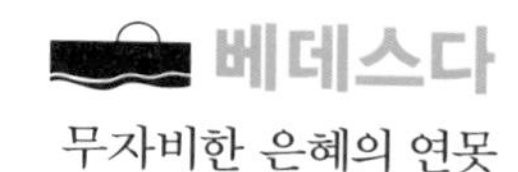

베데스다

무자비한 은혜의 연못

이스라엘 사회는 종교가 지배하는 곳이었습니다. 종교적으로 패자로 낙인 찍힌 이들은 공동체에서 쫓겨났습니다. 병든 자, 힘 없는 자, 부모 없는 자(고아), 자식과 남편 없는 자(과부), 율법을 어긴 죄인(생계형 매매춘 여성들, 동물의 시체를 만지는 직업 종사자, 성전 제사를 소홀히 하는 자) 등이 대표적인 존재였습니다. 이들이 다시금 정상적인 시민이 되려면, 이들이 가진 근본적 문제가 바뀌어야만 했습니다. 병자들의 병이 나아야 했습니다. 건강한 몸이 바로 여호와 하나님의 은혜가 임한 증거가 되었기 때문입니다. 그래서 예수님 시대는 광야를 오가면서, 도시의 한 언저리에서 자신의 질병이 치유되기를 갈망하는 이들을 어렵지 않게 볼 수 있었습니다. 이제 예루살렘의 한 장소를 따라가봅시다. 그곳은 베데스다(자비의 집이라는 뜻의 히브리어) 연못입니다.

> 예루살렘에 있는 양문 곁에 베데스다라 하는 못이 있는데 거기 행각 다섯이 있고, 그 안에 많은 병자, 맹인, 다리 저는 사람, 혈기 마른 사람들이 누워 물의 움직임을 기다리니 이는 천사가 가끔 못에 내려와 물을 움직이게 하는데 움직인 후에 먼저 들어가는 자는 어떤 병에 걸렸든지 낫게 됨이러라(요 5:2-4).

베데스다의 냄새와 소리

베데스다는 성전 희생제물로 팔릴 양들을 사고파는 장소였던 양문(양 시장) 근처에 있는, 성전에 쓸 물을 공급하던 연못이었습니다. 하지만 '자비의 집'이라는 이름과는 무관하게, 일상에서 낙오된 이들 가운데 오직 한 사람만이 치료받을 수 있다는, 경쟁만이 가득한 곳, 인정을 찾아볼 수 없는 눈물겨운 장소였습니다.

베데스다 연못에는 정자(행각)가 있었습니다. 그 안에 더 이상 들어갈 자리를 찾을 수 없을 만큼 빽빽하게 자리 잡은 사람들이 있었습니다. 몸과 마음이 상한 사람들로 넘쳐납니다. 다리 저는 사람들, 손발이 불편한 사람들, 걸을 수 없는 사람들, 앞을 보지 못하는 사람들과 이들을 챙겨주는 지친 표정의 사람들이 가득합니다. 베데스다 현장을 느끼게 하는 이런 외형적인 요소는 참혹했습니다. 그런데 그것이 전부가 아니었습니다. 이곳에서 가득 넘쳐나는 냄새가 있었습니다.

병자들에게서 나는 냄새가 아주 역했습니다. 언제 연못물이 움직일지 아무도 모르기에, 이들은 아무 데도 가지 않고 그때를 기다리고 있어야 했기 때문입니다. 그랬기 때문에 용변을 보거나 몸을 씻으러 자리를 뜨는 일도 없었을 것입니다.

사람들의 이 냄새와 양문 곁에서 양과 염소들이 풍겨내던 냄새들이 뒤엉켜 있습니다. 누구보다 어려운 형편에 처해 있는 사람들에게, '단 한 사람'만이 낫게 되리란 희망은 너무 가혹했습니다. 서로가 서로를 믿지 못하고, 오로지 '한 사람'이 되어야 한다는 절박함과 안타까움과 절규가 어우러지던 장소, 그곳이 바로 베데스다였습니다.

이곳에서 들을 수 있는 소리는 무엇일까요? 성전의 제사 공간에서 가깝기에 이곳에서는 희생제물로 드려지는 동물들의 울부짖음을 가장 가깝게 느낄 수 있습니다. 또 하나님의 자비하심으로 병이 낫기를 갈구하는 환자나 가족의 염원 소리가 넘쳐났습니다. 자비의 집이라는 이름에 어울리지 않게 저마다 먼저 살려고 아우성치던 곳이었습니다. 죽음을 앞둔 희생제물의 소리와 살기 위한 아우성은 예루살렘의 또 다른 소리였습니다.

현장의 촉감

유대인들은 '병을 얻은 것'은 하나님의 자비를 얻지 못했기 때문이라고 생각했습니다. 죄인의 증거라고 규정한 것이지요. 심각한 병에 걸린 사람은 아예 유대인 공동체에서 출교당하기도 했습니다. 병든 자는 성전에서 제사 드릴 자격이 주어지지 않았습니다. 제사를 드리지 않으면 하나님께 축복받을 방법이 없습니다. 병든 이는 그야말로 악순환의 고리에 묶여 살아야 했습니다. 이들의 현실 돌파구는 병에서 낫는 것이었습니다.

병 낫기를 기다리는 이들로 가득했던 베데스다에서는 한 줄기 희망이 있었습니다. 물이 동할 때를 기다렸다가 그것을 보고 가장 먼저 뛰어든 사람은 병이 낫는다는 희망이었습니다. 그 희망이 무자비함을 연출한 것입니다.

그들 가운데서도 우리가 만날 사람은 38년 된 병자입니다. 씻지도 닦지도 다듬지도 못한, 온몸이 병으로 인해 다양한 냄새를 내고 있는 이 남자를 느껴보세요. 어떤 냄새와 촉감이 느껴지는지요? 그에게 자연스럽게 손을 내밀 수 있을까요?

그 병자가 예수님을 만나 그의 꿈을 이룰 수 있었습니다. 이제 그는 그렇게도 바라던 하나님의 백성으로 인정되었고, 제사를 드릴 수 있는 '의인'이 된 것이었습니다. 제사가 사람을 회복시키는 것이 아니라 회복된 자가 하나님께 제사를 드리는 것이었습니다.

이 본문에서 병자들이 갖고 있던 것은 병이 나을 수 있다는 희망만은 아니었을 것입니다. 단지 자신들의 삶을 포기하지 못한 채, 병이 나았으면 좋겠다는 그런 갈망을 가지고 있었을 것입니다. 우리 모두에게는 여러 가지 갈망이 있습니다. 지나온 시간들과 기억들 안에는 이루지 못한 아쉬운 추억들도 있습니다. 현실의 제약으로 인해 잊고 지냈지만, 꺼지지 않은, 포기하지 않은 어떤 바람이나 불씨들도 있습니다. 그 불씨를 다시 기억하게 하는 것, 그 희망의 불씨를 다시 태울 수 있도록 하는 것, 그것이 베데스다 연못가의 기적이 아닌가 싶습니다.

베데스다 다시 찾기 • • • 베데스다 연못 안팎을 둘러봅니다. 이곳에서 돈 벌기 위하여 모여든 이들이 있었다고 생각해볼 수 있을까요? 어떤 사람들이 이곳에서 돈을 벌고 있었을까요? 엉터리 약장수들은 없었을까요? 치유와 치료 가능성을 내세우며 환자 자신과 그 보호자들을 유혹하는 손길들은 없었을까요? 좋은 자리를 알선해주겠다는 이들은 없었을까요? 이런 상상이 지나친 것은 아닙니다. 사람 사는 곳은 다 비슷하기 때문입니다.

또 다른 장면 하나를 떠올려보기 바랍니다. 남녀가 같이 앉지도 못하는 사회 분위기 속에서, 남자 환자와 여자 환자들이 어떻게 격리되어 있었을까요? 그 환자와 성이 다른 보호자들은 또 어떻게 이곳을 오가고 머물렀을까요? 여환자들은 이곳에 머물 수 있었을까요? 여환자들은 이곳에 출입을 하지 못하였을 것입니다. 아픈 사람에게조차도 남성 중심의 문화가 팽배했을 것이기 때문입니다.

2 시대의 스캔들, 돈

성경 시대에도 '돈'은 일상에서 중요한 것이었습니다. 게다가 돈은 시대상을 가장 적나라하게 반영하는 도구입니다. 화폐 가치는 그 시대의 형편을 보여줍니다. 예수님도 종종 돈 이야기를 하셨습니다.

복음서에도 돈이 언급됩니다.

- 데나리온 하나를 가져다가 내게 보이라(막 12:15).
- 참새 두 마리가 한 앗사리온에 팔리지 않느냐? 그러나 너희 아버지께서 허락하지 아니하시면 그 하나도 땅에 떨어지지 아니하리라(마 10:29, 개역한글).
- 또 어떤 가난한 과부의 두 렙돈 넣은 것을 보시고(눅 21: 2).
- 한 가난한 과부는 와서 두 렙돈 곧 한 고드란트를 넣는지라(막 12:42).
- 나와 함께 즐기자. 잃은 드라크마를 찾아내었노라(눅 15:9).
- 주여, 주의 한 므나로 열 므나를 남겼나이다(눅 19:16).

- 그에게서 그 한 달란트를 빼앗아 열 달란트 가진 자에게 주라(마 25:28).
- 가버나움에 이르니 반 세겔 받는 자들이 베드로에게 나아와(마 17:24).

위 인용구절에는 예수님 시대 통용되던 화폐 단위가 등장하고 있습니다. 또한 어떻게 돈을 굴리고 벌었는지도 엿볼 수 있습니다. "너희 전대에 금이나 은이나 동이나 가지지 말고"(마 10:9)와 같이 화폐를 대신하는 물질도 나옵니다. 가룟 유다의 성전 세겔 은 삼십도 마찬가지이지요. '동록', '전대', '지갑'도 돈에 얽힌 어휘들입니다.

이 장에서는 예수님 시대를 전후해 돈이 어떤 의미와 가치와 상징성을 가지고 사용되었는지를 보려고 합니다. 예수님은 어떤 의미로 돈을 활용하셨을까요?

화폐

은과 금 나 없어도

유대 지역에서 사용하던 주조 화폐는 BC 7세기에 도입된 것입니다. 그 이전에는 물물교환으로 경제활동을 했습니다. 금속들과 일시재와 영구재, 밀, 보리 등의 곡물, 대추야자, 목재, 양의 털이나 가죽, 가축 등을 서로 교환했습니다. 나중에 무게 단위를 표현하던 말들이 몇몇 주화의 명칭으로 사용되기 시작했습니다.

초기 화폐는 인印을 눌러 찍은 단순한 금속 조각이었습니다. 그리고 금이나 은 덩어리처럼 값어치가 나가는 것이 직접 화폐로 사용되기도 했습니다. 무게와 순도에 따라 가치에 차이가 있었습니다.

구약시대부터 신약시대까지 '세겔'이라는 단위가 사용되었습니다. 화폐 단위로 사용되기 전에는 무게를 나타내는 단위였습니다. 1세겔은 약 11.4그램이었습니다. 또한 '므나'나 '달란트'도 무게를 표시하는 단위였습니다. 1므나는 약 500그램, 50세겔쯤 되겠지요.

신약시대에 이스라엘에서는 로마 표준 화폐도 사용하였습니다. 안디옥과 두로에서 주조한 화폐와 필시 가이사랴에서 주조했을 지방의 유대 화폐가 통용되었습니다. 이때는 금, 은, 동 그리고 청동이나 놋쇠로 주화를 주조하였습니다. 비교적 가치가 낮은 로마 화폐 아스(앗사리온)와 유대 화폐 렙돈은 청동으로 만든 주화였습니다.

신약성경에 자주 언급된 화폐로는, 헬라 은화였던 테드라크마(4데나리온)와 로마 은화 데나리온 등이 있습니다.

돈의 기원

모든 시대마다 돈이 있었던 것은 아닙니다. 물물교환을 하거나 가치 있는 금이나 은, 구리 같은 귀한 것을 가지고 물품 값을 지불하곤 했습니다. 오늘날과 같은 개념의 화폐가 만들어진 것은 바사(페르시아) 제국 시대로 거슬러 올라갑니다. 바사 제국에 이어 헬라 제국의 지배를 받으면서 팔레스타인 이스라엘 지역에서도 화폐가 유통되기 시작했습니다. 물론 직접 주조한 화폐가 아니라 제국에서 만든 화폐가 통용되기 시작했습니다. 헬라 제국으로부터 부분적으로 독립했던 하스모니아 왕조를 맞이하면서 이스라엘은 자체 주조 화폐를 사용했습니다. 그러다가 다시 로마 제국의 지배를 받으면서 로마 제국의 주화는 물론 헬라 제국에서 만들어졌던 주화와 하스모니아 왕조 때 만들어진 주화를 함께 사용했습니다.

누구의 이름과 권위로 만들어진 돈이냐에 따라 그 시대의 주권을 알 수 있습니다. 오늘날 팔레스타인 주민들은 이스라엘 정부가 만든 돈을 사용하고 있습니다. 당시 이스라엘에서는 부분적으로 자치가 이뤄지고 있었지만, 자체 화폐를 만들 수 있는 권리는 없었습니다.

돈에 자기 이름과 얼굴을 함께 새겨 넣을 수 있는 것 또한 엄청난 권력이었습니다. 분봉왕 헤롯이나 아켈라오가 왕이 되고자 애를 쓴

것도 그 같은 사연 때문입니다.

그 시대 일상에서 돈은 악과 선의 양면을 가지고 있었습니다. 돈은 맘몬 신으로 불렸고, 하나님과 대비되는 존재이기도 했습니다. 예수 시대 예루살렘은 그야말로 돈 놓고 돈 먹는 고리대금업의 천국과도 같았습니다. 성전 제사장 귀족들도 이런 일에 재미를 보기도 했습니다. "있는 자는 받겠고 없는 자는 그 있는 것도 빼앗기던"(눅 8:18) 시절이었습니다. 이런 까닭에 황제의 권위에 대적하는 자로 예수를 몰아내기 위해, 예수님을 모함하려는 무리들은 끊임없이 돈 문제로 트집을 잡고자 애를 썼습니다. 돈은 정치였고, 현실이었습니다. 그런 점에서 돈은 언제나 스캔들을 일으켰습니다.

화폐 정리

• 구약시대

유대 화폐 : 금, 은, 동으로 만들어진 세겔, 므나, 달란트 등

• 신약시대

유대 화폐 : 렙돈, 세겔 등

헬라 화폐 : 드라크마, 디드라크마, 테드라크마, 므나, 달란트 등

(2드라크마 = 1디드라크마, 1/2 테드라크마)

로마 화폐 : 고드란트, 앗사리온(아스), 데나리온, 아우레우스 등

(16앗사리온 = 1데나리온)

각 돈의 가치(크기)를 비교해봅니다.

- 1렙돈 = 가장 낮은 단위 • 2렙돈 = 1고드란트
- 4고드란트 = 1아스
- 1드라크마 = 16아스 = 1데나리온 = 128렙돈
- 1디드라크마 = 2드라크마 = 2데나리온 = 256렙돈
- 1세겔 = 1테드라크마(4드라크마) = 4데나리온 = 512렙돈
- 1아우레우스 = 25드라크마 = 25데나리온 = 3,200렙돈
- 1므나 = 25세겔 = 100데나리온
- 1달란트 = 60므나 = 240아우레우스 = 6,000드라크마

		아우레우스	퀴나리우스 아우레우스	데나리우스	퀴나리우스 아르겐테우스	세스테르티우스	두 앗사리온	앗사리온 (아스)	세미스	고드란트
금화	금 아우레우스	1	2	25	50	100	200	400	800	1600
	금화	1/2	1	12 1/2	25	50	100	200	400	800
	퀴나리우스 아우레스	1/25	2/25	1	2	4	8	16	32	64
은화	은 데나리우스	1/50	1/25	1/2	1	2	4	8	16	32
	(데나리온)	1/100	1/50	1/4	1/2	1	2	4	8	16
동화	퀴나리우스 세스테르티우스	1/200	1/100	1/8	1/4	1/2	1	2	4	8
	두 앗사리온 앗사리온(아스)	1/400	1/200	1/16	1/8	1/4	1/2	1	2	4
	세미스 고드란트	1/800	1/400	1/32	1/16	1/8	1/4	1/2	1	2
	아우레우스	1/1600	1/800	1/64	1/32	1/16	1/8	1/4	1/2	1

일상으로 성경 읽기

돈이 없던 시절의 돈

> 기근이 더욱 심하여 사방에 먹을 것이 없고 애굽 땅과 가나안 땅이 기근으로 황폐하니 요셉이 곡식을 팔아 애굽 땅과 가나안 땅에 있는 돈을 모두 거두어들이고 그 돈을 바로의 궁으로 가져가니 애굽 땅과 가나안 땅에 돈이 떨어진지라. 애굽 백성이 다 요셉에게 와서 이르되 돈이 떨어졌사오니 우리에게 먹을거리를 주소서. 어찌 주 앞에서 죽으리이까. 요셉이 이르되 너희의 가축을 내라. 돈이 떨어졌은즉 내가 너희의 가축과 바꾸어 주리라(창 47:13–16).

돈이 사용되기 훨씬 이전에는 어떻게 돈을 지불했을까요? 창세기나 모세오경 등에서 언급되는 '돈'이 있습니다. 주화가 만들어지기 전 돈의 사용에 대해 성경에서 살펴봅니다. 창세기 47장을 읽어볼까요? 이 본문에서 돈이라는 표현에 주목하면서 읽어보기 바랍니다. 어떤 표현이 나오나요? 본문은 '가나안 땅에 있는 돈'처럼 마치 우리가 상상하는 돈이 사용되는 것 같은 느낌을 안겨줍니다. 그런데 이 돈은 어떤 모양, 어떤 것이었을까요? 그것은 금이었습니다. 금이 무게에 따라 화폐를 대신했습니다.

성전세

성전에 바친 동전

> 가버나움에 이르니 반 세겔 받는 자들이 베드로에게 나아와 이르되 너의 선생은 반 세겔을 내지 아니하느냐. 이르되 내신다 하고 집에 들어가니 예수께서 먼저 이르시되 시몬아 네 생각은 어떠하냐. 세상 임금들이 누구에게 관세와 국세를 받느냐, 자기 아들에게냐 타인에게냐. 베드로가 이르되 타인에게니이다. 예수께서 이르시되 그렇다면 아들들은 세를 면하리라. 그러나 우리가 그들이 실족하지 않게 하기 위하여 네가 바다에 가서 낚시를 던져 먼저 오르는 고기를 가져 입을 열면 돈 한 세겔을 얻을 것이니 가져다가 나와 너를 위하여 주라 하시니라(마 17:24-27).

율법을 지키는 것이 오히려 율법을 어기는 것이 된 모순적인 사건 중에 대표적인 것이 바로 성전세 납부입니다. 성전의 유지, 보수, 관리 비용을 마련하기 위해 모든 유대인 성인 남자들에게 부여된 의무 규정이지요. 그러나 성전세로 통용되던 반 세겔을 사용하는 것은 율법을 어기는 것이었습니다. 반 세겔 안에 이방 신상이 그려져 있기 때문입니다. 성전세 납부 의무를 다하는 행위가, 결국 십계명을 어기는 일이 되었던 것입니다.

예수님의 비유에는 돈에 얽힌 소재가 자주 등장합니다. 기적을 베푼 일화에도 돈이 등장합니다. 가장 대표적인 것이 성전세에 얽힌 내러티브입니다. 이 이야기는 당시 대표적인 논쟁을 반영하고 있습니다. 당시엔 성전세를 납부하거나 거부하는 행위는 논란의 주제였습니다. 쿰란 공동체처럼 성전세 납부 의무를 거부하는 이들도 있었습니다. 그러나 성전세를 내느냐 안 내느냐의 논쟁이 아니라, 성전세 납부용 반 세겔, 세겔을 사용하는 일이 지니는 종교 제도의 왜곡과 갈등이 문제였습니다.

이방 신상의 이미지가 버젓이 그려져 있는 돈을 받던 당시 종교 권력자들은 환전 차익을 챙기는 것은 물론, 성전세의 의미를 왜곡했습니다. 대부분의 성전세에 관한 내러티브 해석에는 성전세용 세겔의 이미지에 대한 관심은 보이지 않습니다. 그렇지만 돈의 사회학이나 정치적 의미에 대한 바른 이해는, 예수님의 성전세 내러티브에 실체적 공감을 느끼면서 시작됩니다.

성전세 납세는 신성한 의무

출애굽 초기 이스라엘 공동체의 유대인 성인 남자들은 해마다 한 차례 성전세를 내야 했습니다. 성전세 납부는 제물을 바치는 데 필요한 짐승이나 나무, 밀가루, 소금, 향품 등을 구입하는 비용과 성전 유지 보수 관리 및 날마다 아침에 드리던 진설병(떡) 비용을 마련하기 위해 부과된 유대인 성인 남자의 의무였습니다. 이것은 십일조 외에 의무적으로 드려야 할 예물이었습니다. 이 의무가 율법을 어기는 행위로 연결되었습니다. 이 논지를 이해하기 위해 성전세 납부의 배경부터 살펴봅시다. 예수님의 성전세 납부 관련 이야기가 성경에 나옵니다. 성전세 관련 내러티브도 마태복음에만 한 차례 등장합니다. 신약성경에서 성전세라는 용어가 직접 나오지는 않지만, 성전세에 해당하는 용어인 디드라크마는 70인역에서 구약시대 세겔의 의미로 쓰인 것입니다(창 23:15-16; 출 21:32). 디드라크마는 헬라어를 사용하는 유대인들에게 성전세의 명칭으로 사용되었습니다.

> 여호와께서 모세에게 말씀하여 이르시되, 네가 이스라엘 자손의 수효를 조사할 때에 조사 받은 각 사람은 그들을 계수할 때에 자기의 생명의 속전을 여호와께 드릴지니 이는 그들을 계수할 때에 그들 중에 질병이 없게 하려 함이라. 무릇 계수 중에 드는 자마다 성소의 세겔로 반 세겔을 낼지니 한 세겔은 이십 게라라. 그 반 세겔을 여호와께 드리며, 계수 중에 드는 모든 자 곧 스무 살 이상 된 자가 여호와께 드리되, 너희의 생명을 대속하기 위하여 여호와께 드릴 때에 부자라고 반 세겔에서 더 내지 말고 가난한 자라고 덜 내지 말지며, 너는 이스라엘 자손에게서 속전을 취하여 회막 봉사에 쓰라. 이것이 여호와 앞에서 이스라엘 자손의 기념이 되어서 너희의 생명을 대속하리라(출 30:11-16).

모세오경의 속죄의 은이 언제부터 성전세 명목으로 징수되었는지는 불분명합니다. 위 성경 본문은 단회적 속전제 헌물 드림으로 해석할 수 있습니다. 이 본문을 갖고 매년 유대인 성인 남자들이 성전세를 드렸다고 풀이하기에는 무리가 있습니다. 아주 후대인 요아스 왕 시대에 성전세 납부에 대한 기록을 찾아볼 수 있습니다. 요아스 왕 시대에 성전을 수리하기 위해 성전세를 걷었다고 적고 있기 때문입니다.

> 그 후에 요아스가 여호와의 전을 보수할 뜻을 두고 … 유다와 예루살렘에 공포하여 하나님의 종 모세가 광야에서 이스라엘에게 정한 세를 여호와께 드리라 하였더니(대하 24:4, 9).

> 요아스가 제사장들에게 이르되 여호와의 성전에 거룩하게 하여 드리는 모든 은 곧 사람이 통용하는 은이나 각 사람의 몸값으로 드리는 은이나 자원하여 여호와의 성전에 드리는 모든 은을 제사장들이 각각 아는 자에게서 받아들여 성전의 어느 곳이든지 파손된 것을 보거든 그것으로 수리하라 하였으나(왕하 12:4, 5).

느헤미야 당시에는 3분의 1 세겔이었습니다. 왜 그런지는 불분명합니다. 포로 시대 이후 매년 성인 남자들에 한해서 드리도록 하는 성전 유지를 위한 성전세 도입이 언급됩니다.

우리가 또 스스로 규례를 정하기를 해마다 각기 세겔의 삼분의 일을 수납하여 하나님의 전을 위하여 쓰게 하되 곧 진설병과 항상 드리는 소제와 항상 드리는 번제와 안식일과 초하루와 정한 절기에 쓸 것과 성물과 이스라엘을 위하는 속죄제와 우리 하나님의 전의 모든 일을 위하여 쓰게 하였고 (느 10:32-33).

성전세의 용도는 다양하고 구체적이었습니다. 시대에 따라 그 용도에는 차이가 났습니다. 어찌 보면 성전 유지를 위한 인건비를 제외한 모든 영역을 성전세로 걷어들인 비용으로 충당하고 있습니다. 성전 예배의 사역자들에 대한 급여는 십일조 음식으로 충당할 수 있다 해도 건물 유지보수나 예물의 제의적 처리와 관련된 재정을 충당할 목적으로 성전세가 도입된 것으로 보입니다. 이것은 출애굽기의 속전의 개념과는 차이가 있습니다.

그러나 이후에 성전세 납부 금액이 3분의 1 세겔에서 반 세겔로 그 가치가 바뀌었습니다. 이것은 이전의 도량형과 페르시아의 도량형의 차이로 인한 것일 수 있습니다. 또는 그 이유를 예루살렘 성전 유지를 위한 국가보조금이 더 이상 페르시아 제국으로부터 나오지 않았기 때문이라고 보기도 합니다. 아니면 종교적 이유 때문에 예루살렘 성전의 재정적인 독립을 위해 성전세를 걷었을 가능성도 있습니다.

아무튼 하스모니아 왕조를 지나면서 반 세겔로 인상되었고, 이때부터 매년 성전세를 내기 시작한 것으로 보입니다. 디아스포라 유대인들과 유대와 갈릴리의 유대인들의 대규모 예루살렘 순례와 반 세겔 연례 헌금 납부가 하스모니아 지도자들에 의해 권장되고 장려되었습니다. 유대인들은 성전에 반 세겔을 기부하고, 절기 때에는 성전을 향한 순례여행을 해야 했습니다. 반 세겔은 예수님 당시 화폐 가치에 따르면 2데나리온에 해당합니다. 노동자의 이틀치 품삯에 해당하는 것이었습니다. 그러나 노동도 노동 나름이었고, 노동자 하루 품삯도 지역별로 달랐다는 것과 시대별로 그 품삯의 경제 가치도 달랐다는 것을 생각하면 정확하게 그것이 얼마 정도였는지 수치로 규정하기는 힘들 것 같습니다.

당시 성전세 납부 논쟁은 치열했습니다. 누가 내야 하는가, 얼마를 내야 하는가, 얼마나 자주 내야 하는가 등으로 논쟁했습니다. 쿰란 공동체는 평생 한 번의 성전세를 내면 된다고 생각했지만, 일반 랍비 전통은 매년 한 차례씩 내는 것으로 가르쳤습니다. 랍비나 성전 제사장들도 성전세 면제 대상이었습니다.

사두개인들이 예수님 당시 정치적 이유로 성전세 납부 제도를 일시적으로 반대하기도 했지만, 대다수의 유대인들은 당시 주류였던 바리새파의 해석을 따랐습니다. 율법의 규정에 관한 전통적인 해석에 따르면, 20세 이상의 유대인 성인 남자들은 성전세를 내기 위해 유월절 시기에 예루살렘 성전을 방문해야 했습니다.

위의 성경 본문에서 언급되고 있는 '반 세겔 받는' 것이 바로 성전세를 말합니다. 이 이야기에서 베드로는, 갈릴리 호수에서 잡은 물고기 입에서 한 세겔을 찾아 그 돈으로 자신과 예수님의 성전세를 냈다고 성경은 적고 있습니다. 예수께서 자신과 베드로를 위해 물고기의 입에서부터 지불하신 은전은 두로의 반 세겔 동전이 아닌 4드라크마에 해당하는 그리스 은전이었습니다. 흔히들 성전세 내러티브를 이적 사건으로만 이해하는 경향이 있습니다. 그러나 핵심은 성전세 납세 논쟁이었습니다.

'반 세겔 받는 자'(원문에는 두 드라크마를 받는 자) 즉 성전세 징수자는 세리로 불리던 이들과는 다른 사람들입니다. 성전세 징수자들은 성전을 관장하는 예루살렘의 유대 종교 당국자들을 대변합니다. 예루살렘 제사장들의 대표자가 전 지역을 다니며 이 성전세를 징수했습니다. 그런데 예수님과 제자들 가운데 왜 두 사람에게만 성전세를 받아가려고 했는지는 불분명합니다. 예수님의 제자 가운데 베드로와 예수님을 제외한 제자들이 20세가 되지 않았던 것일까요? 물론 이 내러티브만으로 이렇게 추론하는 것은 무리가 있어 보이지만 그런 추론을 함으로써 성경 이야기는 더욱 흥미로워집니다.

25절의 관세는 일반적인 세금을, 국세는 인구세(또는 인두세)를 지칭하는 것으로 볼 수 있습니다. 로마 황제와 갈릴리의 분봉왕들은 이 세금을 그의 아들들과 그들에게 속한 가족들에게는 부과하지 않았습니다. 통치자 가문의 구성원들은 이 세금들로부터 자유로웠습니다. 징수원들이 베드로에게 던진 "너의 선생은 반 세겔을 내지 아니하느냐?"라는 질문은 굉장히 중의적입니다. '성전세를 냈느냐'고 묻는 질문 같기도 하고, '성전세를 냈다'는 확인 같기도 합니다. 또한 베드로의 대답 '내신다'는 말도 두 가지의 의미로 해석할 수 있습니다. '낼 것이다'는 뜻일 수도 있고, 예수님이 '매해 성전세를 내왔다'고 말하는 것일 수도 있습니다.

이는 더 나아가 당시 제사장들이 성전세를 내야 하는 의무를 가지고 있었는지에 대한 질문을 제기합니다. 마태복음 17장 24-27절에서 나타난 성전세에 대한 대화를 미루어 볼 때, 예수님의 정기적인 성전세 납부 행동에 대한 질문은 그 해의 성전세를 지불하라는 요구로 이해될 수 있습니다. 예수님께서 그들의 요구에 응해 즉시 자신과 베드로를 위해 성전세를 지불하신 것은 성전세를 징수하는 자들의 일반적인 질문이 당시 상황에서는 타당하고 자연스러운 것으로 보여졌기 때문일 것입니다. 예수님의 시대에 가버나움에서는 아마도 그 지역의 징수인을 통해 성전세가 거둬들여져 예루살렘으로 보내진 것으로 보입니다.

성전세용 반 세겔은 무엇인가?

반 세겔 또는 세겔은 로마 정부나 지역 정부가 만든 돈이 아닙니다. 그것의 기원은 두로였습니다.

반 세겔은 대략 2센티미터 조금 더 되고 그 무게는 6그램 정도입니다. 한 세겔은 2.5센티미터 정도의 크기에 11.4그램 정도의 무게

—— 성전세로 사용되던 돈은 이방 신상이 그려진 두로 반 세겔이었습니다.

가 나갑니다. 이 돈에 그려진 인물은 두로의 신 말카르트입니다. 말카르트는 페니키아어로 '그 성의 왕'이라는 뜻이고 '두로의 수호신'을 의미합니다. 로마식으로 표현하면 헤라클레스에 해당하지요. 독수리 신상은 신들의 가장 보편적인 이미지였는데 물론 두로에서 말카르트 신의 이미지로 활용된 것입니다. 뒷면에는 거룩하고 신성한 두로의 것이라는 뜻의 헬라어 *ΤΥΡΟΥ ΙΕΡΑΣ ΚΑΙ ΑΣΥΛΟΥ*(*TUROU IERAS KAI ASULOU*)가 새겨져 있습니다. 동전 뒷면 왼쪽 아래에 그려진 곤봉은 두로 시의 상징물이었습니다.

이제까지의 고고학적 발굴 결과, 두로 반 세겔은, BC 126-AD 70년 사이에 사용되었습니다. 예루살렘 성전에서는 성전세를 위한 돈을 새로 만들 수도 있었습니다. 그럴 권리가 있었습니다. 그런데 만들지 않고 이방 신상이 그려진 두로 반 세겔을 그대로 사용한 것입니다.

AD 18년 이후에는 예루살렘에서도 두로 반 세겔이 만들어졌습니다.

주화의 질은 다소 떨어졌지만, 그 형식은 동일했습니다. 종교의 자유와 성전 화폐를 주조할 권한이 주어졌음에도 자체적으로 새로운 화폐를 만들지 않았던 것은 이상하게 여겨집니다. 하스모니아 왕조의 통치 시에 요한 히르카누스와 안티고노스 마티아스에 의해 동전이 주조되었습니다. 하스모니아 왕조에서 주조된 동전의 대부분은 셀레우코스 왕조의 한 렙돈 또는 두 렙돈에 해당하는 작은 구리 동전이었습니다.

성전세 납부는 올무

십계명의 제2계명은 우상숭배를 금지하는 명령입니다. 사실 하스모니아 통치 시기에 토라 전반에 대한, 그리고 십계명의 제2계명에 대해 좀 더 보수적인 해석이 지배했습니다. 우상숭배를 위한 형상 예술만 금지하는 것을 넘어, 하스모니아 지도자들은 모든 형태의 형상 묘사를 금지했습니다. 그렇다면 이방 신상의 얼굴이 새겨져 있는 주화의 사용은 십계명 위반일까요?

제사장을 비롯한 종교 권력은 1, 2계명을 지키는 것보다 성전세 10게라를 드리는 것에 주목했습니다. 형식에 집착한 나머지, 그 무게가 가장 근접했던 두로 은화, 즉 반 세겔과 세겔을 성전세 용도로 공인한 것이었습니다. 이것은 형식주의가 가져오는 폐해와 해악을 절실하게 보여주는 대목입니다. 수단이 목적을 정당화한 것입니다.

성전세와 환전하는 풍경은 긴밀하게 연결되어 있습니다. 다양한 화폐들은 성전의 이방인의 뜰에 설치된 환전상을 통해 성전세용 반 세겔 또는 세겔로 환전되었습니다. 환전상들은 사람들로부터 받은 돈의 6분의 1을 수수료를 챙겼다고 알려집니다. 이 수입이 모두 환전상에게 돌아간 것은 아니었습니다. 상당량이 제사장들의 수중에 들어갔습니다. 그런 돈들은 로마 제국과 결탁하거나 불의한 행동을 하는 로비 자금으로도 사용되었을 것입니다. 예수님을 판 유다가 받은 30세겔도 바로 이런 돈이었습니다.

그런데 예루살렘을 방문할 수 없는 이들을 대상으로 방문 징수가 이뤄졌습니다. 모든 팔레스타인 지역에서는 유월절 이전에 성전세가 징수되었는데, 예루살렘 밖에서는 아달월(2-3월 경) 15일에 징수를 시작했습니다. 이 제도는 한편으로는 예루살렘 성전을 찾지 못하던 이들을 위한 배려라기보다 성전 수입을 극대화하려는 조치에 가깝지 않나 싶습니다. 대제사장이나 성전 수호자들은 성전세나 성전에 드려진 헌금으로 이자놀이까지 했으니까요.

예수님과 제자들이 가버나움으로 가셨을 때(마 17:24-27), 베드로는 성전세 받는 사람들로부터 "여러분의 선생은 성전세를 바치지 않습니까?"라는 질문을 받은 적이 있습니다. 불필요한 오해를 사지 않기 위해 예수님은 베드로를 시켜 잡은 물고기 입에서 나온 한 세겔로 성전세를 납부하셨습니다. 하지만 왕의 자녀들은 세금을 낼 의무로부터 자유로운 것처럼, 그 성전의 실제 주인이신 하나님의 아들은 성전세에 대한 의무로부터 자유롭다며 자신이 하나님의 아들임을 다시 한 번 교훈하는 기회로 삼으셨습니다.

그들은 이방 신상이 그려진 (반) 세겔만을 성전세로 받았습니다. 그리고 그 돈으로 성전의 중요한 일을 하는 데 사용했습니다. 성전의 유지, 보수, 관리는 물론 날마다 드려지던 진설병 비용으로 사용했습니다. 이런 예수 시대의 현실은 신앙의 상식이 무너진 것으로 볼 수밖에 없었습니다.

이것은 수단이 목적이 되고 형식주의에 갇혀 본질을 잊는 우리의 모습을 돌아보게 합니다. 하나님을 향한 마음 없이도 드리기만 하면 축복을 보장하는 물질주의 행태가 떠오릅니다. 그것은 바알도 섬기고 하나님도 버리지 않았다고 생각했던 구약시대의 얼굴인 것입니다. 이런 역설적인 상황은 오늘도 그리 다르지 않습니다.

일상으로 성경 읽기

낚시로 반 세겔을 낚다 • • • 마 17:24-27절에서 독특한 분위기가 느껴지나요? 이 바다는 갈릴리 호수입니다. 본문을 보면서 장면을 떠올려봅시다. 혼자서 긴 낚싯대를 내려 고기를 낚고 있는 베드로, 베드로가 던진 미끼를 입에 물고 올라온 고기 한 마리….

당시 갈릴리 어부들이 정말 그런 식으로 낚시를 했을까요? 헬라어 원문으로 보면 "…그 (갈릴리) 바다 안에 낚시를 던져서 가장 먼저 올라온 그 물고기를 들어올려서 그것의 입을 열면, 너(베드로)는 스타테르(네 드라크마, 한 세겔)를 발견할 것이니, 거기 있는 것을 가져와서 나와 너 대신에 저들에게 주어라"로 적혀 있습니다. 갈릴리 어부들은 갈릴리 호수 깊은 곳에서 '앙키스트론'이라는, 낚싯바늘처럼 생긴 도구로 고기를 낚아 올렸습니다. 문득 예수께서 제자들에게 사람을 낚는 어부가 되라 하신 말씀이 떠오릅니다. 사람을 낚는 낚시꾼이 아니라, 어부가 되게 하겠다는 표현에 눈길이 갑니다. 그물을 던져서 고기를 잡는 어부 말입니다.

세겔을 삼키고 있는 고기를 잡았다는 장면이 조금 낯설지는 않은지요? 이를 상상하려면 하나의 시대적 정황을 이해할 필요가 있습니다. 갈릴리 호수 주변 언덕이나 산에는 헬라 제국 시대의 크고 작은 도시들이 있었습니다. 로마 제국에 새로운 도시 계획이 이루어지면서, 사라진 크고 작은 마을(도시)들이 있었습니다. 잊혀진 도시의 생활의 잔해들인 토기나 생활용품, 주화 등이 빗물에 휩쓸려, 낮은 지대인 갈릴리 호수로 유입된 경우들이 많았습니다.

달란트

정치 풍자가 담긴 내러티브

달란트는 교회 안팎에서 많이 사용되는 단어입니다. 흔히 '재능'이라는 의미로 쓰이지요. '배우'를 지칭하는 탤런트라는 말이 달란트에서 연원했다는 식의 풀이에 우리는 익숙합니다. 주일학교에서 달란트 시장도 열리고 달란트 시상도 하는 덕에, 달란트를 성경 시대 일상생활에서 쉽게 쓰는 화폐단위로 생각합니다. 하지만 달란트는 일상에서 경험하는 단위는 아니었습니다.

달란트 비유에 숨겨진 인물

"저 형제는 많은 달란트를 가졌어요"라거나 "주님께서는 제게 노래하는 달란트를 주셨습니다" 등 달란트는 기독교인의 일상에서 '재능' 또는 '능력'의 다른 말로 표현되는 아주 주요한 단어입니다. 마태복음 25장 14-31절과 누가복음 19장 13-27절은(비슷하지만, 다른 본문입니다) 왕위를 받으러 먼 나라로 갔던 귀인(주인 또는 임금)의 이야기를 다룹니다.

이 비유는 역사적 사실에 바탕을 둔 정치 풍자가 담겨 있는 내러티브입니다. 그 주인공은 폭력적이기로 유명했던 헤롯 아켈라오(BC 23-AD 18)입니다. 헤롯 왕(BC 74-BC 4)은 죽으면서 아들 헤롯 아켈라오가 자기의 뒤를 이어 왕이 되는 것을 유언으로 남겼습니다. 그러나 헤롯 왕가의 대부분은 헤롯 안디바(BC 20-AD 39)를 지지하고 있었습니다. 아켈라오는 헤롯이 죽은 후 군대의 힘을 동원하여 스스로 왕이 되고자 했습니다. 또한 그는 BC 4년, 유월절 명절에 쿠데타를 일으키며 저항하는 바리새인들 2천여 명을 살해한 주범이기도 합니다.

그의 폭정은 로마 제국에도 전달되었습니다. 당시 그는 헤롯 안디바를 비롯한 헤롯 가문의 사람들은 물론 그곳의 유대 지도자들과 유대인들의 반대에 직면했습니다(눅 19:14). 공동체의 독립성을 회복시켜줄 것을 간청하는 사절단을 로마에 파견하고, 헤롯왕의 아들들의 지배권을 제거하고, 예루살렘 제의 공동체의 대제사장에게 맡길 것을 요구했지요. 그러나 아우구스투스 황제(가이사 아구스도)는 이런 민의와는 달리 아켈라오를 분봉왕(유대와 사마리아 지방의 통치자)으로 임명했습니다. 아켈라오는 나름대로 금의환향(눅 19:15)한 셈입니다. 이 일은 BC 4년쯤의 일입니다. 로마 황실이 내건 몇 가지 단서조항이 있기는 했습니다. 일정 기간 통치 결과를 보고, 그가 훌륭하게 정치를 하면 나중에 왕이 될 것이라는 부가 조항이었습니다. 그러나 이러한 칭호의 차이는 백성들에게 아무런 의미도 없었습니다.

분봉왕이 된 이후에도 아켈라오의 악정은 계속되었습니다. 그는 로마에서 돌아온 이후에 그의 왕 됨을 반대했던 이들에 대한 정치적인 보복을 자행(눅 19:27)했지요. 결국 반로마 정서가 번져갔습니다. 그래서 억압받던 신하들이 아우구스투스에게 다시 사절단을 보내 그들의 고통을 간절하게 호소하였습니다. 그는 이 호소를 받아들였습니다. 로마 황실은 실정을 이유로 아켈라오를 해임했고, 유대는 이두매와 사마리아를 비롯한 지중해 대부분의 지역과 더불어 시리아 주에 편입되었습니다. AD 6년의 일입니다. 이때부터 유대는 총독들이라 알려진 로마 행정 공무원들의 지배를 받게 되었습니다.

예수님은 이 비유를 말하면서 아켈라오의 이름을 언급하지 않았습니다. 그런데 어떻게 이 내러티브에 등장하는 왕이 헤롯 아켈라오라는 것을 확증할 수 있냐고요? 그것은 단순합니다. 그가 누구인지 말할 필요도 없는 것은, 듣는 이나 말하는 이 모두가 다 알고 있는 일이었기 때문이었습니다. 이 비유에는 매관매직이 횡행하는 그 당시의 정치 풍자, 사회 풍자가 담겨 있습니다.

사회적 측면에서 본 달란트 비유

달란트는 당시 서민들의 일상생활에서는 실재하지 않는 화폐 단위였습니다. 그 시대에 통용되던 화폐 가운데 가장 높은 가치의 화폐는 2센티미터 크기에 8그램 정도의 금으로 만들어진 금화로 25데나리온에 해당하였습니다. 데나리온은 BC 211년부터 만들기 시작하여 AD 296년까지 존재하던 로마 제국의 은화입니다. 그다음이 금 4그램 정도가 사용된 금화로 12.5데나리온 정도 되는 가치였습니다.

달란트는 화폐 단위라기보다는 구약시대부터 사용해온 금과 은의 무게에 바탕을 둔 것이었습니다. 한 달란트는 대략 34킬로그램입니다. 그 경제적 가치는 수십 년 전에 우리에게 억, 조, 경 하던 단위와 같습니다. 경제 가치로서의 달란트는 6천 데나리온입니다. 한 데나리온은 노동자의 하루 품삯으로 정도였습니다. 정규직의 하루 품삯을 한 데나리온이라 할 때, 하루도 쉬지 않고 일을 한다면 1년에 365데나리온을 버는 셈입니다. 이 돈을 한 푼도 쓰지 않고 15-20년 가까이 모아야만 한 달란트를 소유할 수 있는 것입니다.

요세푸스에 따르면, 예수님 시대 분봉왕 헤롯이 다스리던 베뢰아(요단 강 건너편)와 갈릴리 지역의 세수 총액은 200달란트, 이두매와 유대, 사마리아 지방을 다스리던 아켈라오의 세수는 600달란트였습니다. 헤롯 왕국에서 연간 로마 황실에 바쳐야 할 세금은 최대 800달란트 정도였습니다. 로마 은화로 환산하면 480만 드라크마(데나리온)입니다. 세수가 늘어난 헤롯대왕의 손자 아그립바 1세 시절, 팔레스타인 전체 지역의 세수가 1천 달란트였습니다. 유대, 사마리아, 갈릴리, 이두메, 베뢰아까지를 포함한 전체 세수 총액이 이러했습니다. 이 총액은 실물 화폐로는 600만 드라크마(데나리온)입니다. 이런 세금 총액은 로마 황실에 바쳐질 각종 관세와 인두세(주민세), 토지세 등을 포함한 것이었습니다.

이처럼 달란트 비유에는 역사적 사실과 경험, 상식에 바탕을 둔 팩션에 가까운 내러티브입니다. 그것은 예수와 청중들 사이에 공유되는 역사적 경험과 이해를 바탕으로 한 것이었습니다. 예수님의 풍자와 신랄한 현실 비판을 담고 있는 것입니다. 거대한 매관매직의 먹이

사슬로 이뤄진 정치 · 경제 · 사회적 상황 속에서 고통 받던 평범한 백성들을 유쾌하게 만들고 전율을 맛보게 했던 강렬한 풍자이기도 했던 것입니다.

일상으로 성경 읽기

일만 달란트 탕감을 받다 · · · 탕감받은 자에 대한 예수님의 비유(마 18:21-35)에도 달란트가 등장합니다. 성경을 읽으며 주요 등장인물에 눈길을 두기 바랍니다. 그리고 이 본문에 등장하는 화폐 단위에 주목하기 바랍니다.

등장인물은 임금(왕), 일만 달란트 빚진 사람, 백 데나리온 빚진 사람 등입니다. 본문 이야기 안에서 경제 가치를 표현하는 단어들은 일만 달란트, 백 데나리온 등입니다. 무려 일만 달란트? 일반인들 그것도 로마 제국의 식민지 지배를 받고 있던 팔레스타인 지역의 평범한 주민들은 감히 상상할 수도 없는 금액이었습니다. 예수님은 왜 이런 과장된 비유를 사용하셨던 걸까요? 25절엔 일만 달란트를 갚기 위하여 대신 지불되어야 할 목록이 나옵니다.

> 갚을 것이 없는지라. 주인이 명하여 그 몸과 아내와 자식들과 모든 소유를 다 팔아 갚게 하라 하니(마 18:25).

빚진 자의 몸과 아내와 자식 그리고 모든 소유를 팔아도 갚을 수 없는 돈이 일만 달란트라는 것인데, 아주 통 큰 표현으로 다가옵니다.

앞서 말한 탕감 받은 자의 비유엔 일만 달란트와 일백 데나리온이 비교됩니다. 60만 배 정도 차이가 나는 가치와 비교하는 것입니다. 사실 '일만'은 '무수한'이라는 의미로 풀이할 수 있습니다. 이런 규모의 현금을 보유한 이들이 얼마나 되었을까요? 한 개인이 팔레스타인 전체 지역의 일 년 세수의 10배가 넘는 엄청난 돈을 빚졌다는 것도 묘하지만, 그것을 탕감해줄 수 있는 통 큰 인물의 실체도 궁금합니다. 또한 자신이 탕감 받은 것의 60만분의 1을 탕감하지 못하는 모습도 역설적입니다.

데나리온

가이사에게 줄 가이사의 것은 없다

예수님을 모함하려는 음모는 계속되었습니다. 제사장들과 권력자들은 공개적인 장소에서 돈에 얽힌 이슈로 예수님께 트집을 잡았지요. "가이사의 것은 가이사에게, 하나님의 것은 하나님에게"라는 예수님의 명언은 납세 논쟁 사건에서 시작되었습니다.

> 이에 바리새인들이 가서 어떻게 하면 예수를 말의 올무에 걸리게 할까 상의하고 자기 제자들을 헤롯 당원들과 함께 예수께 보내어 말하되 선생님이여, 우리가 아노니 당신은 참되시고 진리로 하나님의 도를 가르치시며 아무도 꺼리는 일이 없으시니 이는 사람을 외모로 보지 아니하심이니이다. 그러면 당신의 생각에는 어떠한지 우리에게 이르소서. 가이사에게 세금을 바치는 것이 옳으니이까 옳지 아니하니이까 하니, 예수께서 그들의 악함을 아시고 이르시되 외식하는 자들아 어찌하여 나를 시험하느냐. 세금 낼 돈을 내게 보이라 하시니 데나리온 하나를 가져왔거늘 예수께서 말씀하시되 이 형상과 이 글이 누구의 것이냐. 이르되 가이사의 것이니이다. 이에 이르시되 그런즉 가이사의 것은 가이사에게, 하나님의 것은 하나님께 바치라 하시니 그들이 이 말씀을 듣고 놀랍게 여겨 예수를 떠나가

니라(마 22:15-22; 막 12:13-17; 눅 20:20-26 참조).

당시 유통되던 돈에는 디베료 가이사 아구스도(티베리우스 카이사르 아우구스투스) 황제의 이름과 얼굴이 들어 있었습니다. 로마 전역에서 사용하던 모든 돈에는 로마 황제의 얼굴 아니면 황제의 이름이 기본적으로 들어 있었습니다. 물론 앞서서 살펴보았던 렙돈이나 성전에서 유통하던 세겔만은 예외였습니다. 로마 제국의 공식 화폐 단위로는 가장 작은 단위가 고드란트입니다. 그다음이 앗사리온입니다.

데나리온이라는 동전

시대별로 동전의 은 함유량이나 화폐 가치도 달라졌습니다. 일반적으로 그 기준은 로마군인의 하루 품삯에 해당합니다.

데나리온의 앞면에는 그림처럼 황제 디베료 가이사 아구스도의

— 데나리온은 은 3.9그램 정도가 함유된 주화로, 가이사 아구스도가 즉위하면서 발행되었습니다.

화상과 더불어 라틴어로 *TI CAESAR DIVI AVG F AVGVSTVS* 라는 글자가 새겨져 있었습니다. "티베리우스 황제(가이사), 신성한 아우구스투스(성경의 아구스도)의 아들 아우구스투스"라는 뜻입니다. 뒷면에는 팍스 로마나, 팍스 아우구스타를 상징하는 의미로 종려나무 잎을 들고 있는, 리비아 여신의 좌상이 새겨져 있습니다. 그리고 *PONTIF MAXIM*이라는 글자가 적혀 있는데, '대제사장'이라는 뜻입니다. 가이사 아구스도는 신이며 동시에 신의 아들이며 대제사장이었습니다.

이 이야기는 신으로까지 숭배되던 절대 권력자 가이사와 하나님 사이에서 결단을 요청하는 것입니다. 황제를 빗대서 맘몬으로 표현할 수 있었을 것입니다. 예수님 표현에 따른다면 가이사와 하나님 사이에서 균형이란 존재하지 않습니다.

단지 단어만 기억되었던 예수님 시대의 돈, 이제 어떻게 다가오나요? 숫자로서만이 아니라 그 돈을 둘러싼 수많은 상황과 애환들이 조금 더 느껴진다면 좋겠습니다. 예수님의 설교와 가르침과 나눔은 단지 개념만을 설명하는 것이 아니기 때문입니다. 오늘 우리의 일상과도 비슷합니다. 돈의 지배를 받고 사는 우리 모습과 2천 년 전 이야기는 다르지 않습니다. 위로를 받아야 하는 건지 절망해야 하는 건지, 알 길이 없습니다.

구제하고서 나팔을 불지 마라 · · · 성경에는 돈에 얽힌 이야기들이 많습니다. 겉보기에 돈과 무관한 것처럼 보이는 이야기도 돈과 관련된 경우가 있습니다. 그중 한 가지를 살펴보겠습니다.

> 사람에게 보이려고 그들 앞에서 너희 의를 행하지 않도록 주의하라. 그리하지 아니하면 하늘에 계신 너희 아버지께 상을 받지 못하느니라. 그러므로 구제할 때에 외식하는 자가 사람에게서 영광을 받으려고 회당과 거리에서 하는 것 같이 너희 앞에 나팔을 불지 말라. 진실로 너희에게 이르노니 그들은 자기 상을 이미 받았느니라. 너는 구제할 때에 오른손이 하는 것을 왼손이 모르게 하여 네 구제함을 은밀하게 하라 은밀한 중에 보시는 너의 아버지께서 갚으시리라(마 6:1–4).

이 이야기를 대하면 어떤 느낌이 먼저 드는지요? '구제'와 '나팔 불기'는 어떤 연관 이미지가 담겨 있었던 것일까요? 어떤 시각적인 이미지, 풍경이 떠오르나요? 이 이야기에 등장하는 소품은 무엇인가요? 나팔 외에 다른 물품이 이야기에 나오는지요? 없습니다. 그렇다면 나팔에 얽힌 이야기부터 풀어봐야 할 것 같습니다. 그 궁금함을 따라가다 보면, 예수님의 말씀이 구체적으로 다가올 것 같습니다. 이 나팔은 사실 헌금함의 모양과 관련된 것입니다.

성전에는 여인들의 뜰 주변을 따라 '나팔궤'라고 불린 13개의 연보궤가 있었습니다. 이것은 종교 절기를 알리기 위하여 사용하던 것인데, 양각 나팔 모양으로, 헌금을 넣는 입구는 좁고 밑바닥은 넓었기에 '나팔궤'라고도 불렸습니다. 이것이 '소리 나는 구리', '울리는 꽹과리', '나팔(궤)'입니다. 그 수도 13개나 되었습니다. 13개 중에 9개는 의무적으로 드려야 했던 목적 헌금, 나머지 4개는 특별 헌금과 자유 헌금을 내던 헌금함입니다.

성전에서 드려지는 헌금은 사실상 공개 헌금이 될 때가 많았습니다. 그것은 헌금함 즉 나팔궤의 재질 때문이고, 다른 하나는 헌금자의 태도 때문입니다. 놋쇠는 재질상 울림이 좋았습니다. 웬만큼 떨어진 곳에서도 그 헌금함에 들어가는 헌금의 규모를 짐작할 수 있었습니다.

예수님 당시 돈은 그 가치에 따라 재질과 무게가 다양했습니다. 금화와 은화, 각기 무게와 재질이 다른 주화들은 연보궤에 들어가서 바닥에 떨어지기까지 저마다의 소리를 냈습니다. 그 소리로도 무엇을 드렸는지 웬만큼 식별이 되었습니다. 누가 얼마만큼의 헌금을 냈는지 짐작할 수 있었습니다. 그것도 얌전하게 넣지 않는다면, 더욱 두드러지게 들렸을 것입니다.

성전에는 위에서 말한 헌금함 외에 또 다른 헌금함이 있었습니다. 이것은 아주 비밀스런 특별 헌금이었습니다. 이른바 '침묵의 방(헌금함)'에 드려지던 것입니다. 여유 있는 이들이 극빈자의 자녀 교육을 위하여 드리던 구제 헌금으로 알려져 있습니다. '구제할 때'(마 6:2)에 언급되는 구제가 이 특별 헌금을 말하는지, 아니면 열세 번째 나팔궤에 넣던 자유로운 감사헌금인지는 불분명합니다. 그런데 바리새인들은 자신을 드러내고 자랑하기 위해 요란스럽게 '나팔궤'를 울리면서 구제헌금을 했던 모양입니다.

3 세상을 밝히는 빛

여러분은 "너희는 세상의 빛이라"는 말씀을 들었을 때, 어떤 상상을 하나요? 수많은 사람들 앞에서 스포트라이트를 받고 있는 상황을 그리는 것은 아닌지요? 그렇다면 그 상상은 거둬들이세요. 성경에서 말하는 빛과는 전혀 다른 의미이기 때문입니다.

전기도, 라이터도, 성냥도 없던 시절에 불을 밝히기 위해서 무엇이 필요했을까요? 촛대에 꽂힌 양초에 불을 붙여 사용하는 것도 예수님 시대보다 훨씬 이후의 일입니다.

그 시대에 가장 중요한 조명은 등불이었습니다. 등잔에 기름을 붓고 심지를 달아 불을 밝히는 것입니다. 이동할 때 들고 다니는 등 같은 것은 아직 없었습니다. 야외 조명이 필요할 때는 횃불을 밝혔습니다. 신랑을 맞이하는 신부가 든 등잔은 바람막이가 없는 것이었겠지요. 뛰지도 못하고, 꺼질새라 손으로 바람을 막아가며 노심초사했을 것입니다.

등잔이 어떻게 생겼는지 살펴보겠습니다. 어떤 모양이었을까요?

아래 두 장의 그림을 보시면 좋겠습니다. 뚜껑이 없는 모양의 등잔은 구약시대 등잔이고, 오른쪽이 예수님 시대 전후하여 사용하던 등잔입니다.

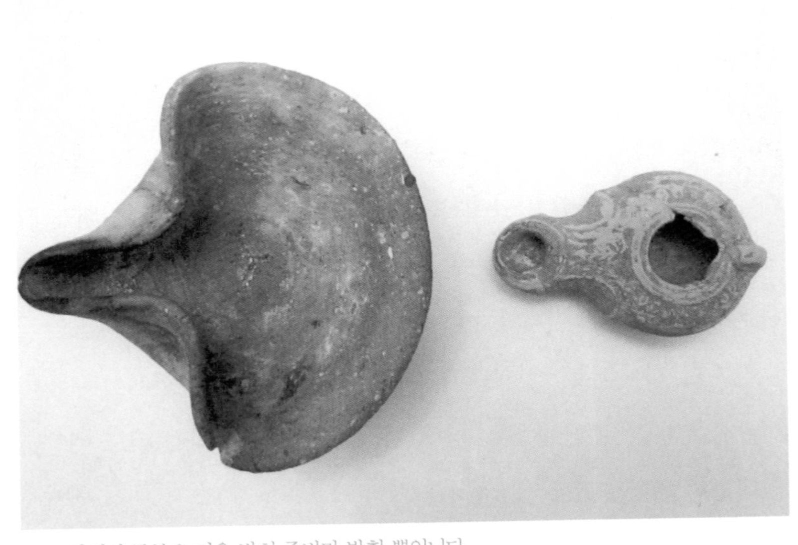

— 당시의 등불은 겨우 발치 주변만 밝힐 뿐입니다.

이 등잔에서 보는 분위기는 어떤 것인가요? 우선 손잡이가 없습니다. 또 "등잔 밑이 어둡다"라는 속담처럼 당시의 등잔은 뒤가 무척 어두웠습니다. 이 등잔불은 앞을 멀리 비추지 못합니다. 발치 주변만 밝혀줄 뿐입니다.

또한 등불로 빛을 비추려면, 그 등잔을 들고 있는 사람은 전혀 보이지 않을 것입니다. 세상의 빛이 된다는 것은 세상을 밝힌다는 것이지, 빛을 갖고 있는 내 자신이 밝아진다는 뜻은 아닙니다. 소금도 음식의 맛을 내면서 자신을 감추듯이, 빛도 다른 존재를 드러내주면서 자신을 감추는 것으로 이해할 수 있습니다.

성경 시대의 집엔 유리창이 없었기 때문에 직사광선이 방 안으로 들어오지 못했습니다. 환기구 기능을 가진 들창이라 부르는 지붕과 벽 사이의 틈새가 있긴 했지만 낮에도 서민들의 방 안은 어두웠습니다. 등불을 밝히던 기름 가운데 최고의 것은 올리브 기름이었습니다. 올리브 기름의 향기와 은은한 불빛이 가득한 집안은 왕실, 고위 관료들과 부유층의 전유물이었습니다. 서민들은 질 낮은 동물성 기름을 사용하곤 했습니다. 때문에 그을음과 탁한 냄새가 방 안에 가득했습니다.

손으로 쥘 만한 크기의 작은 등잔은 한 숟가락 정도의 기름이면 밤새 빛을 밝힐 수 있었습니다. 혼인잔치 이야기에 등장하는 어리석은 처녀들은 그 적은 양의 기름도 미리 준비하지 못한 것입니다. 지혜롭지 못한 처녀들을 떠올릴 때 큰 기름통을 생각하는 것은 오해입니다.

우리는 어디를 가나, 낮이건 밤이건 환한 불빛 속에 살고 있기에, 전기도 없이 불빛도 없이 살았던 그 시절을 온전히 느끼고 이해하는 것에는 한계가 있습니다.

말씀

등불의 또 다른 의미

주의 말씀은 내 발에 등이요 내 길에 빛이니이다(시 119:105).

위 성경 본문을 읽었을 때, 처음 떠오르는 이미지는 앞길을 환하게 비추는 밝고 강한 빛일 것입니다.

이스라엘 왕국 시대에 사용되던 등(잔)은 그림과 같은 모양이었습니다. 등의 앞쪽에서 뒤쪽까지의 길이가 12센티미터 안팎이고 깊이

—— 이스라엘 왕국 시대에 사용되던 등잔.

는 3센티미터 안팎이었습니다. 이런 형식의 등잔은 주로 BC 1200-800년 사이에 사용했습니다.

시편 당시 등잔의 모양은 어떠했을까요? 이 등잔으로 불빛을 밝힌다면 그 빛은 겨우 발치 정도를 비춰주는 것이었습니다. 우리나라의 청사초롱과도 비교할 수 없을 만큼 약한 빛이었습니다. 그래서 주의 말씀은 겨우 발을 헛디디지 않을 정도로, 내가 있는 곳만을 비춰준다는 의미일 것입니다. 자그마한 크기의 등잔불을 들고서 힘껏 앞으로 달려가는 것이 아니라 늘 귀기울이고 조심해야 한다는 의미입니다. 세례 요한을 설명하던 '신들메 푸는 자'라는 표현, 주의 길을 앞서서 준비하는 자라는 표현은 이 등불과도 연결되는 표현입니다. 요한은 "켜서 비취는 등불"(요 5:35)이었으며, 신들메 푸는 자였습니다. 등불이나 신들메풀고 묶어주는 행위는 모두 앞서서 길을 준비하는 것을 표현한 그림언어였습니다.

등잔은 덮개가 없던 형식에서 점점 덮개가 덮히는 형식으로 변모해갑니다. 크기도 전반적으로 작아지게 됩니다.

일상으로 성경 읽기

등불은 일상의 빛 · · · 성경 시대에 일상이 이어지는 것은 등불이 이어지는 것입니다. 매일 등불을 밝히는 것은 일상이 계속되는 것을 가장 강력하게 표현한 언어입니다.

> 맷돌 소리와 등불 빛이 끊어지리라(렘 25:10).

예레미야의 예언은, 일용할 떡을 만들기 위해 여인들이 매일 돌렸던 맷돌 소리와 매일 밤을 밝히는 등불이 사라진다는 의미를 담고 있습니다. 매일의 일상이 멈추는 것은 곧 이스라엘의 멸망을 뜻합니다. 여인들은 날마다 일용할 떡을 만들기 위해 새벽부터 노동을 했습니다. 곡식을 맷돌로 갈고, 떡 반죽을 만들고, 모닥불이나 숯불을 피우고, 떡을 굽는 일로 하루를 시작했습니다. 그런 까닭에 맷돌을 가는 시각이면 등불을 밝히고 있었습니다. 등불과 맷돌, 등불 빛과 맷돌 소리는 당시 일상생활을 묘사하고 있습니다.

기쁨

등불을 아래에 두지 마라

예수님은 여러 차례 등에 얽힌 예화를 말씀하셨습니다. 이 이야기들을 이해하기에 앞서서 당시 등에 대한 이미지를 정리하면 좋을 것 같습니다. 당시엔 헬레니즘 시대의 등잔 양식이나 헤롯 대왕 시대의 등잔, 로마 제국 스타일의 등잔이 병용되고 있었습니다. 등잔 같은 생활 용품은 시대가 바뀐다고 용도 폐기되는 것이 아니기 때문입니다.

말 아래에 둔다

등불을 켜서 등 받침대(등경) 위에 두는 것은 이해되지만, 말 아래에 둔다는 말은 무슨 뜻일까요? 이 말씀은 팔레스타인 지역 유대인들의 생활습관에 익숙하지 않으면 이해가 잘 되지 않습니다. 작고 협소한, 단칸방으로 부엌과 안방이 겸용인 방, 창문이 없고, 들창조차도 없던 서민 가옥이나 농가는 제대로 실내를 비출 도구가 등불 외에는 없었습니다. 기름을 이용하여 불을 밝혔고, 등불을 끌 때면 진흙으로 만든 됫박(말)으로 덮었습니다. 불어서 등불을 끄면 연기와 그을음, 냄새가 생기거나, 경우에 따라서는 불티가 날려서 불이 날 수도 있었기 때문입니다.

등불을 말 아래 두지 않는다는 것은 "등불을 켰다가 곧 다시 끄는 사람은 없다. 등불을 켜는 것은 등경 위에 두어 최대로 넓게 빛을 밝혀 모든 집안 사람들을 비추게 하려는 것이다"는 뜻을 담고 있습니다. 실제로 전깃불이 들어오기 전 팔레스타인 지역의 농부들은 호롱불 같은 등불을 밤새도록 켜놓는 경우가 많았습니다.

가난한 여인의, 배보다 배꼽이 더 큰 잔치

빛에 얽힌 또 다른 에피소드가 있습니다. 빛 자체를 다룬 것은 물론 아닙니다. 한 드라크마를 잃어버린 여인의 이야기 속에서 빛, 등잔불과 관련된 내용을 보겠습니다.

> 어떤 여자가 열 드라크마가 있는데 하나를 잃으면 등불을 켜고 집을 쓸며 찾아내기까지 부지런히 찾지 아니하겠느냐. 또 찾아낸즉 벗과 이웃을 불러 모으고 말하되 나와 함께 즐기자. 잃은 드라크마를 찾아내었노라 하리라. 내가 너희에게 이르노니 이와 같이 죄인 한 사람이 회개하면 하나님의 사자들 앞에 기쁨이 되느니라(눅 15:8-10).

이 본문에서 주목할 부분은 "어떤 여자가 열 드라크마가 있는데 하나를 잃으면"이라는 대목입니다. 그리고 "등불을 켜고 집을 쓸며 찾는다"는 표현입니다.

여자의 열 드라크마는 무엇이었기에 돈을 찾았다고 동네방네 떠들며 잔치까지 벌인다는 말일까요? 드라크마는 헬라 제국의 화폐 단위로 로마의 데나리온에 해당합니다. 로마 치하 시대이지만 옛 제국인 헬라 용어가 혼용된 것입니다. 드라크마는 당시의 일반 노동자들의 하루 품삯이었습니다. 2, 3만 원 정도나 되었을까요? 자장면 몇 그릇 사 먹으면 그만일 돈을 가지고, 예수님은 왜 이런 이치에 맞지 않는 비유를 말씀하셨을까요?

당시 여성들은 결혼 증표로 드라크마 열 개를 연결하여 만든 목걸이를 가지고 있었습니다. 물론 다른 형태의 결혼 증표도 있었을 것입니다. 그런데 이 증표를 잃어버리거나 훼손하는 경우는, 그 이유만으로도 이혼 사유가 되었습니다. 당시 남자들은 이혼 사유가 분명하지 않았을 때에도 일방적으로 이혼할 수 있었기 때문입니다. 그런 상황에서 이 증표를 잃어버렸다면 이혼 사유가 될 만한 큰 문제였습니다. 여자가 결혼생활에 불성실한 증거라고 몰리기도 했고, 다른 남자와의 간통으로 내몰리기도 했습니다. 우리나라에서 결혼 예물을 잃어버린 경우보다 훨씬 심각한 문제였지요.

당시 갈릴리 지역은 우리나라의 달동네와도 같았습니다. 좁은 방으로 집이 구성되었고, 마당을 가지고 있는 집은 지체 있는 집이었거나 재산이 많은 사람들의 경우였지요. 일반 서민들은 대부분 좁은 공간의 방 한 칸짜리 집에서 살았습니다. 여인은 그 좁고 어두운 집에서 한줄기 빛에 의지하며 방을 쓸면서 드라크마를 찾았을 것입니다. 마침내 그것을 찾았을 때, 여인은 이혼의 불안감을 그제야 떨쳐버릴 수 있었습니다. 이혼 당하지 않는 기쁨에 잔치라도 열고 싶은 심정이었을 겁니다.

우리들에게도 화폐 가치보다 더 큰 가치를 지니고 있는 것들이 있습니다. 그것은 돈으로도 살 수 없는 것들인 경우가 많을 것입니다. 예수님은 잃어버린 것을 찾는 기쁨을 이렇게 극적으로 표현하신 것입니다. 가난한 여인이 드라크마를 찾는 이야기에는 빛에 관한 여러 가지 그림언어가 담겨 있습니다. 여인의 드라크마와 등불이 그 자체로 희망의 빛이었습니다. 결혼생활을 지탱할 소망을 잃었던 여인이 다시금 그 빛을 찾은 것입니다.

일상으로 성경 읽기

꺼져가는 등불도 끄지 않으시다 · · ·

상한 갈대를 꺾지 아니하며 꺼져가는 심지를 끄지 아니하기를 심판하여 이길 때까지 하리니(마 12:20).

이 장면을 떠올려보세요. 어떤 장면, 어떤 냄새, 어떤 분위기가 느껴지나요? 특히 꺼져가는 심지에서 어떤 것을 느끼나요? 이 이야기에 담겨 있는 등(불)은, 앞에서 소개하였던 헤롯 시대 이후에 만들어 사용하던 등잔이나 로마식 등잔일 것입니다. 등잔의 그 모양과 분위기를 떠올려보기 바랍니다.

예수님이 언급하신 이 말씀은 본래 어디에 담겨 있는 말씀인지 찾아보세요.

본래 구약성경 이사야 42장 3절의 말씀입니다. 이 구절을 NIV로 보면, "상처 난 갈대를 부러뜨리지 아니하며a bruised reed he will not break, 연기 나는 심지를 없애지 않는다a smoldering wick he will not snuff out"라고 해석하고 있습니다. 이사야 본문에서 이 구절이 보여주는 이미지인 '상처 난 갈대'와 '꺼져가는 심지' 모두가 풍전등화(바람 앞에 등불) 같은 존재였던, 이스라엘의 운명을 묘사한 것입니다.

'꺼져가는 심지'를 끄지 않는 방법은 무엇이 있을까요? 심지가 꺼져가는 것은 기름이 떨어졌기 때문입니다. 꺼져가는 심지는 그대로 두면 그을음을 내면서 그냥 타버리고, 불도 꺼질 것입니다. 꺼져가는 심지에 기름을 제공하는 것이 불을 밝힐 유일한 방법인 것이지요. 이것은 하나님께서 멸망 직전의 이스라엘에게 다시 한 번 기회를 주시겠다는 고백입니다. 꺼져가는 이스라엘의 빛이 되어주시겠다는 표현입니다.

오병이어

어둠 속에서 행해진 기적

물고기 두 마리와 보리떡 다섯 개로 5천 명을 먹이신 오병이어의 기적은 누구나 다 알고 있을 것입니다. 그러나 우리 기억엔 혹시 오병이어의 사건이 환한 대낮에 일어난 사건으로 자리 잡고 있는 것은 아닌지요? 놀랍게도 이 사건은 가로등도 조명 기구도 없던 시절 밤에 일어난 것이었습니다.

> 저녁이 되매 제자들이 나아와 이르되 이곳은 빈들이요 때도 이미 저물었으니 무리를 보내어 마을에 들어가 먹을 것을 사 먹게 하소서. 예수께서 이르시되 갈 것 없다. 너희가 먹을 것을 주라(마 14:15, 16; 마 14:13-21; 막 6:30-44; 눅 9:10-17; 요 6:1-14 참조).

이 이야기의 무대는 요단 강과 갈릴리 호수가 만나는 지점입니다. 봄철이면 종종 갈릴리 호수가 범람해 인근 마을이 침수되기도 했습니다. 갈릴리의 봄빛은 어떤 색이었을까요? 화산으로 인해 형성된 검은색 현무암이 짙은 붉은색 토양과 어우러지고 있습니다. 봄을 맞이한 갈릴리 주변 지역 유채꽃이 만들어내는 노란색으로 가득했습니다.

그리고 이미 저녁(마 14:15)이 되었습니다. 갈릴리 지역은 주변 지역보다 낮은 지대에 자리하고 있습니다. 저지대는 고지대보다 해가 일찍 집니다. 가로등도 없었을뿐더러 도시가 아닌지라 횃불을 밝혀두지도 않았습니다. 바로 가까이 있는 사람들의 얼굴조차 제대로 볼 수 없었을 것입니다. 예수님이 축사하시고 떡을 떼어주는 장면을 볼 수 없을 정도로 어두웠다는 뜻일 겁니다.

그런 어둠 가운데 빈들에서 사람들이 모여 앉아 있습니다. 생전 처음 보는 사람들로 가득했을 겁니다. 인종과 사회적 계층의 차이, 남녀의 벽을 넘어 다양한 이들이 예수에 대한 관심으로 모여들었습니다. 남녀차별, 인종차별, 지역차별, 신분차별이 분명했던 시대에 이런 모임이 낯설기 그지없었습니다.

여기에 더하여 더 큰 문제가 있습니다. 2천 년 전, 예루살렘의 인구는 3만 명이 채 안 되었습니다. 그 시절엔 수백 명이 사는 마을도 작지 않은 도시에 해당했습니다. 그런데 성인 남자만 5천 명이 넘는 무리가 모여들었다면, 이것은 안보와 안전에 중대한 위기 사항이 될 수 있습니다. 로마 당국으로서는 그야말로 비상사태였을 것입니다.

때문에 이들 무리에 대해 경계를 펼치고 있는 로마군 당국의 움직임은 분명했습니다. 이 위험천만한 불순세력, 선동에 의해 체제 전복 세력으로 변할 수도 있는 이 무리의 우두머리는 예수였습니다. 그러나 무리를 자극하지 않기 위하여 무리와 거리를 두면서도 예의 주시하고 있는 그들의 움직임을 떠올려보시기 바랍니다. 긴장감이 돌지 않는지요? 병사들의 눈에서 그리고 일선 지휘관들의 움직임에서 그런 분위기를 느낄 수 있을 것입니다.

성난 군중들이 자신들을 공격할 수도 있다는 두려움을 로마군인들이 느꼈을지도 모릅니다. 그런데 긴장감은 로마군에게만 있었을까요? 양측은 서로 만일의 사태에 대비하였을 것입니다. 로마군이 자칫이 무리들을 진압하겠다고 달려올지도 모를 일이었습니다.

오병이어 현장에 모여든 이들이 이런 상황을 알고 있었다면 오병이어 현장 이야기는 긴장감이 넘쳤을 것입니다. 봄철에 일어난 것으로 보이는 이 오병이어 사건을 고려하면, 차가운 밤 공기, 불빛 없는 어둠, 조용한 거리에 만일의 사태에 대비하여 숨어 있는 로마군들이 머릿속에 그려질 것입니다.

그런 상황에서 한 사람이 떡을 나눠줍니다. 그 떡이 어디서 온 것인지, 누가 마련한 것인지 알 길이 없습니다. 여기에도 긴장감이 있습니다. 우리가 만약 그곳에 있었다면, 그런 상황에서 음식을 의심하지 않고 먹을 수 있었을까요? 쉽지 않았을 것입니다.

떡을 나누는 장면 또한 흐트러짐 없는 빠른 움직임으로 표현할 수 없습니다. 사람들은 정체불명의 떡과 물고기를 먹었습니다. 그 사건의 내막을 알게 된 것은 이미 그들이 오병이어를 체험하고 난 뒤의 일이었습니다. 예수님이 떡을 들어 축사하시는 것도 본 적이 없었고, 한 아이의 행동은 더더욱 알 길이 없었습니다. 예수님과 제자들의 말과 행동은 오병이어 현장에 있는 대부분의 사람들에게는 알려지지 않은 것이었습니다.

믿을 수 없는, 처음 보는 이의 손길을 통해 먹을 것을 전해 받는 것 자체가 모험입니다. 예측 불가능한 변수가 있을지 모르는 상황에서 오병이어 사건이 벌어진 것입니다. 경찰들의 삼엄한 경계를 받으면서, 상호간에 물리적 충돌이 예기되는 상황에서 음식을 먹어본 적이 있습니까? 오병이어 현장은 그 이상의 긴장감이 도는 가운데 빚어진 사건입니다.

오병이어의 기적은 물고기 두 마리 떡 다섯 개로 5천 명이 먹고도 남았다는 기적 이상의 기적을 이루고 있었던 것입니다. 인종과 성, 그리고 계층의 장벽을 넘어 함께 떡을 떼는 공동체가 된 것입니다. 오병이어를 꿈꾸지만, 이런 하나 됨의 체험이 없는 시대를 우리는 살고 있습니다.

물고기 두 마리와 떡 다섯 개로 다시금 오병이어 현장을 재현할 수는 없어도, 오병이어 현장의 또 다른 기적은 이뤄낼 수 있습니다. 우리의 장벽을 넘어서서 하나 됨을 고백하고 누리는 것으로, 오늘날을 살아가는 우리도 기적을 이어갈 수 있습니다.

밤이 깊을수록, 어둠이 짙을수록 작은 불빛도 더욱 환하게 빛나는 것 같습니다. 성경 시대 사람들에게 밤의 달빛과 별빛은 최고의 조명 시설이었습니다. 멀리서도 반사되어 비춰지던 도시의 불빛은 또 다른 동경과 환상의 그림언어였습니다. 그 어둔 세상, 빛의 존재, 빛으로 오신 예수, 하늘의 별처럼 자녀를 갖게 될 것이라는 하나님의 메시지는 우리에게 날마다 강한 믿음을 더해줍니다.

공감으로 성경 읽기

열 처녀 비유 다시 읽기 · · · 빛(등)과 관련된 이야기 가운데, 열 처녀 비유로 알려진 이야기를 함께 살펴보겠습니다. 흔히 어리석은 다섯 처녀 비유 또는 슬기로운 다섯 처녀 비유로 기억합니다. 마태복음 25:1–13을 읽어보세요.

> 그때에 천국은 마치 등을 들고 신랑을 맞으러 나간 열 처녀와 같다 하리니 그중의 다섯은 미련하고 다섯은 슬기 있는 자라. 미련한 자들은 등을 가지되 기름을 가지지 아니하고 슬기 있는 자들은 그릇에 기름을 담아 등과 함께 가져갔더니 신랑이 더디 오므로 다 졸며 잘새 밤중에 소리가 나되 보라, 신랑이로다. 맞으러 나오라 하매 이에 그 처녀들이 다 일어나 등을 준비할새 미련한 자들이 슬기 있는 자들에게 이르되 우리 등불이 꺼져가니 너희 기름을 좀 나눠 달라 하거늘 슬기 있는 자들이 대답하여 이르되 우리와 너희가 쓰기에 다 부족할까 하노니 차라리 파는 자들에게 가서 너희 쓸 것을 사라 하니 그들이 사러 간 사이에 신랑이 오므로 준비하였던 자들은 함께 혼인잔치에 들어가고 문은 닫힌지라. 그 후에 남은 처녀들이 와서 이르되 주여, 주여 우리에게 열어주소서. 대답하여 이르되 진실로 너희에게 이르노니 내가 너희를 알지 못하노라 하였느니라. 그런즉 깨어 있으라. 너희는 그 날과 그때를 알지 못하느니라.

이 이야기를 마주하면서, 어떤 느낌이 드시나요? 슬기로운 자와 미련한 자로 가르는 기준은 무엇이었나요? 신랑은 왜 밤중에 오고 있는 것일까요? 수많은 질문이 가능할 것입니다.

이야기에서 불을 밝히는 것과 관계된 물품들은 무엇인지 찾아봅시다. 등, 기름, 기름을 담은 그릇이 나옵니다. 여기서 등의 모양과 그릇의 모양을 떠올려보시기 바랍니다. 그릇도 흙을 구워서 만든 작은 토기였을 것입니다. 등의 모양은 앞서서 언급한 내용을 참고하시기 바랍니다.

이 이야기의 배경이 어떤 계절인지 모르지만, 한밤중의 어떤 분위기를 떠올릴 수 있나요? 시각과 청각, 촉각과 후각을 살려 질문을 던지면서 이 이야기를 살펴보기 바랍니다. 이 열 명의 처녀들이 준비한 등불의 색감은 어땠을까요? 이 등이 손잡이도 없이 달랑 등만 있었다는 것을 염두에 두고 등불을 밝히고 있는 열 처녀를 떠올려보시기 바랍니다. 그리고 집 밖으로 신랑을 맞으러 갔을 때, 바람으로부터 등불을 보호하기 위해 움직여야 했기에, 서둘러 움직일 수 없다는 것을 생각해보시기 바랍니다.

미련한 자들이 슬기로운 자들에게 "너희 기름 좀 나눠달라"는 요청을 거절한 것에 대해서는 어떤 생각이 드나요? "우리와 너희가 쓰기에 다 부족할까 한다"는 슬기로운 자들의 말을 들으면서 어떤 장면이 떠오르나요? 한 숟가락 정도의 기름이면, 밤을 밝힐 수 있었다는 것을 생각해보기 바랍니다. 그리고 이미 한밤중에 올 신랑을 맞이하기 위해 여러 날을 보냈다는 것을 염두에 두기 바랍니다. 이 외에도 수많은 질문들이 나올 수 있을 것입니다.

이 이야기를 이해하는 데 도움이 되는, 당시의 결혼 풍속을 잠깐 소개하겠습니다. 유대인들의 결혼 행진과 결혼식은 절차가 독특합니다. 주례도 주례사도 없습니다. 신부와 신랑 집을 오가면서 이루어집니다. 결혼 잔치의 절정은 행진으로 시작됩니다. 먼저 신랑이 집에서 기다리고 있으면 신랑의 친구들이 중심이 된 신랑의 들러리들이 신랑을 찾아갑니다. 이어서 그의 친구들이 신랑을 환호하면서 결혼 잔치가 벌어지는 신부의 집으로 행진을 합니다. 적지 않은 경우는 이 행진이 시간이 정해져 있지 않은 가운데 이루어지기도 합니다. 더 극적인 분위기를 자아내기 위하여 기습적으로 벌어졌습니다. 그래서 신부 집에서는 들러리들이 비상대기를 하곤 했습니다. 등불을 밝혀두고 기름도 챙겨두고서 기다립니다.

신부 집에 도착한 신랑 행렬은 신부와 그녀의 친구들(들러리)과 함께 이 행진 대열에 참여합니다. 신부의 들러리들과 신랑의 들러리들, 하객들은 등불을 밝혀

듣고서는 다시 발걸음을 돌려서 신랑과 신부를 위한 신혼집(신방)으로 이 둘을 이끕니다. 물론 가는 길에 노래하며 춤추며 악기를 두드리고 환호성을 외쳐댑니다. 참으로 흥겨운 장면입니다. 신혼집에 도착하면 그들은 연가를 불러주며 이 둘의 부부 됨을 축복해줍니다. 이런 의식이 끝나면 둘은 결혼 잔치 마당으로 나가 그 앞에 준비되어 있는 특별한 자리에 들어섭니다.

이 결혼 행진 이후에 시작되는 것이 본격적인 결혼 잔치입니다. 신랑 신부의 합방은 첫날의 결혼 잔치가 끝나는 한밤중이 되어서야 가능했습니다. 신부는 부모에 이끌려 신방으로 인도됩니다. 이들이 신방에 들 때에도 하객들과 들러리들은 밖에서 이들을 환호하고 축하하는 노래와 춤과 음악을 연주하며 흥겹게 놉니다. 혼인 첫날밤을 지낸 다음날 아침, 신부의 부모는 신부의 처녀된 증거를 가지고 사람들에게 나옵니다. 사람들은 환호성을 질러댑니다. 다시 이 신랑, 신부를 포함하여 잔치가 계속됩니다. 많은 경우는 일주일 이상까지 결혼 잔치가 이어집니다.

4

가장 낮은 곳에 있는 사람들

'예수 그리스도의 종', '하나님의 종', '주님', '종', '노예' 같은 용어들에 우리들은 익숙합니다. "나는 하나님의 종입니다"라고 고백할 때도, 그렇게 아프게 다가오는 건 아닙니다. '군대'나 '훈련' 같은 단어는 떠올려도 피하고픈 마음이 드는데, '종'이라는 단어를 접했을 땐 그다지 거부감이 들지 않는 것은 '종'에 얽힌 오해를 우리가 갖고 있기 때문이겠지요. 여기서는 성경 속 최고의 소외된 계층이라 할 수 있는 종에 대한 이야기를 풀어볼까 합니다. 지역과 민족, 나라에 따라 정도의 차이는 있지만 당시 자유민이 되지 못하는 신분이 있었습니다. 우리말 성경에는 종 또는 하인, 품꾼, 청지기 등 다양한 이름으로 불리는 사람들이지요. 그런데 그들도 모두 신분이 달랐습니다.

하인, 품꾼, 청지기 가운데는 직분상 어떤 이에게 속한 사람들이 있었습니다. 정해진 역할을 담당하고, 정해진 몫을 받는 피고용자인 셈이지요. 그런 사람들은 자유민이라 할 수 있습니다. 하지만 개인이나 기관의 집안일을 돌보는 하인, 품꾼, 공사장 일꾼 가운데는 자유민이 아닌 신분, 즉 노예들이 있었습니다. '둘로스'라는 헬라어 단어를 정확하게 표현하면, 자유가 없는, 한 개인이나 기구의 소유물의 하나인 '노예'를 말하는 것입니다. 자유의지나 선택권이 부여되지 않은 신분입니다.

노예는 유대인 노예와 외국인 노예가 있었습니다. 이 말은 유대인 중에서도 노예를 소유한 계층이 있었다는 것입니다. 율법에 따르면, 유대인이 소유한 유대인 노예는 6년간 일하면 자유로운 신분이 될 수'도' 있었습니다(이는 자동적으로 자유민이 되는 것은 아니었다는 점과, 율법이 제대로 지켜지지 않았던 것을 염두에 둔 표현입니다). 로마인의 노예가 된 유대인들도 많았습니다. 유대인을 주인으로 둔 유대인 노예보다, 로마인을 주인으로 둔 유대인 노예의 형편이 더 좋았던 것으로 보입니다. 윌리엄 L. 콜먼은 "대부분의 로마 노예들이 풍족히 먹고, 잘 입었으며, 노동자 계급과 동등하게 취급되거나 그보다 조금 낮게 취급되었다"고 기록했습니다.

노예의 존재는 유대인 사회에도 큰 영향을 주었습니다. 값싼 노동력인 노예들로 인해 정작 일자리가 필요한 자유민들이 제대로 일을 할 수 없었고, 제대로 임금을 받을 수도 없었기 때문입니다. 이런 자유민 노동자를 성경에서는 '품꾼'으로 표현하고 있습니다.

성경에서 '하인' 또는 '종'은 노예나 고용된 사람을 표현하고 있습니다. 그러나 노예인 경우가 더 많았습니다. 고용된 존재인가 재산으로 여겨지던 존재인가, 자치권이나 자율권을 갖고 있는가 주인에게 완전히 매인 존재였는가 등은 종과 노예를 구분하는 기준입니다. 우리말 성경에 나오는 대부분의 하인이나 종은 노예에 해당합니다. 노예는 사회적 신분으로도 사람 축에 속하지 않는, 하나의 재산 목록에 속하는 존재였을 뿐입니다.

무익한 종(눅 17:7-10)의 비유에 나오는 종도 사실은 노예입니다. 여기서 노예를 수식하고 있는 '무익한'이라는 단어의 뜻은 '사회적으로 가치 없다'는 뜻으로 이해하는 것이 적절합니다.

청지기 

재무담당 전문가

청지기는 식민지 이스라엘 땅에서의 세금 징수제도와도 밀접한 관련이 있는 직분이었습니다. 그리고 세리장이나 세리의 기원은 청지기보다 오래된 것이었습니다. 헬라화된 왕국들은 모두 유사한 세금 제도를 사용했습니다. 알렉산드로스 대왕 사망 이후에 분열된 헬라 제국에서 시리아 팔레스타인 지역까지를 통치하던 프톨레마이오스 왕조는 예루살렘의 지배자들에게 강제로 공물을 받았습니다. 이 시절이 나라 세금을 징수하는 임무를 맡고 있는 징수청부업자들은 대부분 부유했을 것입니다. 그 일을 하기 위해선 많은 돈이 필요했기 때문입니다. 징수청부인으로 지원하기 위해 해마다 사람들이 알렉산드리아로 향했습니다. 대개 최고 가격 입찰자가 특허를 받았습니다. 시리아에서 셀레우코스 왕조가 이 세금 징수 청부인 제도를 사용했고, 후에는 로마인들도 이 제도를 채택했습니다.

헤롯도 하스모니아 왕조 시대에 있었던 조세제도를 이어받았음이 거의 확실합니다. 헤롯은 신약성경에서 알려진 세리 제도의 사용을 특별히 좋아했습니다. 세리들은 직접세의 징수를 위해 당국과 계약을 맺었습니다. 조세는 두 범주로 나누어집니다. 즉 직접세와 사용세입니다. 산헤드린은 로마 총독의 감독하에 직접세를 징수할 책임이 있었습니다. 이 세금들은 땅의 소산물에 대한 세금과 사용세를 포함하고 있습니다. 이러한 세금들을 징수하는 일은 로마에 의해 대체로 부유한 사람들인 징수청부업자들에게 위탁되었습니다. 요아힘 예레미아스는 이들을 자산계층의 대표자들에 포함시키고 있습니다. 징수청부업자의 실제적인 일은 자기 밑에 있는 부하들과 그 밖의 직원들을 통하여 세금을 징수하는 것입니다. 간접세나 관세는 그 당시의 관례에 의해 세리들에게 하청되었습니다. 이 사람들은 사회적으로 아무런 보호를 받지 못하는 집단에 속해 있었습니다. 대체로 박한 임금을 받았습니다. 그러한 상황에서 부패가 있었다는 것은 거의 피할 수 없는 일이었습니다.

징수청부인 제도는 피라미드식 지배 구조를 가지고 있습니다. 상층부를 점하고 있는 이들은 하층부의 사람들에게 땅을 경작할 권리를 주는 동시에 땅을 지배할 권리, 즉 세금을 징수할 수 있는 권리까지 부여하였습니다. 아래로 내려가면 갈수록 그 부담과 의무는 더 커질 수밖에 없었습니다. 그렇기 때문에 과도한 세금 등으로 수많은 농민들은 자신의 토지를 팔 수밖에 없었습니다. 농부들과 그들의 자녀들은 일용노동자로 전락했습니다. 새로운 소유자들, 대토지 소유자들은 예루살렘과 같은 도시에 거주하거나 여행을 하면서 살았습니다. 그들 중에는 대제사장 가문의 사람들과 상인들이 포함되어 있었습니다. 그들은 대개 그들의 소유물에 대한 감독을 청지기들에게 위임하였습니다. 실제적인 일은 일용노동자들, 노예들 그리고 임차인들에 의해 행해졌습니다.

청지기 비유 가운데, 많이 남긴 청지기에게 '고을 권세'를 맡기는 이야기가 나옵니다. 고을 권세는 '징수권'과 '통치권'을 말하는 것입니다. 매관매직하는 권력자 입장에서는 자신에게 더 많은 이익을 안겨주는 청지기에게 더 큰 일을 맡기는 것이 상식이었습니다. 당시 매관매직은 다반사였습니다. 권력자들은 자기의 통치 지역의 일부에 대해 세금 총액을 약속받고 땅의 지배권을 맡기기도 했습니다. 달란트(돈)는 땅을 차지하는 권력이 될 수 있었고, 권력은 달란트(돈)를 소유할 수 있었습니다. 달란트는 두루뭉술한 재능이 아니라 현실을 움직이는 정치력이었고, 경제력 그 자체였습니다.

땅 투기와 고리대금업은 성경 시대에도 유행하던 재태크였습니다. 성경에서 어리석은 청지기는 달란트를 땅에 묻어두었다고 말하지요. 또한 주인은 책망을 하면서 은행, 변리 같은 용어를 사용합니다. 저는 이 본문을 읽을 때마다 그 사람은 단순히 돈을 땅에 묻은 게 아니라, 땅에 돈을 묶어둔, 즉 투기를 한 청지기가 아닐까 하는 생각도 합니다. 달란트가 일상생활에서 유통되는 실물 화폐가 아니라는 것과 금화라는 것을 감안해도, 그 많은 양의 금화를 훼손 가능성이 있는 땅에 그냥 묻어두지는 않았을 것입니다. 아예 금궤 같은 것이라면 보관을 위해 땅에 묻어둘 이유도 없었을 것이기 때문입니다.

불의한 청지기 · · ·

주인에게 빚진 자를 일일이 불러다가 먼저 온 자에게 이르되 네가 내 주인에게 얼마나 빚졌느냐. 말하되 기름 백 말이니이다. 이르되 여기 네 증서를 가지고 빨리 앉아 오십이라 쓰라 하고, 또 다른 이에게 이르되 너는 얼마나 빚졌느냐. 이르되 밀 백 석이니이다. 이르되 여기 네 증서를 가지고 팔십이라 쓰라 하였는지라(눅 16:5-7).

누가복음 16장에 등장하는 불의한 청지기 비유를 접하면서 어떤 느낌이 드나요? 저는 조금 의아합니다. 주인이 이 부정직한 청지기를 칭찬했기 때문입니다. 이런 일이 지금 일어났다면 분명 청문회가 열리고 횡령 등의 죄목으로 구속될 판에 칭찬이라니요.

이 비유는 예수님 당시 갈릴리 지역의 사회적인 배경을 이해해야 풀리는 문제입니다. 당시 팔레스타인에는 대토지를 소유한 이들의 소작을 담당하던 소작농이나 재산을 관리하던 청지기들이 많았습니다. 그래서 성경에 주인이 결산할 때가 되어 그 종들을 찾는 이야기가 많이 등장합니다. 당시 부동산 거래는 계약서를 통해 이루어졌습니다. 그런데 고리대금업자들의 횡포도 만만찮았습니다. 급전이 필요한 이들에게 고리의 이자를 물리거나, 담보물을 낮은 가격으로 저당 잡은 다음에 빼앗는다거나, 선이자를 떼고 돈을 빌려준다거나 하는 일들이 다반사였습니다. 오늘날 그릇된 상거래 관행을 연상하면 될 것 같습니다. 유대인들의 율법에 이자 놀이를 금함에도 불구하고 이미 이스라엘에서는 모세 시대 이후로 고리대금업이 존재하고 있었습니다.

"주인이 이 옳지 않은 청지기가 일을 지혜 있게 하였으므로 칭찬하였다"라는 구절(8절)은 인상적입니다. 청지기가 지혜롭게 행동했다는 대목은 청지기가 계약서를 새로 작성하는 행동에 대한 주인의 평가였습니다. 매매, 금전 거래 계약서는 계약 당사자에 의해 작성되어야 했고, 대리인을 통해 이뤄지기도 했습니다.

그런데 주인이 이 청지기를 칭찬한 이유는 무엇일까요? 1절에 나오는 '주인의 소유를 낭비한다'라는 구절로 유추해볼 때, 청지기는 주인의 소유를 자기 멋대로 사용하며 주인에게 말도 않고 자기 재산을 늘릴 목적으로 부정한 계약을 체결하여 부당한 이익을 올리고 있었던 것 같습니다.

청지기는 주인 몰래 엄청난 고율의 이자를 채무자들에게 물리고 있었을 것입니다. 해고의 위기에 직면했을 때에야 청지기는 원금(빌려 간 재물)과 고율의 이자를 재조정하거나 면제해준 것으로 보입니다. 주인은 자기도 모르는 사이에 고리대금업자로 욕을 먹고 있었고, 이것이 주인을 분노케 한 것이었는데, 이 청지기가 재빠르게 그릇된 상황을 조정하는 모습에 대해 칭찬한 것으로 해석해보면 어떨까 싶습니다.

이 본문은 역설적인 희망을 담은 비유인 듯합니다. 정말 정당한 이자가 아닌 부풀려진 이자로 인해 허덕이던 사람들에게 그 빚을 탕감해주는 사건이 있었다면, 부당한 채무자들은 정말 기뻤을 것 같습니다. 그런 희망과 절망을 섞어서 이야기한 것이, 우리가 지혜로운 청지기 이야기로 기억하는 비유입니다.

종에 대한 이해를 바탕으로, 우리가 익숙하게 알고 있는 한 사건의 현장을 찾아봅시다. 바로 갈릴리 가나의 혼인잔치 이야기입니다(요 2:1-11). 이 이야기 속에서 이적을 행하는 예수님이나 마리아보다는 하인들, 즉 '종'의 관점에서 보면 새로운 그림이 보일 것입니다. 최소한 종을 주인공으로 하여, 종과 그 종을 대하는 마리아와 예수님의 말과 행동에 주목해봅시다.

사실 주인집 잔치 자리에서 가장 흥을 누리지 못하는 이들은, 수고

— 가나의 혼인잔치는 규모가 매우 컸습니다.

하고 애쓰면서도 잔치를 즐길 수 없는 종들이었습니다. 이제 이런 사실을 염두에 두고 갈릴리 가나의 혼인잔치 이야기를 풀어가겠습니다.

아마도 이 잔치는 봄철에 있었던 듯합니다. 일반적으로 혼인잔치는 우기와 겨울철, 여름철을 피해 열리기 때문입니다. 갈릴리보다 높은 산지에 있는 가나 지역에서 싱그러운 봄바람 가득한 날에 열린 결혼식을 상상해보세요.

이제 혼인잔칫집 자리를 재구성해봅시다. 우선 사람들이 앉을 수 있도록 마을 공터에 천막과 자리가 만들어집니다. 주변에는 밀과 보리로 만든 떡을 굽고 있고, 양고기 요리도 만들고 있고요. 잔치를 돕는 손길들의 움직임과 하객들의 표정은 어땠을까요? 신랑과 신부는 어디에서 어떤 옷을 입고 식을 기다리고 있을까요? 머리 모양과 옷차림새도 떠올려보기 바랍니다.

잔칫집에서나 들을 수 있는 흥겨운 소리가 들렸겠지요? 음식을 준비하며 나누는 담소와 가끔씩 터져 나오는 웃음소리, 그리고 잔치의 흥을 돋우기 위한 악사들의 음악이 잔칫집 분위기를 고조시켰을 것입니다. 연주자들을 부를 수 없는 평범한 가정이었다면 단순한 악기를 사용해 흥을 돋우었을 것입니다.

잔칫집에 미리 하객이 도착하면 손과 발을 닦을 수 있도록 물을 제공했습니다. 당시엔 아무 때나 손발을 씻을 수 있을 정도로 물이 흔하질 않았습니다. 지금도 이 지역에선 물이 귀한데, 그때 당시에는 더더욱 그러했을 것입니다. 그래서 그 당시에는 손발을 씻은 물도 바로 버리지 않고 한 곳에 모아두었습니다. 또 다른 용도로 재사용하기 위함이었습니다.

항아리 속에서 진행된 마법

결혼식을 올리는 그 집에는 유대인들이 정결 예식에 사용하는 돌항아리가 여섯 개 놓여 있었습니다(요 2:6). 그리고 그 항아리들은 모두 비어 있었습니다. 성경의 본문을 주의해서 읽어보면, 예수께서 하인들에게 그 항아리들에 물을 채우라고 시켰고 하인들은 그 명령대로 항아리의 아귀까지 물로 가득 채웠습니다. 즉 정결 예식에 사용하는 항아리에 그 용도로 물이 채워져 있었던 것이 아니라 이미 다 소진된 상태였던 것입니다. 그 항아리는 물이 두세 동이 들어갈 용량이었다고 하니, 적게는 75리터에서 많게는 110리터 정도 들어갈 용량이었던 것 같습니다. 돌항아리가 여섯 개 있었으니, 이 항아리들에 물을 채우려면 적어도 적게는 450리터에서 660리터의 물이 필요했을 것입니다.

이것은 이 혼인잔치에 초대받은 이들의 수를 짐작케 합니다. 정결례를 위해 준비된 여섯 개의 항아리에 가득 차 있던 물이 잔치에 초대받은 사람들의 손과 발을 씻는 데 모두 사용된 것입니다. 우리는 이 잔치가 적어도 수백 명이 참석한 규모였음을 쉽게 짐작할 수 있습니다. 그렇다면 또 다시 여섯 개의 항아리를 채웠던 물은 어떤 용도의 물이었으며, 어디에 보관되어 있던 물이었을까요?

잔치는 수백 명의 손님을 위해 준비해둔 포도주가 동이 난 상황, 즉 잔치가 거의 끝나갈 시점이었습니다. 준비해둔 포도주뿐만 아니라 물도 거의 없었을 것입니다. 그런데 앞서 이야기했듯이, 물이 아주 귀했던 그 시대는 정결 예식에 사용한 물도 따로 모아 두었습니다. 혹시 이때 채워진 물은 잔치에 초대받은 손님들의 손과 발을 씻고 난 물은 아니었을까요?

돌항아리 자체도 무거웠겠지만, 자그마치 110리터의 물이 가득 담긴 항아리는 또 얼마나 무거웠을까요? 혼자서는 절대 들 수가 없습니다. 서너 명이 함께 들어서 연회장으로 옮겼을 것입니다.

그렇게 낑낑대며 항아리를 옮기는 와중에 물이 변하여 포도주가 되어가고 있었던 것입니다. 가장 먼저 변화를 인식한 감각은 후각이었겠지요. 다음은 시각이 아닐까요? 코로 킁킁거리다 뭔가 이상해서 눈길을 돌려보니 물 색깔이 보랏빛으로 변해 있습니다. 하인들은 보고도 믿지 못했겠지요. 참을 수 없는 그 궁금함에 손가락에 그 포도주를 찍어 혀끝에 조심스럽게 갖다 대었을 것입니다. 입안 가득히 퍼지는 포도주의 맛에 경악을 금치 못했을 겁니다. 두렵기도 하고 놀라기도 하고, 온몸의 털이 서는 것 같은 기분이었을 겁니다.

그렇게 변화된 포도주의 양이 660리터나 되었습니다. 로마 시민들에게조차 포도주는 귀한 음료였습니다. 그런 시대에, 가나 혼인잔치의 기적은 참석한 모든 사람들에게 충격적인 사건이었습니다.

목격자의 자리

가나 혼인잔치 이야기를 대할 때 우리는 하인들의 순종을 가장 먼저 생각합니다. 포도주 대신 물을 내오라는 주인의 엉뚱한 명령에도 순종하는 하인들의 믿음 때문에 기적이 일어났다고 생각하는 경우가 많습니다. 그러나 하인들에게는 불순종할 권리가 주어지지 않았습니다. 그들은 순종한 것이 아니라 그들의 주어진 임무를 다했을 뿐입니다. 그냥 생존을 위한 임무 수행이었습니다. 물이 포도주로 변하는 사건은 하인들의 즉각적인 순종으로 일어난 사건이 아닙니다. 이 하인들은 단지 물이 포도주로 바뀌는 것을 눈으로 직접 본 목격자이고 증인일 뿐입니다.

여기서 주목해야 할 것은 이 기적이 다른 누구도 아닌, 내일이 없이 일상을 살아가던 하인들에게 가장 먼저 보여졌다는 사실입니다. 당시에도 기적이나 축복은 가진 자들의 몫이었습니다.

우리가 사는 일상의 대부분은 우리 취향이나 의지, 누리는 기쁨과 무관하게 수행하며 살아야 하는 많은 일들이 있습니다. 우리 모두가 직장이나 사회, 상사에게 매인 이들입니다. 그런데 이런 처지에 있는 이들에게도 기쁨의 순간이 벌어지고 있는 것입니다. 여러분의 삶과 신앙의 여정 가운데 물 떠온 하인들처럼 남들에게 비밀로 하고 싶을 정도의 짜릿한 감동의 순간이 있는지요? 통 큰 잔치자리의 통 큰 포도주 선물 같은 넉넉함, 흥겨움의 시간들을 누리고 있는지요?

하나님의 잔치에서 느낄 수 있는 기쁨을 흥을 느낄 수 없을 것 같은 이들에게도 주어진 것입니다. 잔칫집에서도 하인들은 잔치에 동참하고 잔치를 즐길 수 있는 신분들이 아니었습니다. 예식장 주변의 식당이나 피로연 현장에서 일하는 일꾼들도 연상됩니다. 잔칫집에서 투명인간처럼 사람들의 주목을 받지도 못하고, 잔치의 흥겨움을 누리고 즐길 자격도 부여되지 않은, 바로 그 하인들이 잔칫집의 최대 비밀을 간직하게 됩니다. 여기서 물 떠온 하인들만이 아는 비밀을 안겨주는 예수님은 정말로 흥겨움이 무엇인지를 보여줍니다.

우리가 걷는 길

이제 종의 길, 그리스도 예수의 종, 하나님의 청지기 같은 단어를 접하면 이전만큼 마음이 유쾌한지요? 주님의 종으로서 살아가겠습니까? 하는 도전을 받는다면, 쉽게 반응하고 즐거워할 수 있는지요? 종 됨, 종의 억압된 신분에서 우리들을 건져내주심(속량), 우리들을 양자 삼으심(입양) 같은 개념들이 조금은 다르게 다가올 것입니다. 죄의 종이 될 것인가, 의의 종이 될 것인가 하는 메시지도 큰 도전이 될 것이고요.

일상에서 성경을 읽는다는 것은 이처럼 우리의 온 감각이 한 메시지에 반응하는 것입니다. 무슨 뜻인지 체감하지 못하는 이야기에 지적인 동의를 하거나, 지적 토론을 하는 수준을 넘어서는 것입니다.

하나님의 종살이 서약식 ・・・

> 그러나 나의 종 너 이스라엘아, 내가 택한 야곱아, 나의 벗 아브라함의 자손아, 내가 땅 끝에서부터 너를 붙들며 땅 모퉁이에서부터 너를 부르고 네게 이르기를 너는 나의 종이라. 내가 너를 택하고 싫어하여 버리지 아니하였다 하였노라. 두려워하지 말라, 내가 너와 함께 함이라. 놀라지 말라, 나는 네 하나님이 됨이라. 내가 너를 굳세게 하리라. 참으로 너를 도와주리라. 참으로 나의 의로운 오른손으로 너를 붙들리라(사 41:8-10).

종은 원래 주인과 함께하며, 주인이 두려워하지 않도록 도우며, 주인이 놀랄 일을 겪지 않도록 일을 하는 자입니다. 종은 주인을 굳세게 하는 의무가 있고, 할 수 있는 모든 힘을 다해 섬겨야 하는 존재입니다.

그런데 그런 종의 역할을 종이 아닌 다른 존재가 하겠다고 다짐하고 맹세하는 장면이 이 본문 속에 담겨 있습니다. 어떤 말로 이 장면을 표현할 수 있을까요? 주인의 종살이 서약식? 종이 해야 할 몫을 이스라엘 백성, 우리를 위하여 다 하시겠다는 다짐이 어떤 느낌으로 다가오는지요?

5 떡과 음식

뜬금없는 이야기로 이 주제를 열어봅니다. 여러분 가운데 무엇을 먹을까 무엇을 마실까 고민하는 분들이 계시지요? 먹고 마실 것을 선택할 여지도 없는 이들 역시 많은 세상이지만, 그래도 음식이 주는 즐거움은 이루 말할 수가 없습니다. 음식도 중요하지만 어떤 이와 같이 먹을지도 참 중요합니다. "언제 밥 한번 먹자"라는 이야길 듣고 싶은 사람이 있고, 어떤 사람하고는 밥은커녕 옆 자리에 앉는 것도 싫을 때가 있지요. 밥을 먹는다는 것은 일상에서 이뤄지는 가장 대표적인 사회활동이기도 합니다. 이제 본격적으로 먹고 마심의 현장으로 들어가봅니다.

성경 시대에 로마 귀족들이 어떻게 식사를 하였는지 궁금하지 않으신가요? 식탁을 사용했는지, 어떤 도구를 썼는지 등 유대인들의 일반적인 식사법에 대해 알아보도록 하겠습니다.

사진이나 그림을 통해 로마 귀족들은 배를 깔고 누워서 식사하는 걸 보셨을 겁니다. 사진과 그림을 통해 유추해볼 수 있는 식사법에 대해서도 나눠보겠습니다. 더불어 예수님과 삭개오의 의상을 통해 로마식의 귀족들과 로마 평민들, 노예들과 식민지 관료들의 옷차림새와 신발 착용은 어떻게 다른지도 알아보겠습니다.

식탁

모로 눕거나 앉아서

성경에 자주 등장하는 떡을 떼는 장면은 신구약시대 통틀어 '바닥'에서 이뤄졌습니다. 물론 작은 탁자를 사용하긴 했지만, 음식을 겨우 올려놓을 수 있을 만큼 크기가 작거나 높이가 무릎 정도까지밖에 올라오지 않는 낮은 탁자였습니다. 평범한 이들의 식탁은 '바닥'이었습니다. 그림에 나오는 것처럼 식사 시간에 서로 떡을 떼는 장면은 참으로 익숙한 풍경이었습니다.

—— 예수님과 제자들이 서로 떡을 떼는 장면

당시 식사 예절은 로마식과 전통 방식, 유목민 방식이 있었습니다. 중상류이나 집권층, 고위 제사장 계층에 있는 이들은 식탁을 활용한 로마식 식사를 했습니다. 식탁이 없는 일반 서민 가정에서는 전통 유목민 방식의 식사를 하였을 것입니다(도시 지역에서는 서민들의 경우도 간이 식탁을 활용하였습니다).

예수님의 만찬 자리도 로마식 식탁이 아닌 전통 형식의 식탁이 마련되었을 것입니다. 예수님의 제자들 상당수가 열심당과 같은 민족주의자들이었기 때문입니다. 그림 속 풍경은 바닥에 비스듬히 누워서 식사하던 전통 방식에서 좀 더 파생된 형식입니다. 마가 요한이 예루살렘에서 유력한 집안의 아들이었다는 것을 고려하면 이 식사 장면은 자연스러운 것입니다.

우리는 이쯤에서 로마의 귀족 문화를 향유하고 있었을 부자 세리장 삭개오(눅 19장)의 집에 초대된 예수님의 식사 장면을 상상할 수 있습니다.

우선 의자에 앉아 식탁에서 음식을 먹는 장면은 우리의 고정관념입니다. 우리는 머릿속에 박혀 있는 익숙한 이미지에 의해 예수님 시대 생활 방식을 오해합니다. 예수님이 다양한 사람들과 만나서 펼치는 식사 장면도 사실 초대자의 생활 형편과 거주 지역에 따라 다양했습니다. 식사 예법까지도 유대인의 전통을 지키던 이들과 당시 로마 문명을 개화된 생활양식으로 받아들인 유대인 엘리트들 사이에도 긴

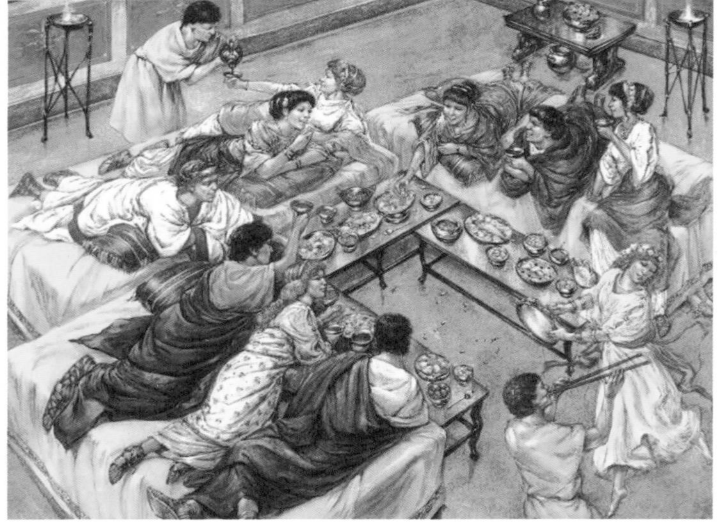

—— 누워서 식사하는 장면. 배부름보단 즐거움을 위한 자리

장감이 있었을 것입니다. 로마 문명과 일상생활을 아는 것은 사복음서를 이해하는 데 유익을 안겨줍니다. 성경은 역사 속에서 이뤄진 하나님의 말씀과 구원 활동을 기록한 것이기에, 역사나 세계사에 대한 이해는 필요합니다.

일상으로 성경 읽기

예수의 발에 향유를 부은 여인 이야기 · · · 누가복음 7장에 예수님의 발에 향유를 부은 여인의 이야기가 나옵니다. 찬찬히 읽어보기 바랍니다. 여기서 예수님의 자세를 엿볼 수 있는 표현을 찾아보기 바랍니다.

> 한 바리새인이 예수께 자기와 함께 잡수시기를 청하니 이에 바리새인의 집에 들어가 앉으셨을 때에, 그 동네에 죄를 지은 한 여자가 있어 예수께서 바리새인의 집에 앉아 계심을 알고 향유 담은 옥합을 가지고 와서, 예수의 뒤로 그 발 곁에 서서 울며 눈물로 그 발을 적시고 자기 머리털로 닦고 그 발에 입맞추고 향유를 부으니(눅 7:36-38).

본문에서 어떤 표현을 찾았나요? '앉았다'라는 표현을 찾았나요? 그것은 어떤 자세였을까요? 또 하나가 있습니다. '여인이 예수의 뒤로 예수의 발 곁에 서 있었다'라는 표현입니다. 이것을 통해 예수님의 자세를 머릿속으로 그려보기 바랍니다. 모로 누워 있는 모습을 떠올릴 수 있을 것입니다. 우리처럼 책상 다리를 하고 앉거나 의자에 앉아 있는 모습이 아닙니다.

식사 전 의식

유월절 만찬을 통해 보는 식사예절

예수님의 유월절 만찬은 어떻게 준비되었을까요? 은밀하고도 조심스럽게 진행되었을 겁니다. 예루살렘 성안의 우물가에서 한 남자를 접선해 아무도 눈치 채지 못하게 모임장소로 갔을지도 모릅니다. 그의 안내를 따라 예수님의 제자들은 마가의 다락방으로 인도되었겠지요. 마가 요한의 저택은 예루살렘 성안 상부 도시 지역에 자리한 큰 집이었습니다. 다락방도 넓고 아늑하였겠지요. 120명은 족히 모일 수 있는 공간이었습니다. 이 다락방 만찬 자리에는 예수님과 그 제자들과 열성적인 지지자들의 일부가 동참하였습니다.

유월절 식사는 물론 특별한 잔치나 저녁식사에도 결례 의식이 필수였습니다. 식사 자리에 들어서기 전 손과 발을 닦아야 했습니다. 몸과 발의 냄새를 제거하기 위한 아주 중요한 절차였습니다.

항상 더러웠던 서민들의 발

당시 로마 제국의 식민지였던 작은 나라의 평범한 이들은 어떤 신발을 신었을까요? 신발의 역사와 관련한 글이나 압제를 당하던 약한 민족들의 살림살이를 연상해보시면 감을 잡을 수 있을 겁니다. 일제 치하에 있던 한민족이 겪은 일을 그보다 2천 년이나 오래된 팔레스타인 지역의 주민들이 겪은 것입니다. 대개의 경우는 맨발이었을 것입니다.

목욕은 로마식 문화를 향유할 수 있었던 일부 특권층의 전유물이었습니다. 부유한 계층은 자신의 집안에 목욕탕을 갖고 있었을 것이고 평범한 일반인들은 공중목욕탕을 사용했을 겁니다. 그러나 유대인들의 목욕탕 문화는 로마의 대중탕과는 달랐습니다. 목욕 자체를 즐기는 공간이 아니라 제사를 드릴 몸 상태를 준비하는 정도의 기능을 갖춘 욕탕이었기 때문입니다. 단지 물에 몸을 담그는 정도의 의식을 위한 공간이었습니다. 이것을 미크바라고 부릅니다. 물론 남녀가 구분되었지요. 유월절 같은 큰 명절 전에는 예루살렘 순례자들은 저마다 정결법을 따라 몸을 정결케 하여야 했습니다. 이 정결의식을 위하여 마련된 미크바 공간이 많지도 않았기에, 순례자들이 어떻게 정결의식을 치뤘는지는 불분명합니다. 제자들도 유월절 만찬을 갖기 전에 '이미 목욕을 한'(요 13:10) 상태였습니다. 정결의식과는 별개로 사람들은 나름대로 목욕했을 것입니다. 대표적인 장소가 요단 강이었고요.

저녁식사 자리에 모여든 제자들 모두는 적잖이 상기된 표정이었습니다. 예수님의 제자 중 가룟 유다나 열심당원 시몬 등은 예수님의 혁명적인 선언과 행동 강령을 기대하고 있었습니다. 도마도 이미 목숨을 바칠 각오가 되어 있었습니다. 시몬 베드로도 칼 두 자루를 마련하고 있었습니다. 손발을 닦고 향료를 머리에 바른 다음 유월절 만찬을 기다리고 있었습니다. 예수님의 축사 뒤 만찬에 들어갔습니다. 처음부터 구체적인 반로마, 반체제 행동 강령을 긴장 속에 기다리던 제자들은 시간이 지나도 예수님의 아무런 지시가 없자 긴장이 풀어지고 있었습니다. 일부 제자들은 예수님에 대한 반감을 얼굴에 노골적으로 드러내고 있었습니다. 그런 때에 예수님은 당신의 마지막 사역을 각오하고 있었던 것입니다.

예수님과의 만찬

예수님 제자들이 앉은 위치를 생각해봅시다. 예수님의 오른쪽에는 요한, 예수님 왼쪽에는 베드로가 있었을 것으로 추측해봅니다. 그 맞은편에 유다가 자리 잡았고요. 제자들은 어떤 표정, 어떤 마음으로 이 만찬에 참여하고 있었을까요? 설렘과 흥분, 긴장감이 가득하지 않았을까요? 지난 시간들이 주마등처럼 지나가며 감회가 새로웠을 것입니다. 그들의 발과 몸에서 풍겨 나왔을 냄새를 느껴봅니다. 어떤 음식을 차렸을까요? 쓴 나물과 양고기 구이가 차려져 있고, 찍어 먹을 올리브 기름이 있었을 것입니다. 무엇보다도 이 식사 자리에 참여하고 있는 제자들의 상기된 표정이 떠오릅니다. 3년이 넘는 기간 동안의 감회가 남달랐을 것입니다.

제자들의 자축 만찬 · · · 무엇을 먹느냐도 중요하지만, 누구와 먹고 마셨는가가 더욱 중요할 때가 많습니다. 우리에게는, 때로 가슴 아린 추억이 되는, 그런 자리가 있습니다. 예수님과 제자들이 마지막으로 나눈 저녁 식사도 그러했습니다.

이 식사 자리는 어떤 분위기였을까요? 제자들은 어떤 말들을 서로 주고받고 있었을까요? 예루살렘으로 올라오는 길에도 자주 드러났듯이, 나라를 세운 다음에 자신들이 어떤 자리를 차지할지, 어떤 역할을 할지에 대한 이야기들이 주를 이루었을 것입니다. 왜 이렇게 생각할 수 있을까요? 그것은 이제 이스라엘 건국이 눈앞에 다가와 있다고 제자들이 믿고 있었기 때문이지요. 이제 제자들은, 고생 끝, 새로운 세상을 위해 만세를 외치고 있던 것은 아닐까요?

제자들과 더불어 저녁식사를 하시던 중 예수님이 갑자기 자리에서 일어나셨습니다. 예수님이 머리 덮개로 앞치마를 하고는 제자들의 발을 닦아주지 않겠습니까? 예수님의 돌발 행동에 잔치 참석자들은 어떤 느낌이었을까요? 아연실색할 수밖에 없었습니다. 발은 이미 잔치를 시작하기 전에 닦았는데, 왜 또 발을 닦겠다는 것인지 당황스러웠습니다. 게다가 반로마 제국주의 타도를 눈앞에 둔 상황에, 이스라엘의 왕이 되실 것이라 믿고 따르는 예수님이 종처럼 발을 닦겠다고 나섰습니다. 제자들은 어떻게 반응했을까요?

오찬 

손님을 환대하는 방법

유목민들을 만날 때면 어김없이 커피나 차를 대접받습니다. 유목민들에겐 당연한 행동입니다. 없는 살림에도 베풀어야 한다는 사명감이 투철합니다. 차린 음식은 없지만 같이 먹자고 권합니다. 물론 빈말이 아닙니다. 정말 차린 것도 없는데 왜 이렇게 초대하냐고 반문할 수도 없습니다. 상대방의 정성어린 마음이 전해지기 때문입니다. 이런 환대를 대하면서 아브라함이 세 천사를 대접했던 광경을 떠올립니다. 성경(창 18장)에는 아브라함이 천사를 맞이하는 장면이 자세하게 나옵니다. 세 천사 대접 현장을 시각적으로 재구성해보겠습니다.

> 그가 그들을 보자 곧 장막 문에서 달려 나가 영접하며 몸을 땅에 굽혀 이르되, 내 주여 내가 주께 은혜를 입었사오면 원하건대 종을 떠나 지나가지 마시옵고, 물을 조금 가져오게 하사 당신들의 발을 씻으시고 나무 아래에서 쉬소서. 내가 떡을 조금 가져오리니 당신들의 마음을 상쾌하게 하신 후에 지나가소서. 당신들이 종에게 오셨음이니이다(창 18:1-8 참조).

아브라함은 천막 한 귀퉁이를 제쳐놓은 장막문에 앉아 있다가 천사를 맞이하고 있습니다. 그때가 대낮이었습니다. 길을 가는 나그네들의 금기 사항이 몇 가지 있었습니다. 대개 먼 길을 갈 때는 날이 뜨거울 때(정오 무렵)는 이동을 피했습니다. 그늘에서 쉬거나 잠시 숨을 고르곤 했습니다. 그런데 세 천사들은 그 시간에 아브라함을 찾았습니다. 세 천사를 맞이한 아브라함은 물로 그들의 발을 씻겨줍니다(창 18:4). 이것은 한 장막(집)에 맞이한 손님을 환대하던 중요한 행동이었습니다.

손님을 환대하는 방법

아브라함은 고운 가루로 빵을 만들었습니다. 고운 가루는 밀가루를 말합니다. 밀가루도 등급이 있었습니다. 정밀하게 빻은 것은 더욱 귀하고 비쌉니다. 당시 밀가루는 그야말로 고급스런 것이었습니다. 게다가 빵을 만들기 위하여 사용한 밀가루는 22리터 정도였습니다. 한 스아(세아)는 7.3리터입니다. 무게로 환산하면 20킬로그램에 이릅니다. 이 무게(용량)의 밀가루로 만든 빵을 세 천사와 아브라함이 오순도순 정답게 이야기하며 먹는 건 전혀 불가능합니다. 보통 유목민들이 작은 크기의 밀전병 하나를 만드는 데 소모하는 밀가루의 양이 20-30그램이니까, 이들은 거의 500-600개의 빵을 만든 셈입니다.

당시에는 어떻게 빵을 만들었을까요? 어떻게 불을 피웠을까요? 물론 장작을 이용한 숯불, 장작불이 기본이었습니다. 유목민들은 마른 나뭇가지나 들판에 말라붙은 관목의 가지와 잎을 재료로 사용했습

—— 팔레스타인 지역에선 우리나라의 가마솥과 흡사한 솥에 빵을 굽습니다.

니다. 마른 싯딤 나무 가지나 종려나무 가지도 좋은 땔감을 제공했을 것입니다. 급하게 이 많은 양의 빵을 굽기 위해서는 적지 않은 숯불이 필요했습니다. 잠시 떠올려보시기 바랍니다. 여기저기서 장작을 이용하여 불을 피우고 있는 장면, 연기도 나고 장작불에 불이 붙어 타오르는 장면도 생각해보시기 바랍니다.

이제 불이 준비되었습니다. 한쪽에서는 빵을 만들기 위하여 급하게 반죽을 하고 숯불에 빵을 굽고 있습니다. 빵을 굽기 위해서는 화덕이 사용되었습니다. 재력이 있는 집안에는 빵을 굽던 가정용 화덕이 있습니다. 서민들은 널찍한 돌판을 사용하기도 했습니다.

요리할 때 사용하는 부엌살림 중 가장 중요한 것은 아마도 솥일 것입니다. 사진에 나오는 이 솥은 빵을 굽는 데 사용합니다. 우리나라의 가마솥과 거의 흡사합니다. 이 정도 분량의 빵을 구우려면 수많은 여성들이 빵 굽는 일에 동원되어야 합니다. 숯불을 피우고 밀가루를 반죽하고 화덕 위에 올려놓고… 정말 잔치집의 분주한 손놀림과 냄새가 가득했을 것입니다.

성대한 잔치

이보다 더 극적인 장면은 송아지를 요리하는 장면입니다. 아브라함은 밀가루로 빵을 만드는 것에서 멈추지 않았습니다. 송아지를 잡아 요리했습니다. 당시 양과 염소보다 흔하지 않은 가축이 소였습니다. 광야는 목축하기 좋은 환경이 아니었기에 소를 키우는 일은 드물었습니다. 구약성경에 따른다면 갈릴리 산지나 길르앗 산지, 바산 지방과 골란 고원 그리고 벧세메스 정도에서 소를 키울 수 있었습니다. 그야말로 귀하기 그지없는 음식이 소고기, 특히 송아지 고기였습니다. 송아지는 태어날 때 이미 40-50킬로그램입니다. 송아지 한 마리의 체중은 200킬로그램에 육박합니다. '기름지고 좋은'(창세기 18:7) 생후 6개월 이상 된 송아지의 일반적인 무게를 고려할 때 이런 추정이 가능합니다. 그렇다면 고기만도 120킬로그램에 가까웠을 것입니다. 전체 체중의 60퍼센트 정도가 고기의 무게입니다.

송아지 요리는 숯불구이는 아니었을 것입니다. 귀한 손님 접대용으로 음식을 준비했다면 송아지 고기 찜이었을 것입니다. 오늘날도 가장 귀한 음식으로 마련하는 요리로 고기 찜을 손꼽습니다. 본문 성경에서 요리한 송아지와 엉긴 젖 등을 같이 제공한 것에서도 미뤄 짐작할 수 있습니다. 고기 찜에 엉긴 젖으로 표현된 마른 요구르트를 풀어 같이 음식을 먹곤 합니다. 급히 요리했다고 해도 시간이 제법 걸렸을 것입니다. 빵을 구울 때보다 더 많은 숯불이 필요했습니다. 큰 솥에 고기를 넣고 끓이는 장면을 떠올려보십시오. 수십 년 전 한국에도 쌀밥에 소고기국은 귀하기 그지없던 음식입니다. 4천 년 전 송아지 고기 찜 요리는 그야말로 진수성찬 그 자체였습니다. 여기에 버터(개역한글판에는 엉긴 젖으로 적고 있습니다)는 오늘날 요구르트에 가까운 음료입니다. 고기와 더불어 먹을 때 입맛을 돋워주고 음식을 소화시키는 데에도 좋습니다. 생고기를 오랜 시간 보관할 수 없었던 당시 상황을 고려하면 이날 잡은 송아지 고기는 요리에 다 쓰였을 것입니다. 빵 굽는 냄새와 고기 끓는 냄새가 사방에 진동하고 있습니다. 남녀노소 구분 없이 바쁘게 음식을 장만하고 있습니다. 족장의 권위를 보여주는 아브라함의 큼지막한 게달 옆 상수리나무 아래에서 세 천사가 쉬고 있습니다. 그들의 시선에 음식 준비로 무척이나 분주한 아브라함 사람들의 손놀림과 움직임에 들어왔을 것입니다.

이 장면은 그야말로 큰 잔치가 벌어진 것을 보여줍니다. 최소한 아브라함의 식솔들을 비롯한 수백 명의 사람들이 함께 참여한 가운데 벌어진 세 천사 특별 환영 오찬입니다. 당시 풍성한 음식 제공은 만찬으로 이뤄졌습니다. 그런데 오후에 이렇게 성대한 오찬을 제공하는 것은 그야말로 예외적인 상황을 반영한 것입니다. 아브라함이 세 천사를 위하여 급하게 마련한 잔치는 그야말로 진수성찬으로 마련된 성대한 잔치였습니다. 따스한 봄날, 따사로운 햇살과 시원한 바람이 뒤엉킵니다. 음식 냄새와 사람들의 분주한 움직임이 어우러집니다. 잔치의 흥겨움과 대접받고 환대받는 이들의 흡족함도 함께.

일상으로 성경 읽기

요셉과 형제들과의 식사 · · · 구약시대의 이집트로 눈길을 돌려봅니다. 요셉의 시대입니다. 지금으로부터 (최소한) 3,200년 전 시대였을 것입니다. 요셉이 그 형제들과 식사를 하는 장면이 있습니다.

> 요셉이 아우를 사랑하는 마음이 복받쳐 급히 울 곳을 찾아 안방으로 들어가서 울고, 얼굴을 씻고 나와서 그 정을 억제하고 음식을 차리라 하매, 그들이 요셉에게 따로 차리고, 그 형제들에게 따로 차리고, 그와 함께 먹는 애굽 사람에게도 따로 차리니, 애굽 사람은 히브리 사람과 같이 먹으면 부정을 입음이었더라. 그들이 요셉 앞에 앉되, 그들의 나이에 따라 앉히게 되니, 그들이 서로 이상히 여겼더라. 요셉이 자기 음식을 그들에게 주되 베냐민에게는 다른 사람보다 다섯 배나 주매 그들이 마시며 요셉과 함께 즐거워하였더라 (창 44:30–34).

이 이야기에 등장하는 중요한 소품들을 찾아보기 바랍니다. 그것은 식탁일 것입니다. 여기서 말하는 식탁은 우리에게 익숙한 식탁이 아니라, 음식을 올려놓는 탁자입니다. 그리고 식사에 초대받은 이들이 앉은 의자입니다. 의자는 등받이가 있는 모양이 아니라, 그냥 엉덩이를 올려놓는 모양입니다. 의자의 높이나 식탁의 높이는 엇비슷했을 것입니다.

오늘 이야기에 등장하는 사람들은 누구인가요? 요셉과 그 형제들 외에 누가 등장하나요? 식사 장면을 떠올려보기 바랍니다. 식사하는 장면에서 인상적인 것이 있습니다. 우선은 식사하는 자세입니다. '요셉과 함께 먹는 애굽 사람'이 등장합니다. 아마도 이들은 요셉의 참모들이겠지요.

이 이야기에서 겸상 문화를 엿볼 수 있는 표현이 나옵니다. 무엇인가요? "애굽 사람은 히브리 사람과 같이 먹으면 부정을 입는다"는 표현입니다. 식사할 때의 자세는 어떤 모양이 연상되나요? 등받이 없는 의자에 허리를 꼿꼿이 세우고 앉아 있는 모습이 떠오르진 않나요?

더불어 정답을 쉽게 찾을 수 없는 질문이 떠오릅니다. 이 식사에 제공된 음식들은 무엇이었을까 하는 것입니다. 고기도 음료도 과일도 제공이 되었을 텐데, 어떻게 조리하여, 어떤 모양으로 제공되었을까 궁금해집니다. 제공된 음식은 어떤 재질과 모양의 그릇에 담겨졌는지 궁금합니다.

식사도구

주인의 상에서 떨어진 부스러기를 먹다

앞서 말한 것처럼 성경 시대에서의 식사는 식탁 위에서 이뤄지지 않았습니다. 부유층들이 사용하는 탁자는 음식을 겨우 올려놓을 정도의 크기에 무릎 만큼의 높이를 가진 탁자였습니다. 이런 기본적인 이해를 바탕으로 아래의 본문을 살펴봅니다.

- 주여 옳소이다마는 개들도 제 주인의 상에서 떨어지는 부스러기를 먹나이다 하니(마 15:27).
- 여자가 대답하여 이르되 주여 옳소이다마는 상 아래 개들도 아이들이 먹던 부스러기를 먹나이다(막 7:28).
- 부자의 상에서 떨어지는 것으로 배불리려 하매(눅 16:21).

이 이야기에 담겨 있는 식사 풍습을 살펴봅니다. 위의 본문 안에 나오는 '부스러기'가 어떤 형상으로 다가오는지요? 혹시나 마른 식빵에서 떨어져 나오는 가루가 떠오르지는 않는지요? 그런 부스러기가 땅에 떨어졌다면 당연히 흙과 먼지와 뒤섞이지 않았을까요? 당시 서민들이 얼마나 배가 고프면 그것을 집어 먹었을까 하는 생각도 하진 않았나요? 이 장면을 이해하기 위해서는 당시 식사 풍경과 떡(빵)

에 대한 이해가 필요합니다.

구약시대에 팔레스타인 주민들은 숟가락이나 젓가락 같은 도구를 사용하지 않았습니다. 손과 떡(빵)을 이용하여 음식을 먹곤 했습니다. 빵은 숟가락의 용도는 물론, 음식을 식지 않게 하는 음식 덮개로도 사용하였습니다. 이 빵은, 매일 아침마다 화덕에 구워서 당일 안에 먹었습니다. 밀가루 또는 보릿가루로 만든 빵은 공기 중에 노출되면 딱딱하게 굳어지는 속성이 있었습니다. 사람들은 이 빵을 조금씩 떼어서 먹었습니다. 빵조각을 다른 양념에 찍어서 먹기도 하고, 야채 종류나 고기 등을 얹어 먹기도 했습니다.

또한 음식을 손으로 먹는 중에 손과 입에 묻어 있는 기름기를 닦아내는 수건(?)의 용도로도 사용되었습니다. 일반 가정의 경우 음식을 먹고 난 후 손과 입에 묻어 있는 기름기를 빵조각을 이용하여 닦아내었습니다. 물론 맨 마지막 입가심으로 그 빵조각도 먹을 수 있었습니다. 식사 마무리를 위해 빵조각을 크게 떼어서 입을 닦고 그 빵조각을 땅에 던집니다. 잔칫집에는 땅 바닥에 던져진 적지 않은 빵조각들이 있었습니다. 또, 바로 이것이 성경 속에 등장하는 '주인의 상에서 떨어지는 부스러기'입니다.

'떡을 뗀다', '먹고 마신다'는 단어를 떠올리면, 이제 어떤 느낌이 드는지요? 하나님께서 매주 안식일마다 진설병을 사이에 두고 제사장과 마주하는 장면이 어떻게 느껴지는지요? 날마다 떡을 떼며, 모이기를 힘썼다는 초대 예루살렘 교인들의 삶은 어떻게 다가오는지요?

지금 우리의 밥상 나눔보다 훨씬 엄격한 감정과 사연이 성경 시대 사람들에게는 가득했을 겁니다.

생명의 떡으로 오셨다(요 6장)는 예수님의 메시지가 이제 어떻게 느껴지는지요? 이렇듯 성경은 우리의 일상의 다양한 영역에 우리의 모든 감각을 자극하며 말하고 있습니다.

일상으로 성경 읽기

가나안 여인의 내면 • • • 마태복음 15:21-27, 마가복음 7:24-30을 읽어 보기 바랍니다. 가나안 여인 또는 수로보니게 여인의 이야기에 주목해봅니다. 그 이야기에는 예수님, 수로보니게 여인, 제자들 외에도 이 장면을 지켜보던 사람들이 있었습니다.

이야기 속 예수님의 감정이 어떠했는지 느껴지는지요? 여러분의 마음속에 떠오르는 감정을 정리해볼까요? 몰인정하고, 매몰찬 느낌, 어떻게 여인의 마음을 후벼 파는 말씀을 하실까 당혹스럽지는 않으신지요? 여인의 속마음과 행동을 떠보려는 예수님의 언행이라는 생각을 한다고 해도, 그래도 너무하는 것 아니냐는 불편한 감정을 느끼는 이들도 있을 것입니다. 여기서는 수로보니게 여인에게 왜 이렇게 거칠게 반응하셨을까요?

두로와 시돈 지방에 살던 여인, 헬라인이요 수로보니게 족속으로 설명되는 이 여인의 딸 아이가 죽음에 직면해 있습니다. 이 여인은 자기 입으로 자기의 딸이 '흉악하게 귀신들렸다'(마 15:22)고 말합니다. 이 여인은 어떤 심정일까요?

여인과 예수님의 대화에도 주목해봅시다. 이 여인의 말투는 어떠하였을까요? 또 무시당해 요동치고 있을 여인의 복잡한 내면은 어떻게 설명할 수 있을까요?

공감하며
성경 읽기

3부

'겨울' 하면 무엇이 느껴지나요? 시각적으로는 눈이 생각날 수 있고, 촉각적으로는 추위가 느껴질 겁니다. 여러 가지 이벤트들도 떠오를 것입니다. 같은 단어에도 우리는 저마다 다른 것을 느끼고 있습니다. 그런 느낌은 배움에서 비롯된 것보다 직접 체험한 것에서 오는 경우가 더 많습니다. 경험이 공감을 이끄는 것입니다. '나도 저랬지', '나도 그럴 것 같아' 하는 반응이 곧 '공감'입니다.

드라마나 영화는 등장인물의 심리묘사와 배경의 감각적 요소를 최대한 활용하고 있습니다. 장면마다 시각, 청각, 후각, 촉각, 미각을 자극하는 내용이 넘쳐납니다. 배경에 시청자가 공감할 만한 감각적 부분과 등장인물의 연기와 대사가 어우러져 있습니다. 성경은 그런 드라마보다 더욱 방대한 이야기를 압축하고 또 압축하여 기록한 것입니다. 그 현장감을 살려내는 비밀번호는 '일상', '공감', 그리고 '감각' 입니다.

개인이나 집단, 민족이나 지역 주민들에게는 특별한 그림언어가 있습니다. '봄'이라는 단어를 마주하면 어떤 이미지가 떠오르나요? 벚꽃이나 개나리와 진달래꽃이 떠오르고, 또 흐린 하늘과 황사가 떠오르기도 합니다.

까마귀, 용, 이무기 같은 그림언어는 서양과 동양 사이에 큰 차이가 있습니다. 한 편에서는 좋은 느낌과 의미로 다가오지만, 다른 한 편에서는 악한 것으로 느끼기도 합니다. 이집트인들은 용이나 악어, 독수리를 좋은 의미로 사용하였습니다. 그러나 유대인들은 용은 마귀적인 것으로 받아들였습니다.

'숫자'에도 이런 이미지가 존재합니다. 한국인들은 '4'를 좋아하지 않습니다. 병원이나 요양시설에는 4층이 없습니다. 그리스도인들은 6을 별로 안 좋아합니다. 13도 마찬가지입니다. 7은 행운의 수라며 좋아합니다. 중국인들은 10이라는 숫자를 아주 좋아합니다. 이런 그림언어는 실제에 바탕을 둔 것도 있고, 개념에 기원을 둔 경우도 있습니다.

동물과 식물, 음식조차도 그림언어로 사용됩니다. 세상에서 가장 작은 씨로 오해하는 겨자씨 비유도 마찬가지입니다. 겨자꽃이 어디에나 피는 것이 아닙니다. 골란 고원, 갈릴리 호수 주변 곳곳에 겨자꽃이 핍니다. 마치 제주도의 유채꽃밭을 연상시킵니다. 이 지역 주민들에게, 겨자꽃은 아주 흔한 꽃이었습니다. 작고 사소하고 보잘것없는 씨앗이라는 의미가 담겨 있지요.

그런데 이런 그림언어는 많은 경우에 한 개인이나 공동체의 공통경험에 바탕을 둔 것입니다. 같은 사물을 대하면서도 여러 사람은 여러 모양으로 그것을 느낍니다. 다르지 않습니다.

우리는 또한 공동체와 더불어 성경 읽기를 해야 합니다. 혼자서 읽는 것을 넘어 다른 이와 더불어 공동체와 더불어 성경을 같이 읽는 것입니다. 함께 읽은 성경을 어떻게 다시 재현할 수 있을지를 나누고 그림이든 드라마든 다른 형태로 표현해보는 것입니다. 사실 성경 말씀은 공동체에게 주신 말씀입니다. 그런 까닭에 공동체로 성경 읽기는 중요합니다. '나' 대신에 '우리'가 주어가 되는 것이지요. 이것은 큐티 나눔과도 다른 것입니다. 내가 느낀 것을 나누는 것이 아니라, 성경 이야기가 펼쳐지던 그 현장에 서 있는 것을 떠올려보는 공동 작업입니다.

또한 성경 읽기는 중립적인 관찰자의 입장에서 에피소드를 대하는 것이 중요합니다. 그리고 입장을 바꿔갑니다. 그렇게 입장을 바꿔 생각한 뒤 마지막에 '나'를 대입해보는 것입니다.

2인 토론으로 성경 읽기도 해봅시다. 서로 다른 입장을 갖고 성경 인물이나 성경 사건을 다루는 것은 이해의 폭을 넓혀줍니다. 이 과제는 가상 대담 또는 가상 인터뷰 같은 형식의 글로 표현될 수도 있겠지만, 여기서는 각각의 입장을 지지하는 대리 토론 형식으로 성경 인물을 돌아보는 것입니다.

먼저 성경 속 라이벌을 설정해봅니다. 입장이나 처지가 다르거나, 반대편에 서 있는 인물을 정할 수도 있고, 아예 적대적인 입장에 있는 인물을 정해도 좋습니다. 예를 들면 가인과 아벨, 야곱과 에서, 야곱의 아내 라헬과 레아, 아담과 하와, 이브라함의 아내 사라와 첩인 하갈, 사도 바울과 사도 베드로, 마르다와 마리아, 르호보암 왕과 여로보암, 여호수아와 갈렙 같은 구조를 정해보는 것입니다.

삶의 경험과 현재의 상태, 기질, 성격 면에서 우리는 모두 다릅니다. 정답은 없습니다. 우리는 성경 속 등장인물이나 사건의 냉정한 관찰자로서 그 행위를 판단하고 규정 짓기 위해 성경을 읽는 것이 아닙니다. 당사자가 되어 성경을 읽는 것입니다. 공감하며 성경을 읽는 방법은 다양합니다. 선입견과 선지식을 최대한 버리고, 처음 그 본문을 대하는 태도로 성경을 읽는 낯설게 성경 읽기와 시대정신과 시대의 창을 통해 읽는 것에 주목해봅시다. 그때 그 자리에 살던 이들의 자리로 들어가기 위해 시대 배경을 살피면서 성경을 읽어봅시다.

1

낯설게 성경 읽기

성경은 재미있는 '그 책'the Bible입니다. 하지만 사람들은 성경은 도덕교과서나 무서운 명령이 가득한 지침서처럼 느낍니다. 지식을 쌓거나 정보를 얻기 위해 성경을 읽었기 때문일 것입니다. 학교에서 세계사를 공부하면서 무감각하게 연대순을 외우듯이 말입니다. 사건의 결과를 이미 다 알기에 성경 읽기에 열정이 생기지 않는 것도 한몫했습니다.

어떻게 하면 성경 읽기가 흥미진진해질 수 있을까요? 새롭게 성경을 읽기 위해 어떻게 해야 할까요?

우선 성경을 우리가 배우고 실천해야 할 도구로 생각하거나, 신앙의 선배들에게 교훈을 찾는 목적으로 읽으려는 습관을 내려놓아야 합니다. 수없이 읽어서 알고 있는 본문일 때는 더욱 그렇습니다. 이렇게 생각해야 합니다. '나는 이 본문의 이야기를 처음 대하는 것이다.'

성경 속 등장인물들이 겪는 일은, 그들이 태어나서 처음 겪은 일입니다. 그 일을 겪기 전에 그들은 결말에 관한 어떤 정보도 없습니다.

앞으로 어떤 일이 벌어질지 예측할지라도 그 일이 실제로 어떻게 될지는 알지 못합니다. 모두 다 처음입니다.

처음 겪는 일 앞에서 우리는 어떤 느낌이 듭니까? 낯선 곳을 여행할 때, 낯선 사람을 만날 때, 낯선 음식을 먹을 때, 새 학년을 맞이할 때, 어떤 과목의 시험을 처음 치를 때… 처음이기에 주저하고 긴장하고 또한 설렜을 것입니다. 마찬가지로 성경 속 등장인물들도 감정이 복잡했을 것입니다. 앞으로 이 일이 어떻게 펼쳐질지 그들은 알지 못했기 때문입니다.

월드컵 경기를 보던 기억을 떠올려보세요. 생방송이 시작되는 순간부터 우리는 긴장합니다. 응원하는 팀이 이길 것을 바라지만 경기가 끝날 때까진 안심하지 못합니다. 그렇지만 이미 경기결과를 알고서, 그것도 패배한 경기를 본방송으로 본 다음, 재방송을 볼 때는 전혀 다릅니다. 조바심과 긴장은 전혀 느껴지지 않습니다.

성경도 마찬가지입니다. 생방송을 보는 것처럼 호기심을 갖고 읽어야 합니다. 성경 본문을 풀이할 때, 본문이 아직 말하지 않은 내용을 미리 머릿속에 그려놓고 해석하지 않아야 합니다. 예를 들면, 요셉이 애굽에 노예로 끌려가는 장면이 나오는데, 미리 요셉이 애굽에서 총리가 되었다는 결과로 그 장면을 해석하지 않아야 한다는 것입니다. 오히려 생각해야 할 것은 노예로 끌려가는 요셉에게 앞으로 어떤 일이 벌어질까 하는 질문입니다. 또한 요셉을 죽이고 싶어 하던 요셉의 형제들의 계획은 성공할 수 있을까? 아버지 야곱은 이 사건의 진실을 나중에라도 알게 될까? 이런저런 추측을 해보는 것도 중요합니다. "요셉은 나중에 애굽의 총리가 되고, 형들이 다 요셉 앞에 무릎을 꿇게 될 것이야"라는 결론을 미리 내놓는다면 성경 읽기는 너무 재미없어지지 않을까요?

내가 이미 들어서 (이 말은 내가 직접 성경을 읽고 확인하지 않은 경우입니다) 다음 내용을 알고 있다면, 과연 내가 들은 것이 맞는지 궁금해하며 확인하려는 자세로 읽어야 합니다. 성경을 수없이 읽고 묵상해도, 성경은 어느 날 새롭게 다가오는 것입니다. 성경 본문을 읽고 확인하지 않은 것을 이미 들어서 알고 있다고 해도 그것은 진심으로 아는 것이라고 할 수 없습니다.

성경을 읽는 태도를 변화시킨다면 어떤 유익이 있을까요? 성경 속 등장인물의 행동에 대해 간과하거나 비웃지 않을 수 있습니다. '이렇게 쉬운 것을 왜 이 사람은 알지 못할까'라는 편견을 줄일 수 있습니다. '왜 해결책을 찾지 못해서 이렇게 허둥댈까' 하는 의문도 갖지 않을 것입니다. 독자는 그 사건의 결말을 알고 있을 수 있지만 성경 속 인물은 그 사건을 처음 대면하고 있다는 것을 이해하기 때문입니다.

성경을 읽으면서 이미 알고 있는 부분을 마주하더라도 머릿속 스포일러는 유포하지 말아야겠습니다. 그래야만 내가 성경 속으로 들어갈 수 있습니다. 등장인물의 행동을 이해할 수 있는 틀입니다. 궁극적으로는 그 인물이 되어 그의 시선으로 사건을 살펴보면 좋겠습니다. 이런 노력이 성경과의 교감을 가능하게 하고, 성경과 대화할 수 있도록 돕습니다.

이런 훈련을 통해 성경을 읽는 동안 단지 지식과 정보를 취하는 것을 넘어, 성경 이야기 속의 한 등장인물이 되어 느끼고 반응할 수 있게 됩니다. 그동안 성경을 읽으면서 보지 못했던 사물이 눈에 띄고, 생각하지 못했던 말과 행동과 표정과 감정에 주목할 수 있습니다.

예수

예수의 얼굴은 어떻게 생겼을까?

예수 그리스도의 향기(냄새)를 떠올려봅시다. 우리는 '예수님처럼', '예수님을 닮아가는 삶', '그리스도의 향기' 같은 어휘들에 익숙합니다. 그런데 이 어휘를 사용하면서 구불구불한 긴 고수머리에 이목구비가 뚜렷한 점잖고 서구적으로 생긴 남자를 떠올리는 것은 아닌지요?

여러분들은 예수님의 몸에서 어떤 냄새가 났을 것이라고 생각하나요? 값나가는 향유를 몸에 바르고 다니셨을까요? 아닙니다. 그 시대를 살던 가난한 식민지 백성들의 몸에서 나던 냄새와 다르지 않았을 것입니다. 별로 맡고 싶지 않은 냄새가 예수님의 몸에서 풍겼을지 모릅니다. 예수님이 즐겨 드시던 일상의 음식들, 생활 형편, 기후… 이 모든 것이 예수님의 냄새를 구성하는 요소들이었을 것입니다.

혹시 예수님이 식탐 때문에 바리새인들로부터 비난받았던 이야길 들어본 적 있습니까? "먹기를 탐하고 포도주 마시기를 즐기는 사람"(누 7:34)이라는 소리를 들으셨지요. 예수님이 식사하는 모습을 보고 사람들이 게걸스럽게 먹는다고 표현한 것입니다. 예수님은 어떤 음식을 좋아했을까요? 요리할 수 있는 음식은 있었을까요? 성경은 이에 대해 언급하지 않습니다. 그렇지만 그 시대를 살던 이들의 삶에 비추어보면 우리는 예수님의 식성을 추측할 수 있습니다.

오감으로 예수님 읽기

예수님을 오감으로 떠올려보고자 합니다. 우선 예수님의 용모부터 생각해볼까요? 막강한 로마 제국의 지배를 받던 나라에서 태어나고 자란, 가난하고 평범한 가정의 남자를 떠올려야 합니다. 로마 제국을 배경으로 한 드라마나 영화에 나오는 평범한 사람들, 오히려 노예의 모습을 떠올려보는 것이 자연스러울 듯합니다. 옷을 두 벌도 갖지 못할 정도로 가난한 집안에서 태어나, 건축 현장에서 일하던 일용직 노동자가 예수님이니까요.

우리에게 익숙한 예수님의 모습은 사실 중세 유럽 귀족에 가깝습니다. 머리 모양새도 옷차림새도 그렇고요. 아래 그림은 전형적인 유대인의 모습이 아닙니다. 2001년 봄, 영국국영방송BBC은 예수님의 얼굴을 재구성하는 특집을 방송한 적이 있습니다.

이 그림 속 모습이 예수님 얼굴에 가장 가깝다면, 여러분이 어떤

— BBC에서 재구성한 예수님의 얼굴

생각을 할지 궁금합니다. 너무 평범해서 이질적으로 느끼지는 않는지요? 그리고 명화나 영화에서 예수님의 옷으로 자주 보여지던 빛나는 덮개옷은 로마 원로원 귀족들이 사용하던 것이었습니다. 평범한 식민지 주민은 입을 수 있던 것이 아니었지요.

예수님의 신발도 생각해볼까요? 가죽 샌들을 신었다 생각한다면 오산입니다. 지금도 제3세계에 사는 사람들 가운데는 신발이 없는 이들이 많습니다. 2천 년 전 가난한 삶을 살던 유대인들 가운데는 맨발로 다니는 이들이 대부분이었습니다. 로마 제국의 부잣집 노예에게 2년에 한 번 나무로 만든 신발을 제공했다는 기록이 있습니다. 그런데 식민지 백성의 삶이 로마의 노예보다 더 낫다고 볼 수는 없습니다. 맨발로 다니는 예수님 발엔 굳은살도 박였겠지요.

옷차림새는 어떠했을까요? 로마 귀족들이나 로마의 혜택을 받던 부자들이 목욕을 했을 것이고, 지금처럼 날마다 어떤 걸로 갈아입을지, 무엇을 골라 먹을지 고민하던 시대와는 사뭇 달랐을 것입니다. 그때는 옷을 자주 갈아입는 습관도 없었어요. 갈아입을 여벌옷도 부족했을 터이고요.

게다가 적지 않은 시간을 이동하며 보냈을 텐데, 아마도 예수님은 자주 길 위에서 머물렀을 거라 봅니다. 제대로 못 씻고, 못 먹고, 갈아입을 옷도 없던 시절, 예수님의 몸에서 풍겼을 냄새는 어떠했을까요? 당시의 목욕 문화는 명절을 앞두고서야 몸을 씻었지요. 물이 부족했던 시대, 날이 뜨거워 땀이 많이 나는 환경임에도 말입니다. 예수님에게는 자주 씻지 않은 몸에서 나는 땀내가 진동했을 것입니다. 또한 즐겨 드시는 음식에서 비롯된 냄새도 났을 것이고요. 요즘 중동 사람의 독특한 체취와 비슷한 것이었지요.

예수님의 말투는 어떠했을까요? 성경에 나오는 것처럼 "하여라", "말아라" 등의 반말을 썼을까요? 사실 예수님도 사용하셨을 표준 히브리어나 갈릴리 사투리는 영어처럼 높임말과 낮춤말 구분을 단어 자체로 할 수 없습니다. 그렇지만 말하는 두 사람의 관계와 태도에 의해 높임말과 낮춤말은 분명하게 드러나지요. 그런 면에서 보면 예수님이 마구 낮춤말을 사용하셨다고 보는 것은 무리가 있습니다. 건방져 보이는 말투보다 정감 넘치며, 유머가 가득하고, 때로 독설을 하는 예수님의 말투를 상상할 수 있습니다.

게다가 친구를 보면 그 사람을 안다고 했는데, 예수님 주변 인물들은 어떠했나요? 그들은 갈릴리 출신이 절대 다수였고, 고된 육체 노동을 했으며 반예루살렘, 반로마 정서가 강한 골수 야당색깔을 가진 이들이었습니다. 게다가 성매매 여성들도 예수님 가까이에 있었습니다. 부유하고 권력을 가진 사람들은 예수님 곁에서 찾아볼 수 없었습니다.

공감하며 성경 읽기

나는 예수님의 친구가 될 수 있나? • • • 예수님의 친구들을 요즘 말로 대부업자나 나가요 아가씨들이 될 수 있겠습니다. 여러분은 지금 그들과 친구가 되겠다고 기꺼이 나설 수 있을까요?

지금까지 살펴본 예수님은 내가 생각해왔던 예수님과 어떤 면에서 다르게 느껴지나요? 익숙했던 예수님의 이미지와 지금 다시 생각해보는 예수님의 이미지를 비교해보세요. 예수님이 새롭게 느껴지나요? 당혹스럽고 낯설게 다가오지는 않나요? 예수님이 언제나 화려한 조명을 받으며, 온 세상 사람들의 주목을 받고, 환호만을 받으며 산 것이 아니었습니다. 가난한 집안에, 가난한 삶의 자리에 태어난 예수님을 느껴보기를 바랍니다.

조연

성경 속 주변 인물 살펴보기

"성경은 나와 너무 동떨어진 이야기잖아요. 그래서 공감할 수 없어요." 자주 듣는 말입니다. 어떤 것이든 일상의 경험이 녹아 있을 때 더 많이 공감하는 법이니까요. 누군가와 대화할 때도, TV나 영화를 볼 때도, 책을 읽을 때도 "맞아, 나도 그랬어!" 하는 식의 반응이 그 이야기 속으로 빨려 들어가게 합니다. 하지만 성경에도 그런 부분이 분명히 있습니다.

그것을 발견하려면 성경을 읽으며 주인공에만 관심을 갖는 것이 아니라, 주변 인물에도 관심을 가져야 합니다. 또 반대의 입장에 놓인 인물을 이해하기 위해서도 노력해야 합니다. 사라나 아브라함의 입장에서는 물론 하갈과 이스마엘의 입장에서, 그리고 제3자의 처지에서도 생각해야 성경을 더욱 입체적으로 읽을 수 있습니다.

우리는 위인전기의 서술 방식을 잘 알고 있습니다. 어떤 특정한 개인의 삶이 담긴 책이지요. 그가 살아 있을 때 출간되기도 하지만, 일반적으로는 죽은 후에 읽혀집니다. 당사자가 쓴 자전적인 전기도 있고, 전기 작가 또는 인물 연구자에 의해 쓰인 전기도 있습니다. 그러한 전기에서는 그것을 쓰는 이와 주인공 사이의 관계에 따라 다양한 관점이 담기곤 합니다. 비판하기 위한 책에는 가능하면 부정적인 면을 드러내고자 하고, 또 다른 입장에서는 아예 과거의 역사적 사실을 왜곡 또는 삭제해서 아름답게만 묘사하기도 합니다.

성경에도 위인들이 나옵니다. 물론 성경이 위인들을 묘사하는 것이 아니라, 우리가 그들을 위인으로 간주하는 경우입니다. 성경은 일이 일어나기 전에 기록한 것이 아닙니다. 물론 일부 예언서의 내용이 있지만, 대부분은 이미 일어난 사건과 전해진 말을 기록하고 있습니다. 다르게 표현한다면 성경은 현장 보고서라고 할 수 있습니다. 때로 언론매체의 기사처럼 사실 중심으로 정보만을 전달합니다. 신약서신서와 같은 책은 글쓴이의 격앙된 감정이 고스란히 드러납니다.

성경은 등장인물의 잘못과 죄도 묘사하고 있습니다. 주인공이 언제나 옳고 바르다고 주장하지 않습니다. 아브라함도 다윗도 수많은 선지자들과 예수님의 제자들도 마찬가지입니다. 이것은 그 누구도 절대화될 수 없고, 타고난 영웅이 아니라는 것을 보여주는 증거입니다. 그래서 '나도 누구처럼 살겠다' 혹은 '우리도 누구처럼 살자'고 성경을 읽고 말하는 것은 다소 무리가 있습니다. 성경은 하나님의 사람 아무개를 보여주지만, 우리가 받아들이고 깨달을 것은 '아무개의 하나님은 누구신가'를 소개하는 성경의 흐름입니다.

익숙한 성경 본문을 하나 발췌해 '나'를 주인공, 또 주어로 삼아서 이야기를 재구성해봅시다. 내가 아담이나 노아가 되어, 가족 이야기를 하고, 삶의 아름답거나 아팠던 순간을 돌아보며 깨달은 것 등 다양한 소재로 표현해보는 것입니다. 아버지 야곱의 사랑을 받지 못한 르우벤의 입장에서 아버지 야곱에게 하고픈 말을 써볼 수도 있고, 이스마엘이 되어 집에서 쫓겨난 자신의 신세와 그 감정을 토로할 수도 있겠지요.

우리는 자주 성경 속 주인공의 입장이 되어 그의 편이라고 생각하고 성경을 봅니다. 하지만 이번에는 입장을 바꾸고, 주인공의 적 또는 경쟁자의 편이었다고 생각하고 성경을 보면 관점이 어떻게 달라질까요?

이 사람이 아니라 저 사람이었다면

출애굽 사건을 떠올려봅니다. 내가 이집트인이었다면, 이집트에서 일어나는 재앙에 대해 어떻게 느꼈을까요? 어느 날 뜬금없이 각 집에서 초상이 납니다. 동물들도 죽어갑니다. 나는 무엇을 느꼈을까요? 이스라엘 자손에 대해, 그리고 그들이 섬기는 여호와 하나님에 대해 어떤 감정을 품게 되었을까요? 이집트인의 입장에서 그들의 왕 파라오(바로)는 어떤 존재로 다가왔을까요?

야곱에게는 12명의 아들과 한 명의 딸이 있었습니다. 내가 야곱에게 사랑받는 요셉과 베냐민이 아니라, 차별당하고 무시당하던 다른 아들이었다면, 나는 아버지 야곱에게 어떤 감정을 품을까요? 아버지에게서 남편의 사랑을 제대로 받지 못한 어머니를 둔 자식으로서 무슨 생각을 했을까요? 혹시 나는 저런 남편이 되지 말아야지, 저런 아버지가 되지 말아야지 하며, 이를 악물지는 않았을까요?

지금부터 주연급 등장인물이 아니라 조연 또는 보조출연자 아니면 대사 한 마디 없는 군중의 입장에서 성경을 대해 봅시다. 성경은 주인공에게만 주목하는 위인전기가 아닙니다. 사실 가나 혼인잔치에서 사건 현장의 주인공은 물 떠온 하인들이었습니다. 예수님은 그 이야기에서 보조출연자인 셈입니다.

요셉을 상인들에게 팔기 위해 주도적으로 움직였던 유다의 아들들 입장에선 삼촌 (또는 작은 아버지) 요셉이 어떻게 느껴졌을까요? 라헬의 아들인 요셉, 그의 자녀와 레아의 손주들 사이에는 또 어떤 감정이 자리했을까요? 아버지에게 해를 끼친 삼촌들이 염치 없이 이주해 더부살이할 때, 그 가족들을 바라보는 요셉 아들들의 감정은 어땠을까요?

여기서 중요한 것은, 자기 자신을 이른바 착한 배역에만 대입하지 말고. 악역을 맡아보는 것입니다. 가인이 되어 그의 심정을 느껴보고, 가룟 유다가 되어 그의 후회를 헤아려보는 것입니다. 또 여자는 남자 배역을, 남자는 여자 배역을 해봅니다. 이것은 일종의 역할극이라 부를 수 있겠지요. 밋밋한 성경 읽기를 생동감 있는 성경 읽기로 만들어줄 것입니다.

사마리아 수가 성 여인이 등장하는 요한복음 4장 이야기를 봅시다. 짧은 본문에서 제공하는 단서들을 최대한 살려내는 것이 중요합니다. 자신을 보호해줄 수 없는 남자와 살고 있는 여인, 이미 다섯 명의 남자를 만났고, 버림받았던 여인은 남자에게 어떤 감정을 느꼈을까요? 그녀의 입장에서 생각한다면 이 여인이 피하고 싶은 영역들을 짚어내고, 새로운 관점으로 이야기를 펼쳐볼 수 있을 것입니다.

자신이 선택하지 않았지만 아버지의 속임수로 한 남자와 결혼하게 된 여인이 있습니다. 남편 야곱의 사랑을 받지 못한 레아의 이야기입니다. 레아를 중심으로, 레아의 입장에서 야곱을 이야기할 수도 있습니다. 더 나아가 레아의 삶을 자기 입장에서 다시 써보는 것은 어떨까요?

때로는 자기 변명을 할 수도 있고, 때로는 어떤 누군가에 대한 분노와 억울함을 표현해볼 수도 있을 것입니다.

어린 이삭과 청소년기를 맞은 이스마엘의 감정은 어땠을까요? 남편 야곱의 사랑을 제대로 받지 못한 엄마 레아에게서 태어난 르우벤 역시 아버지의 관심을 제대로 받지 못했을 것입니다. 그는 가정에 대해 무엇을 말하고 싶을까요? 르우벤의 입장에서 행복한 가정, 건강한 가정, 균형 잡힌 아버지에 대해 이야기할 수도 있겠지요.

여기서 한걸음 더 나아가 여러분이 쓴 글을 다른 사람들과 나눠보는 것도 도움이 될 것입니다. 혼자서 표현하는 것에서 멈추지 않고 모듬(조)으로 모여 함께 발표해보면, 성경 속 등장인물의 처지를 더욱 다양한 입장에서 바라보고 섬세하게 느끼게 될 것입니다.

주변 상황을 살펴라

등장인물을 일인칭으로 살펴볼 때, 어린 나이인지 젊은 때인지 아니면 노년기인지 고려해야 합니다. 성경의 등장인물에게도 생로병사가 있기 때문입니다. 천사와 씨름하던 때의 야곱의 나이는 97세가 넘었습니다(야곱은 77세에 하란으로 갔고, 20년이 지나 하란을 떠났기 때문입니다. 야곱이 77세에 하란으로 갔다는 것은, 야곱이 애굽에서 39세의 요셉과 재회했을 당시의 나이가 130세로 두 사람의 나이 차가 91세가량이고, 야곱이 하란에서 낳은 막내아들이 요셉이라는 사실에서 역산해 짐작할 수 있습니다). 그 나이의 노인네가 샅바 씨름하듯 천사와 힘겨루기를 하진 않았을 겁니다. 그저 천사의 바짓가랑이를 붙잡고 겨우겨우 버티고 늘어져 몸부림쳤을 겁니다.

한편 신방을 차린 야곱은 합방한 후 다음날 아침이 되어서야 신부가 바뀐 것을 알았습니다. 무뎌도 이렇게 무딜 수 있을까 의아하게 생각한 적이 있었습니다. 그런데 그의 나이를 생각해보면 이해가 됩니다. 하란으로 도망치던 시절 야곱의 나이는 77세였습니다. 라헬과 결혼하려고 7년을 일했습니다. 지참금을 노동력으로 제공한 것입니다. 당시 결혼을 약속하면 신방을 차리기까지 지참금을 지불하는 과정이 있었습니다. 야곱은 그렇게 7년을 보내고 신방에 들어갔습니다. 그때의 메소포타미아 지역에서의 결혼 잔치는 나름대로 성대했습니다. 일주일 안팎을 밤마다 잔치를 했습니다. 신랑이 언제 하객들의 손에서 풀려나 신방에 들어올는지 신부도 신랑도 몰랐습니다. 신부는 마냥 밤마다 들러리들과 기다려야 했습니다. 야곱은 낮과 밤 할 것 없이 여러 날을 시달렸을 것입니다. 아마도 신방에 들어서자마자 지친 야곱은 깊은 잠에 빠져들었을 것입니다. 신부의 얼굴을 볼 틈도 없었겠지요. 여러분이 그였다면 어땠을까요?

이번에는 아브라함이 이삭을 잡아 죽이려고 칼을 빼들었을 때로 가볼까요. 내가 이삭이었다면 나는 아버지에게 어떤 감정을 느꼈을까요? 이삭은 그 사건 이후에 아버지 아브라함을 어떻게 대했을까요? 트라우마가 생기진 않았을까요? 성경이 불친절하다고 생각했다면 이제 다르게 생각해보십시오. 성경이 등장인물의 감정을 직접 묘사한다면 성경을 읽는 이들이 사건에 참여하는 폭이 좁아질 수밖에 없습니다. 스스로 그 이야기에 참여할 자리가 줄어들기 때문입니다.

공감하며 성경 읽기

이스마엘의 편지 · · · 우리들이 창세기의 조연급으로 간주하는 인물 가운데 이스마엘이 있습니다. 이스라엘은 배다른 동생 이삭과 계모 사라에 대해 어떤 감정을 갖고 있었을까요? 사라의 구박을 받고 들판으로 쫓겨난 이후 이스마엘은 더욱 그들에게 불쾌함과 적대감을 갖게 되었을 것입니다. 사라는 자기를 구박하고, 그의 어머니 하갈을 못살게 군 장본인이기 때문입니다. 그렇다면 이스마엘은 아버지 아브라함에게는 어떤 감정을 갖고 살았을까요?

여러분이 이스마엘이 되어 아버지 아브라함에게 편지를 써보는 것은 어떨까요? 그러기 위해선 성경에서 이스마엘을 어떻게 설명하는지 먼저 알아야겠지요. 이스마엘이 처해졌던 상황에 대한 객관적인 정보와 정황을 파악해야 합니다. 그런 다음 이스마엘의 처지에서 그가 겪은 사건과 정황들을 떠올려봅니다. 어떤 감정을 갖게 되었을까요? 사라에 대해, 아브라함에 대해 그리고 동생 이삭에 대해 이스마엘은 무엇을 생각했을까요? 그에게 아브라함의 하나님은 공평한 분으로 느껴졌을까요?

과부 

두 렙돈 넣은 여인

헌금을 강조할 때나 모범적인 헌금자의 삶을 소개할 때, 자주 소개되는 인물이 있습니다. 바로 두 렙돈을 바친 한 과부입니다. 과부의 이야기를 조금 살펴보도록 하겠습니다.

> 예수께서 가르치실 때에 이르시되 긴 옷을 입고 다니는 것과 시장에서 문안 받는 것과 회당의 높은 자리와 잔치의 윗자리를 원하는 서기관들을 삼가라. 그들은 과부의 가산을 삼키며 외식으로 길게 기도하는 자니 그 받는 판결이 더욱 중하리라 하시니라. 예수께서 헌금함을 대하여 앉으사 무리가 어떻게 헌금함에 돈 넣는가를 보실새 여러 부자는 많이 넣는데 한 가난한 과부는 와서 두 렙돈 곧 한 고드란트를 넣는지라. 예수께서 제자들을 불러다가 이르시되 내가 진실로 너희에게 이르노니 이 가난한 과부는 헌금함에 넣는 모든 사람보다 많이 넣었도다. 그들은 다 그 풍족한 중에서 넣었거니와 이 과부는 그 가난한 중에서 자기의 모든 소유 곧 생활비 전부를 넣었느니라 하시니라. 예수께서 성전에서 나가실 때에 제자 중 하나가 이르되 선생님이여 보소서. 이 돌들이 어떠하며 이 건물들이 어떠하니이까. 예수께서 이르시되 네가 이 큰 건물들을 보

느냐. 돌 하나도 돌 위에 남지 않고 다 무너뜨려지리라 하시니라(막 12:38-13:2).

과부 이야기

예루살렘 외곽, 더 이상 내다팔 것도 남지 않은 텅 빈 그녀의 집안, 생활비를 넣어둔 단지에는 겨우 두 렙돈짜리 동전 하나뿐이었습니다. 오늘 아침도 옆집 아주머니 덕에 배를 채웠습니다. 이웃들의 도움과 구제 헌금으로 간신히 하루하루를 살아가고 있던 터였습니다. 남편도 잃었습니다. 자녀도 없습니다. 율법가들은 그런 그녀를 두고 지은 죄가 있기 때문이라 말합니다. 물질이 있는 곳에 마음이 있다고, 물질을 드림으로 하나님의 마음을 감동시켜서 복을 누려야 한다고 가르칩니다. 그녀는 하나님을 섬기고 싶었습니다. 그러나 하나님께 넉넉하게 드릴 돈은 없었습니다. 어디에도 기댈 곳 없는 과부 신세로, 가난을 벗어나기란 불가능한 것 같습니다. 이방 여인으로 다윗의 조상 오벳의 어머니가 된 룻처럼 이삭을 주으러 다녔지만 보아스처럼 후덕한 지주는 찾기 어려웠습니다. 밭에는 주울 이삭이 남아 있지 않았습니다. 그나마도 요즘 밭주인들은 이삭을 죄다 훑어가기 때문입니다. 각박해진 인심은 다 로마 놈들 때문입니다. 다양한 세금과 구실로 가진 것을 몽땅 털어들 가니, 지주들도 한 줌의 이삭이라도, 더 챙겨야 먹고 살 수 있는 모양입니다. 밭주인들은 추수 후에도 몇 번씩 떨어진 이삭을 주워갔습니다.

두 렙돈이라는 화폐

그녀에게 단 하나 남은 두 렙돈. 참 초라한 동전입니다. 지름 1.5센티미터, 무게는 2그램 정도, 당시 유통되던 로마 황제의 이름과 얼굴이 그려진 돈에 비하면 화폐 가치는 형편없습니다. 두 손가락으로 집어 들면 동전이 보이지도 않습니다. 이 동전으로는 참새 한 마리는커녕 떡 한 조각 살 수 없습니다.

하지만 처음 만들어졌을 당시 두 렙돈은 그 정도 가치의 돈이 아니었습니다. 한쪽 면에는 "*BASILEWS ALEXANDROU*", 즉 '알렉산더(얀네우스) 왕'이라고 적혀 있고 능력과 힘을 상징하는 배의 키 그림이 있습니다. 반대쪽 면에는 히브리어로 '여호야단 왕'이라 쓰여 있고 태양 무늬가 그려져 있지요. 여호와 하나님께서 우리 인생의 키가 되시고 빛이 되신다는 사실을 두 렙돈 동전은 다시 한 번 일깨워줍니다. 이 동전은 마카비 왕조의 위대한 알렉산더 얀네우스 왕의 통치 시기에 만들어졌습니다. 그는 다윗 같은 존재였지요. 왕이자 제사장이었던 얀네우스가 다윗 왕조의 영광을 거의 회복했던 하누카 축제가 제정되고 이스라엘의 위상을 드러내보였던 그 시절의 역사를 간직하고 있는 귀중한 유산이었기에 환율로 따질 수 없을 만큼 가치 있는 돈이었습니다.

그러나 로마가 그러한 렙돈의 가치를 형편없이 떨어뜨렸습니다. 정치적인 의도로 화폐를 유통시키면서 렙돈은 푼돈이 된 것이지요. 유대 민족의 자존감과 기상을 땅에 떨어뜨리려는 의도였습니다. 로마는 가이사의 통치에 유대 민족이 납작 엎드리길 지속적으로 강요했고, 그래서 현실은 더없이 암울했습니다. 백성들의 지도자도 제사장들도 성전 종교의식도 어느새 물질이 지배하게 되었습니다.

그런 시대에 구제 목적으로 봉헌된 돈을 그녀에게 전해주러 올 때마다 성전 제사장들은 그녀를 못마땅하게 바라보았을 것입니다. 그들은 여인이 자신의 몫을 가져가는 것처럼 느꼈을지도 모릅니다. 그래서 여인에게 "하나님께 받기만 하고 드리지 않으면 죄를 벗을 길이 없소" 따위의 말을 내키지 않는 목소리로 내뱉었겠지요.

여인의 뜰

여인이 두 렙돈을 들고 예루살렘에 도착했습니다. 성전 안 여인의 뜰에는 이방인과 유대 남성들도 자유롭게 돌아다닐 수 있는 곳이었습니다. 벽을 따라 13개의 연보궤가 늘어서 있고 각각 그 용도가 정해져 있었습니다. 처음 두 개는 성전세를 내는 용도입니다. 올해의 성전세는 첫 번째 연보궤에, 작년 성전세는 그 옆 연보궤에 넣는데 남자들만 반 세겔씩 내는 것이라 여인과는 상관이 없었지요. 세 번째와 네 번째는 출산 후 정결예식을 위해 드리는 산비둘기 값과 어린 반구 값을 넣는 연보궤로, 세 번째 연보궤 앞에 서 있는 여인이 네 번째 연보궤 앞에 서 있는 여인보다 집안 형편이 좀 더 나은 것을 뜻합니다. 어디에 서 있느냐만 봐도 사회 계층이 딱 가늠되는 치밀한 시스템이지요. 다섯, 여섯, 일곱 번째는 각각 성전 목재 비용, 분향단의 향, 성전 금그릇을 위한 연보궤입니다. 용도에 맞게 넣으면 됩니다. 여덟 번째는 남자들의 속죄제를 위해, 아홉 번째는 남자들의 속건제를 위한 헌금함입니다. 여기까지는 지정헌금으로 납부 증명서를 발급해줍니다.

그러나 과부 여인과는 모두 상관없는 것들입니다. 이곳은 '여인의 뜰'이라는 이름과는 달리, 남자들이 북적대고 여기저기서 동전 떨어지는 소리며 영수증 확인하는 소리로 시끄럽습니다. 나팔 모양의 놋쇠로 만든 연보궤에 동전을 넣으면 아래로 떨어지면서 나팔이 울려 퍼졌습니다.

나머지 네 개의 연보궤는 영수증 발급이 안 되는 자유헌금이나 특별헌금을 위한 것입니다. 비둘기 값은 열 번째 함에, 나실인 서원 헌금은 열한 번째 함에, 나병 치유 감사헌금은 열두 번째 함에 넣고, 그 외 각종 자원헌금은 마지막 열세 번째 함에 넣으면 됩니다. 여인의 두 렙돈은 비둘기 값도 안 되고 나실인이나 나병과도 상관없으므로, 열세 번째 연보궤에 넣으면 됩니다. 여인의 옆에 잘 차려 입은 남자가 거들먹거리며 연보궤에 커다란 동전을 넣고 여인을 아래 위로 훑으며 코웃음 치고 지나갔을지도 모르겠습니다.

저 여인이 가장 많이 넣었다 · · · 여인은 제사장 몇 사람과 성전 회계를 맡고 있는 이들의 시선을 오랫동안 느꼈을 것입니다. 그들은 성전에 드려진 돈으로 고리대금업을 하는 악한 자들이었습니다. 동전 떨어지는 소리만 듣고 단박에 견적 내는 '달인'이기도 하고요. 여인의 조그만 두 렙돈 동전이 나팔궤 속으로 들어갔을 때, 팅, 팅, 팅그르르 하는 경쾌하지만 가냘픈 소리가 들리십니까? 더 드리지 못하는 형편만으로도 고통스러운데, 하나님의 진노를 살 짓이라고 율법을 들이대는 자들 앞에서 여인의 고통은 어떠했을지 생각해봅시다. 그리고 어떤 기도를 했을지도 생각해봅시다.

"빛이신 하나님, 이스라엘의 하나님! 제가 드리는 두 렙돈을 보시고, 이스라엘의 영광을 기억하시고 다시 회복시켜주세요. 로마 제국 권력에 빌붙어 장사꾼이 되어버린 저 제사장들을, 다시 하나님을 두려워하는 사독 계열의 신실한 제사장들로 회복시켜주세요. 못살겠습니다, 하나님. 로마 놈들 때문에, 제사장들 때문에, 살인적 물가 때문에, 죄다 팍팍해진 인심 때문에, 가난 때문에, 정말 죽고만 싶습니다. 언제 이스라엘이 회복되고 성전 제사의 회복이 이뤄지겠습니까?" 이런 기도를 드리지 않았을까요?

여인의 뜰을 빠져나오는 그녀의 귓가에 "저 여인이 가장 많이 넣었다"라는 한 사람의 소리가 들렸을지도 모릅니다.

인물

등장인물 분석하며 다시 읽기

성경에서 구절과 구절 사이에 있는 여백 또는 행간을 읽어내는 것이 중요합니다. 성경 저자는 독자들이 지닌 공감대나 공공연한 사실을 굳이 언급하지 않습니다. 성경에서 저자가 등장인물의 말과 행동에 대해 착하다, 나쁘다, 옳다, 그르다 등을 판단하는 것을 보류할 때가 많습니다. 다만 그들의 말과 생각, 행동을 단순하게 서술하고 있습니다. 때로는 이를 배제하거나 침묵함으로써 '여백'을 두는 경우가 많습니다. 그러므로 성경은 씌어 있는 것만이 전부가 아닙니다.

다윗과 밧세바의 스캔들 본문에도 많은 여백이 있습니다. 왕들이 전쟁하러 나갈 때가 되었는데, 왜 용사였던 다윗은 전쟁터에 나가 있지 않았을까요? 밧세바는 성경에 갑자기 등장하는데 그전까지 다윗은 정말 밧세바를 전혀 알지 못했는지도 궁금합니다. 그들은 어떤 동기로 부적절한 관계에 빠져들었는지, 밧세바는 왜 저녁 시간에 몸을 씻고 있었는지 등 여러 의문이 생깁니다.

여기서의 여백은 공감된 사실을 바탕에 둔 것입니다. 독자와 저자 사이에 형성되어 있었을 그 공감의 영역을 복원하는 것은 역사적 해석과 인물들의 삶의 정황에 대한 연구를 필요로 합니다. 이런 점에서 본문을 자세히 읽기, 공감적 성경 읽기, 다면적 성경 읽기가 필요한 것입니다.

모호함이라는 여백

우리는 인물의 외모나 조건, 내면, 등장인물의 말과 행동을 통해 그들의 품성을 알 수 있습니다. 그러나 성경 속 문장에서 인물에 대한 직접적인 묘사와 평가를 거의 볼 수 없습니다. 성경은 담담하게 현장을 보도하고 있을 뿐입니다. 우리가 그 인물을 규정하는 방법은 다양합니다. 전형적이냐 개성적이냐, 동적이냐 정적이냐, 주연이냐 조연이냐, 옳은 자냐 반란자냐 등 여러 가지 기준을 가지고 평가할 수 있습니다.

사무엘하 11장에는 다윗을 비롯하여, 밧세바(또는 그 여인, 5절) 그리고 다윗이 보낸 사람(3절)과 전령(4절), 밧세바가 보낸 사람(5절)이 등장합니다. 누가 주연이고 누가 조연이며, 누가 배경의 일부로 묘사되고 있을까요? 차근히 관찰하면 여기서 특이한 인물을 찾을 수 있습니다. 전령입니다. 바로 전령의 활동 무대는 전쟁터로 그곳의 사령관과 본국 왕이 메시지를 주고받도록 돕는 인물입니다. 그런 그가 다윗의 일탈적 일상사 무대에서 언급되고 있습니다.

성경에는 다윗의 행동에 대한 도덕적 평가가 없습니다. 중립적 태도를 보여주고 있습니다. 어떤 경우에는 인물의 외모나 심리상태 조차 노출하지 않습니다. 당연히 감정이나 기분도 묘사되지 않을 때가 많습니다. 인물의 말과 행동을 통해 간접적으로 서술하고 있을 뿐입니다. 이것은 모호함을 안겨줍니다. 이를 통해 독자들은 분문의 여백을 채울 수 있습니다.

성경을 이해하는 묘사

몇 가지 특징적인 묘사에 주목해봅시다. 그 가운데는 아이러니와 대조가 있습니다. 암몬 왕국과 전쟁 중인데, 용사 출신의 다윗은 전쟁터가 아닌 궁에 한가롭게 머물고 있다는 묘사가 있습니다. 이것은 과거 다윗의 행동과 대조를 이루며, 동시에 그리고 그를 아이러니한 인물로 비춰줍니다. 독자에게는 전쟁 상황을 궁금하게 하면서, 다윗의 사생활에 얽힌 이야기를 들려줍니다. 결국 저자가 판단하지는 않지만 이런 묘사는 독자로 하여금 다윗의 변모한 성품에 대한 힌트를 제공합니다.

다윗은 그밖에도 몇 가지 지점에서 대비를 이루고 있습니다. 군사작전에 등장할 전령(4절)을 자신의 사사로운 목적을 위해 보내고 있습니다. 다윗은 전쟁터가 아니라, 전쟁터에서 싸우고 있는 용사의 아내와 불륜하는, 패역한 전쟁을 치르고 있었던 것입니다. 다윗의 전쟁과 이스라엘의 전쟁이 대비되고 있는 것입니다. 다른 하나는 용사로서의 다윗의 이미지가 사라지고, 무력해진 모습이 교차되는 것입니다.

그리고 또 다른 전쟁이 존재하고 있습니다. 바로 다윗과 밧세바의 전쟁입니다. 그것에는 반전이 담겨 있습니다. 성경에는 그 부분이 여백 또는 여지로 남겨져 있으니 지금까지의 대조와 아이러니를 발판으로 보다 적극적으로 이 사건에 참여할 수 있습니다.

공감하며 성경 읽기

요셉의 복잡한 심리 · · · 드라마나 영화로 만든다면 섬세한 내면 연기가 담긴 복잡한 심리 묘사가 필요한 경우는 요셉이나 야곱, 밧세바를 예로 들 수 있습니다. 그 가운데 요셉의 경우를 살펴봅니다. 몸뚱아리 하나로 노예 신분에서 한 제국의 최고 권력자가 되기까지 요셉은 파란만장한 삶을 살았습니다. 이에 못지않게 그의 심기도 복잡했습니다. 그는 어지간해서 속마음을 드러내지 않았습니다. 누군가에게 트집 잡힐 말이나 행동을 하지 않았습니다. 아니, 성경 저자는 그의 내면을 묘사하지 않았습니다. 그런데도 일부 드러난 그의 심리는 요동치고 있습니다. 한 장면을 따라가 보겠습니다.

베냐민과 그 형제들 그리고 야곱을 다시 만난 요셉에 대한 성경의 묘사는 굉장히 섬세합니다. 그리고 그 마음의 복잡함이 드러납니다. 창세기 45:8절을 먼저 읽어보세요. 우리가 잘 알고 있는 요셉의 고백이지요. 이 고백을 하던 요셉의 심리 상태는 어땠을까요?

45:14-15의 재회 장면과 43:10-11에 나타나는 베냐민의 감정도 함께 느껴보기 바랍니다. 아버지 야곱을 다시 만나는 장면을 묘사하는, 창세기 49:29에서는 요셉의 어떤 감정을 발견할 수 있나요?

이보다 앞서서 베냐민을 제외한 그의 이복형들을 만나는 장면(창 42장)에서 왜 요셉은, 그 형들에게 애꿎은 누명을 씌우고, 감옥에 3일씩이나 가둬두었을까요?

"요셉이 혹시 우리를 미워하여 우리가 그에게 행한 모든 악을 다 갚지나 아니할까"(창 50:15) 염려한 이복형들의 마음 상태는 어땠을까요? 베냐민에 대한 애타는 사랑의 마음을, 그 이복형들에 대한 분노와 애증이 느껴지지 않나요?

감정

감정 넣어 성경 읽기

라디오 연속극을 듣다보면 성우들의 목소리 연기와 효과음에 힘입어 이야기 속 무대에 내가 서 있는 것과 같은 느낌이 들곤 합니다. 성경의 인물도 감정을 담아 이야기를 나누고 있습니다. 직접적이진 않지만 감정을 헤아릴 수 있는 정보들이 들어 있습니다. 그런데 우리는 차분한 표정과 어조로 그들의 대사를 읽고 있습니다. 성경이 쉽게 다가오지 않거나 오해하는 이유는 이 때문입니다. 성경 이야기를 듣고 읽는 이들이 미루어 넉넉하게 생각하고, 감정을 느낄 수 있는 풍성함이 그 안에 이미 담겨 있는데도 말입니다.

- (예수님께서 어머니 마리아에게) 여자여 당신과 나와 무슨 상관이 있나이까(요 2:4).
- (귀신들린 이들이 예수님을 향하여) 하나님의 아들 예수여 나와 당신이 무슨 상관이 있나이까(막 5:7).
- (한 선지자가 전쟁의 승패에 대해 자문을 구하러 온 유다와 이스라엘 왕에게) 내가 당신과 무슨 상관이 있나이까(왕하 3:13).

위의 인용 구절에 감정을 넣어 읽어봅시다. 세 가지 문장은 어떻게 구별할 수 있을까요? 어머니께 묻는 말은 관심을 가지며 표현한 말로, 선지자의 말은 통명스러운 목소리로, 귀신들린 자의 말은 공포와 분노와 역겨움이 섞인 목소리일 것입니다.

성경, 감정이 살아 있는 책

성경은 우리에게 동의를 구하기보다 풍성한 감정을 갖고 다가오기를 원하는 것 같습니다. 성경에는 바울 서신과 같은 편지글도 있지만, 시를 포함해 이야기 형식의 본문이 더 많습니다. 드라마나 영화를 보며 주인공에게 공감하거나 주인공과 대립하는 또 다른 인물에 대해 미움이나 역겨움 또는 반감을 드러내기도 하는 것처럼 성경도 마찬가지입니다.

요한복음 21장에서 예수님과 베드로가 만나는 장면은 어떨까요? 갈릴리 호수는 예수님과 베드로 사이에 수많은 추억이 담긴 현장이었습니다. 당시 베드로의 머릿속에는, 예수님을 처음 만났던 순간부터 둘 사이에 오고갔던 많은 이야기들이 지나갔을 것입니다. 베드로는 자신의 생업을 접고 예수님을 따랐던 순간을 기억했을 겁니다. 밤새도록 고기를 잡고자 했지만, 잡은 것 없이 지친 몸으로 아침을 맞이했을 때였습니다. 베드로의 눈시울은 점차 붉어졌겠지요. 고통당한 예수님을 부인했던 일까지 떠오르면서 그의 감정은 복잡해졌을 것입니다. 이런 앞뒤 맥락을 떠올리면서, 요한복음을 다시 읽어보면 다른 느낌을 갖게 될 것입니다.

이처럼 사람과 사람의 소통에는 말보다 감정 나눔이 더 중요할 때가 많습니다. 말보다 말투와 몸짓이나 표정과 분위기가 더 깊은 뜻을 전해주기 때문입니다. 감정 넣어 성경 읽기는 크게 다음과 같이 등장인물의 감정 상태를 정리해볼 수 있습니다. 이것은 심리 상태와는 다른 것입니다. 크게는 기쁨과 즐거움, 슬픔과 아픔, 분노, 두려움, 사랑, 미움과 같은 감정입니다. 이 감정 상태와 더불어 그 감정을 표출하는 등장인물의 상황을 떠올려보는 것이 중요합니다. 아픔을 삭이는 인물과 아픔을 격정적으로 드러내는 이가 있기 때문입니다. 감정을 삭이느라 입술을 악 물기도 합니다. 즐거움을 잔잔하게 미소로 표현하는 인물도 있지만, 크게 무릎을 치고 큰 몸짓으로 그 즐거움을 드러내는 경우도 있습니다. 분노로 인해 온몸을 부들부들 떨며, 얼굴이 벌겋게 달아오르는 경우도 있듯이, 성경 속 등장인물들도 다양한 감정을 다양한 방식으로 드러내고 있습니다.

따라서 다양한 감정이 내포된 표정, 몸짓과 말투가 어우러진 성경 인물들의 현재 상태를 공감하며 읽어내는 것이 중요합니다. 그들의 감정 상태가 어떠한지, 말투 속에 담긴 미묘한 감정이 어떤 것인지 알려고 노력할 때, 공감하며 성경 읽는 맛을 깊이 느낄 수 있습니다.

호감 비호감 느끼기 · · · 가장 친한 인물, 혹은 함께 있기 불편한 인물을 떠올려보세요. 그 인물에 대한 정보가 먼저 머릿속에 떠오르나요? 아니면 온 감각으로 그 표정과 말투와 냄새와 몸짓과 촉감이 느껴지나요? 그런데 묘한 것은 그 어떤 인물과 비슷한 느낌 때문에 나와 전혀 무관한 인물에 대해서 거부감 또는 호감을 갖는 경우가 있다는 것입니다.

누군가를 만나면서, 어딘가를 여행하면서 나와 이전에 어떤 관계도 없던 대상이 호감, 비호감으로 다가올 때가 있습니다. 내가 싫어하는 어떤 소리와 비슷하거나 그 냄새가 연상되거나 표정이나 모양이 비슷하기 때문입니다. 경험은 나의 행동과 감정, 느낌에 영향을 주는 것입니다. 우리는 일상의 어떤 대상이나 인물, 장소에 얽힌 감정과 추억에 영향을 받는 것입니다.

예수님의 제자들도 저마다의 호감, 비호감 대상이 있었을 것입니다. 젤롯당(열심당)이었던 가룟 유다에게는 누가 호감, 비호감 대상이었을까요? 복음서에 주로 등장하는 인물들을 떠올리면서, 호감, 비호감 대상을 정리해보고, 그 이유를 떠올려보기 바랍니다. 그 각각의 대상에 대한 호감, 비호감의 감정을 떠올려보고, 성경 속 대사를 다시 읽어보기 바랍니다.

2 시대정신과 시대의 창으로 공감하기

스마트폰이 필수품으로 사용되는 요즘입니다. 이런 시대를 사는 여러분에게, 이동전화 없이 사는 하루는 상상할 수 없겠지요? 인터넷이 없는 세상은 어떨까요? 낯설게 느껴질 것입니다. 그런데 가만히 생각해보면, 지금 우리에게 익숙하고 필수적인 것들은 역사가 굉장히 짧습니다. 얼마 전까지만 해도 상상할 수 없었던 것이지요. 하지만 우리는 스마트폰이나 인터넷이 원래부터 존재했던 것처럼 쓰고 행동하지요.

우리는 삼국시대는 아주 먼 이야기로 생각하면서 구약시대, 신약시대는 너무 가깝게 느낍니다. 마치 그 인물을 우리와 다르지 않은 현대인으로 오해하기도 합니다. 하지만 그 시대는 우리의 사고방식으로 이해할 수 없는 것들이 많았습니다. 우리는 지금 성경을 읽고 있지만, 성경에 기록된 내용은 오래전에 하나님께서 보여주고 말씀하신 것의 기록입니다. 그래서 과거로의 시간 여행이 필요합니다. 어떤 옷을 입었는지, 어떤 신을 신었는지, 어디에서 어떤 집에서 어떻게 살았는지, 무엇을 마시고 무엇을 먹었는지 머릿속에서 성경을 시각화하는 것이 중요합니다.

그런 연습을 하는 데 영화나 드라마, 삽화가 많은 그림책 등이 요긴합니다. 특별히 로마 제국 초기를 무대로 한 영상을 접하는 것도 좋은 방법이지요. 이런 영상 자료, 시각 자료를 이용해 복음서의 등장인물들에게 옷을 입혀보고 신을 신겨보고, 집을 만들어보고, 집안을 꾸며보는 것입니다. 그리고 거리에 오가는 사람들의 표정과 말과 수레와 나귀와 여러 종류의 타는 기구들을 배치해보는 것입니다. 이런 고민들을 알차게 하다보면 성경 사건이 눈앞에 분명한 모습으로 그려지게 될 것입니다.

역사적 사실에 바탕을 둔 드라마와 영화, 다큐멘터리는 어떻게 재현되는 것일까요? 역사적 사실에 대한 명확한 이해를 갖추고, 사건 현장에 대한 구체적인 연구와 조사를 한 작가(또는 기자)의 수고로 대본이 나옵니다. 그리고 훌륭한 감독을 통해 그리고 연기력이 살아 있는 배우들의 수고와 스태프들의 감각적인 재현 작업을 통해, 드라마 대본이 우리에게 입체적으로 재현됩니다. 그런데 성경은 그 반대 순서입니다. 입체적으로 일어난 사건이, 저자의 수고를 통해 성령의 도우심으로 문자에 담겨졌습니다. 그 이후 성경을 읽어주는 교회의 지도자를 통해, 성경을 듣는 이들이 있었습니다. 당시 이들이 성경 이야기를 입체적으로 느꼈던 것, 그것이 우리가 지금 읽고 있는 성경입니다. 이런 점에서 성경은 현장 르포인 것이지요.

이미 확인한 것처럼, 성경 사건들도 시공간에서 빚어진 것입니다. 시대정신으로 읽어나가면, 공감되는 부분들이 많습니다. 문제는 어떻게 동시대성, 그때 그 자리의 이해를 갖고 성경 본문을 읽느냐 하는 것입니다. 시대정신을 담아서 나사로 부활사건과 삭개오와의 만남, 예수님의 마지막 유월절에 얽힌 소재를 다뤄보고자 합니다.

성경 인물은 시대의 창입니다. 그들의 움직임을 따라가면서, 그들이 살고, 만나고, 겪었던 그 시대의 일상을 엿볼 수 있습니다. 시대를 공감하며 성경을 읽기 위해서는 창이 필요합니다. 그 오래된 과거의 이야기, 그것도 이 땅이 아닌 저 멀리 중동 지역에 자리한 그 땅의 이야기를 듣는다는 것은 쉽지 않습니다. 성경 인물들을 마치 위인으로 보면서 우리도 그들을 본받아 살자, 그러면 하나님의 복을 누린다는 식으로 생각하는 사람들도 많습니다. 이것이 잘못된 것일까요? 물론 옳다 그르다 평가할 일이 아닙니다. 그렇지만, 아쉬운 성경 읽기가 될 것입니다.

창의 기능이란 창 자체만 주목하는 것이 아니라, 창을 통해 밖과 안을 들여다보게 돕는 것입니다. 에스더, 느헤미야, 에스라, 예레미야, 이사야를 비롯한 특정 인물만 주인공으로 생각하는 것이 아니라 그들과 더불어 그 시대를 살던 이들의 일상에 주목하는 것이 창의 기능이라 할 수 있습니다. 누군가의 성공담에 주목하는 순간, 우리는 그 시대의 일상을 살던 평범한 이들을 외면하게 된다는 것을 주의해야 합니다.

다음으로 생각할 부분은 하나님은 그 일상을 살던 이들의 일상의 자리에 보이지 않는 자로 존재했다는 것입니다. 창의 기능은 주인공이 아닌 인물들에 주목하고 더 나아가 그때 그 자리에 분명히 계시나, 대개의 경우 그 모습을 보여주시지 않는 하나님에게 주목하도록 돕는 것입니다. 우리가 아는 것처럼 에스더의 이야기는 하나님이 한 번도 직접 등장하지 않습니다.

성경 인물은 그 시대를 보게 하는 창입니다. 그들을 나와는 다른 위인이나 영웅으로 생각하는 순간, 그들이 살았던 치열한 일상은 묻히게 됩니다. 성경에 등장하는 각 인물들을 통해 그들이 그가 살고 있는 현실이 우리에게 더 가까이 다가오고, 그들이 만난 사람들과 사건들에 더 공감할 수 있습니다. 한류 문화로 인해, 특정 연예인의 외국팬들이 한국, 한국인, 한국 문화에 더 관심을 갖게 될 때, 그 특정 연예인은 '창' 역할을 하는 것입니다. 또다른 경우를 생각해볼 수 있습니다. 여러분의 가족이나 가까운 친구나 이웃이 해외로 나간 경우를 떠올려봅니다. 가족이나 이웃으로 인해 그가 살고 있는 땅과 그 지역 주민들에 대한 관심이 커지고 이해가 깊어진다면, 그 사람은 여러분의 창이 된 것입니다.

'창'의 역할을 하는 성경 인물들은 실제 인물도 있고, 예수님의 비유에 등장하는 가상의 인물도 있습니다. 시대의 창은 오늘 우리시대의 언어로 다시 표현한다면, 시대의 아이콘이 되기도 하겠지요. 사실 모든 성경 이야기에는 그 시대 배경이 직간접적으로 혹은 구체적이거나 두루뭉술하게 다 담겨 있습니다. 앞뒤 배경을 몰라서 오해하고, 그 특정 이야기를 절실하게 공감하지 못해서 놓치는 경우가 많습니다.

삭개오

예수 진영에 합류한 자

누가복음에 등장하는 삭개오 이야기에서 우리는 삭개오의 키에 주목하곤 합니다. 나무 위로 올라간 삭개오의 이미지는 시각적으로 아주 강렬해서 주일학교 설교 본문으로 많이 사용합니다.

> 예수께서 그 곳에 이르사 쳐다보시고 이르시되 삭개오야 속히 내려오라. 내가 오늘 네 집에 유하여야 하겠다 하시니 급히 내려와 즐거워하며 영접하거늘 뭇 사람이 보고 수군거려 이르되 저가 죄인의 집에 유하러 들어갔도다 하더라(눅 19:5-7).

하지만 이 이야기는 어린이용 동화가 아니었습니다. 당시 제자들이나 사람들에게 엄청난 논란과 혼란을 안겨준 사건이었습니다. 삭개오가 로마 제국을 위하여 이스라엘 백성들로부터 세금을 착취하는 세리장이었기 때문입니다. 그것도 당시 가장 힘이 센 여리고 지역의 세리장이었습니다. 예루살렘을 제외한다면 갈릴리 지역의 가버나움과 유대 지방의 여리고는, 가장 많은 세입을 올리던 노른자위 지역이었습니다. 그 지역의 세리장이라면 엄청난 부와 정치적 권력을 가지고 있었을 것입니다. 삭개오는 분명 로마 제국 아래서 평범한 이스라엘 주민들이 약하고 힘들게 살았던 팍팍한 삶과는 질적으로 다른 삶을 살고 있었을 겁니다. 유력한 종교 귀족들이나 세리장, 그리고 유력 인사들은 로마와의 공조를 통해 로마 밖의 로마 시민에 준하는 혜택과 부를 누릴 수 있었습니다.

그런데 예수님은 그런 매국노와 말을 섞은 것도 모자라 아예 그 집으로 들어간 것이었습니다. 이것은 제자들은 물론 예수님을 지지하던 이들과 예수님을 비난하던 이들 모두에게 당혹감을 안겨주는 일이었습니다.

여리고는 종려나무(대추야자)가 많은 도시였습니다. 종려나무가 늘어서 있는 여리고를 떠올려봅시다. 삭개오가 올라갔던 나무는 뽕나무입니다. 이 뽕나무는 돌무화과나무로 덩치가 아주 큰 나무입니다.

삭개오가 올라갔던 뽕나무도 생각해봅시다. 이 뽕나무는 마을 입구나 한복판에 자리하고 있는 정자나무를 떠올리면 도움이 될 것입니다. 이 큼지막한 나무 위로 삭개오뿐만 아니라 다른 사람들도 올라가 있었을지도 모릅니다. 그 무리를 보시던 예수님이 그중 한 사람을 지목하여 불렀습니다.

그것이 삭개오였습니다. 바로 삭개오는 혼자 있는 자신을 불렀을 때보다 사람들 틈에 있는 자신을 불렀을 때 더 당황했을 것입니다. 이것이 삭개오에게는 더 큰 충격이었을 것입니다.

삭개오가 가진 환경

예수님을 비롯한 등장인물들의 옷차림새를 살펴봅시다. 당시에 입은 옷으로 사회적 신분, 계층, 계급 등 거의 모든 것을 알 수 있었습니다. 예수님은 로마의 지배를 받던 식민지 서민이었습니다. 집안도 가난했고 직업도 변변치 않았습니다. 우리가 생각하는 붉은색 어깨띠를 두른 예수님은 사실적이지 않습니다. 그 옷차림새는 로마 제국 귀족에 가깝습니다.

그렇다면 삭개오의 외모는 어땠을까요? 그는 엄청나게 부자였습니다. 돈이 있었기에 거기에 걸맞은 권력도 누렸습니다. 로마 제국에서 권세를 가진 식민지 주민들도 로마식 문화를 향유할 수 있었습니다. 그의 옷차림새는 물론 신발과 몸에 바르고 뿌리는 향유조차 로마식이었을 것입니다.

그가 살던 집은 어땠을까요? 당시 최고 문화였던 로마식 건축양식으로 화려하게 잘 지어진 귀족풍의 집에 살았을 것입니다. 로마 문화를 지향하는 부유층의 집은 전형적인 로마 양식으로 꾸며져 있었습니다. 대리석 기둥은 물론 넓은 거실과 전망 좋은 발코니, 정원과 각종 맛난 음식들로 가득했을 것입니다. 여느 이스라엘 집안과는 전혀 다른 분위기였을 것입니다.

그런 그가 지금 뽕나무 위에 올라가 있습니다. 큼지막한 나무 위에는 이미 예수님에 대한 소문을 듣고 궁금해하던 사람들이 올라가 자리를 잡고 있었을 것입니다. 나무 위를 보시던 예수님이 그중 한 사람을 특별히 지목하여 불렀습니다. 그가 바로 삭개오였습니다. 이때 삭개오의 심장은 얼마나 떨렸을까요.

장안의 화제가 되었던 방문

이런 여러 가지 점을 감안하면 예수님께서 세리장 삭개오 집을 방문하는 일은 엄청난 논쟁거리였습니다. 그야말로 구설수였고 돌발행동이었습니다. 예수님의 이런 행동을 지켜보던 제자들의 심기는 불편했겠지요. "이 웬수같은 매국노 집에서 그냥 식사하시는 것도 아니고 머무시겠다고 하니 말이나 됩니까요?" 하며 삭개오 집으로 가는 중에 끊임없이 구시렁거렸을 겁니다.

제자들은 쉽게 삭개오의 집으로 발걸음을 들여놓았을 리 없습니다. 그도 그럴 것이, 예수님의 제자들 가운데는 이스라엘의 정치적 독립을 무력 항쟁을 통해서라도 쟁취하려는 이들은 물론, 정치적 이스라엘의 독립을 꿈꾸는 이들도 있었기 때문입니다.

한편 세리장 삭개오 측근들도 예수님과의 만남을 적극적으로 지지하지 않았을 것입니다. 정치적 모험으로 비춰질 행동이었기 때문입니다. 세리장의 지위를 유지하려면 대제사장의 후원이 필수적인데, 그들의 눈 밖에 난 인물을 만난다는 것 자체가 구설수에 오를 만한 일이기 때문입니다. 그럼에도 이 둘의 만남은 극적으로 이루어졌고, 그 만남이 가지고 온 결과도 곧장 드러났습니다. 삭개오 자신이 갖고 있는 부의 상당 부분을 환원해주겠다는 가히 혁명적인 조치를 스스

— 우리가 뽕나무라고 배워왔던 삭개오 이야기에 등장하는 나무의 바른 명칭은 돌무화과나무입니다.

로 취한 것입니다.

세리장 삭개오의 행동은 친로마 유대인들은 물론, 예수 지지자들이나 반로마 민족 진영 모두에게 큰 논란거리가 될 만한 사건이었습니다. 친로마 세력의 상징적인 존재인 여리고 세리장 삭개오가 예수님을 따르는 자가 된 것은, 제자들과 이 사건을 목격한 사람들, 나아가 이 소문을 듣게 된 수많은 사람들에게 충격을 주었습니다. 누구보다 정치 정세에 밝고 현실 감각이 뛰어났던 삭개오가 그 당시 세계를 실제적으로 호령하고 있던 로마 제국을 등지게 만든 건 무엇이었을까, 사람들은 두고두고 이 사건을 입에 올렸을 것입니다.

공감하며 성경 읽기

내가 예수의 제자였다면? · · · 이스라엘의 독립이 눈앞에 있다고 생각하며 예루살렘으로 향하던 제자들에게, 그들의 제거 대상이었을 삭개오의 집을 방문하겠다는 예수님의 언행은 커다란 골칫거리였을 것입니다. 반로마 거사를 위해 제거해야 할 대상인데도 오히려 그와 제휴를 하려는 것으로 보일 수 있기 때문입니다.

이 사건 현장에서 내가 예수님 제자였다면 어떤 입장을 취했을까요? 거부감 없이 모처럼 포식하겠다는 기대감으로 삭개오의 집에 들어갔을까요? 아니면 거칠게 예수님께 반기를 들었을까요? 내가 신뢰하고 존경하는 어떤 분이 이른바 공공의 적과 친하게 지낸다면, 그 인물에 대한 존경이 계속 유효할까요?

나사로

부활의 또 다른 의미

성경에 죽었다가 다시 살아난 사람 이야기가 있습니다. 그 주인공은 엘리야와 예수님이었습니다. 또 예수님이 죽은 자를 다시 살리시는 이야기도 있습니다. 그때 주인공은 나사로이지요. 무덤 앞에서 예수님은 나사로를 큰 소리로 부르셨습니다. "나사로야, 나오라" 하시는 예수님의 목소리는 마치 〈TV는 사랑을 싣고〉에서 찾고자 하는 이를 부르던 간절함과 단호함이 담긴 목소리 같지 않았을까요?

> 이 말씀을 하시고 큰 소리로 나사로야 나오라 부르시니, 죽은 자가 수족을 베로 동인 채로 나오는데 그 얼굴은 수건에 싸였더라. 예수께서 이르시되 풀어 놓아 다니게 하라 하시니라(요 11:43-44).

우리의 감각을 열어서 본문으로 들어가봅시다. 유월절 직전에 일어난 사건이므로 이 일은 봄철에 벌어진 상황입니다. 위 본문에서 시각적인 요소로 무엇에 주목할 수 있을까요? 우선 무덤, 나사로 등이 먼저 떠오릅니다.

우리는 이 장면에 대한 보편적인 이미지를 갖고 있습니다. '나사로가 석회암 무덤집(동굴)에서 살아 나왔으며, 그의 몸은 수족이 베로 동여져 있고, 몸에는 썩은 냄새가 나고 있다'고 생각합니다. 그런데 이 사건이 일어난 시기가 봄철이었다는 것을 생각하면, 또한 건조한 기후의 예루살렘 가까운 베다니의 형편을 고려하면, 그리고 시신을 안치하던 동굴 무덤의 시원한 실내 온도를 따진다면, 이 당시의 시신은 우리의 생각처럼 그렇게 쉽게 썩지 않았을 것입니다. 게다가 죽어 장사 치른 지 나흘밖에 지나지 않았습니다.

이 사건 속에서 우리는 어떤 냄새에 주목할 수 있을까요? 마르다의 "죽은 지가 나흘이 지나 벌써 냄새가 난다"라는 말이 어떻게 느껴지는가요? 그것은 시체 썩는 냄새라기보단 시체에 발라둔 몰약이 풍기는 냄새일 확률이 높습니다. 몰약에도 여러 종류가 있습니다. 부드러운 여성용 몰약도 있지만, 방부제용으로 강한 소독약 냄새가 나는 몰약도 있었습니다.

소리로 넘어가볼까요. 마리아와 마르다의 소리, 여기저기서 통곡하는 소리, 이후에 다시 살아난 나사로를 보며 환호하는 소리, 그리고 무엇보다도 "나사로야 나오라!" 외치셨던 예수님의 목소리도 있습니다. 예수님의 그 목소리에는 어떤 감정이 담겨 있었을까요?

나사로의 사정

당시 유대인들은 사람이 죽으면 당일 또는 늦어도 이튿날까지는 무덤에 안치해야 했습니다. 우리나라처럼 시신을 땅에 묻는 것이 아니라 동굴이나 돌벽 아래 안치했습니다. 그리고 고인의 몸에 향유를 발

—— 유대인들은 시신을 땅에 묻지 않고 동굴이나 돌벽에 안치했습니다.

라 부패할 때 나는 냄새를 최소화하고자 했습니다. 시신은 아마포 또는 세마포로 감쌌고요. 미라처럼 온몸에 붕대를 감지는 않았습니다.

사건 현장인 베다니는 예루살렘에서 30-40분 거리에 있는 그리 크지 않은 마을입니다. 그곳은 유대인 공동체에서 출교 가능성이 있는 이들이나 병자들이 제사장의 진단을 기다리는 특수한 마을이었습니다. 또한 병으로 인해 출교 조치되었던 이들이 자신들의 완치됨을 확인받고자 대기하는 곳이기도 했습니다. 우리나라의 한센병 마을처럼 격리된 지역을 떠올릴 수도 있겠지요. 이곳에서 예수님을 맞이했던 시몬이라는 인물도 나병환자 시몬(마 26:6; 막 14:3)이라고 불렸습니다. 그런 이유로 예루살렘에서 거리가 가깝지만 일반적으로 사람들이 잘 왕래하지 않는 마을이었습니다. 가난한 이들의 마을이었고, 삶의 회복을 꿈꾸는 이들의 작은 도시였습니다.

나사로의 부모가 누구였는지, 그 이름도 인적 사항도, 그 존재도 불분명합니다. 또한 나사로나 마르다, 마리아에 대해 자세한 소개도 없습니다. 나사로는 두 누이동생 마르다, 마리아와 함께 살고 있었습니다. 나사로는 아마도 큰 병을 앓고 있었을 것으로 보이고, 그 때문에 나사로와 마르다와 마리아는 베다니에 살지 않았을까 짐작해봅니다. 지병을 앓던 나사로가 병이 악화되어 죽어가고 있었습니다.

유월절 재구성

잠시 상상의 나래를 펼쳐 유월절을 재구성해봅시다. 4월 초순의 어느 날, 유월절이면 항상 옆동네 예루살렘부터 북적댔는데, 오늘은 유달리 베다니가 북적대고 있습니다. 나사로가 살아났다는 소식을 듣고서 사람들이 몰려든 것입니다.

한편 예루살렘 수비대와 성전 경비대를 비롯한 로마 수비대는 가이사랴의 특별 파견부대까지 예루살렘에 전진 배치되었고, 평소보다 많은 수의 정보망을 동원하여 이번 유월절 기간 동안 비상경계 근무에 돌입했습니다. 열심당원이 폭력을 선동할 것에 대한 대비였습니다. 예수도 이미 요주의 인물이 되었습니다. 그것은 산헤드린 공회에서 예수를 모살할 계획이라는 정보를 공안당국이 파악하고 있었기 때문입니다.

다른 한편에선 유월절을 준비하느라 분주했습니다. 대목을 맞아서 생필품 값이 뛰어올랐습니다. 무엇보다도 제수용품은 부르는 게 값입니다. 서민용 제물인 양이나 염소, 비둘기 등은 1등급이 아니더라도 없어서 못 팔 지경입니다. 병든 것, 저는 것조차도 금값입니다. 멀리서 길을 떠나온 사람들 중 일부는 벌써 예루살렘에 자리를 잡고 있습니다. 해마다 유월절은 물가 폭등과 교통난, 도난과 강도로 인한 치안 문제, 성전의 제물 타는 냄새와 동물들의 배설물 썩는 냄새 등으로 예루살렘 주민은 홍역을 치러야만 했습니다. 모든 면에서 비상사태입니다.

유대인의 장례

유대인들은 초상이 나면 만 24시간 이전, 해가 지기 전에 장례를 치릅니다. 보통은 매장이 아니라 자연 동굴이나 파 놓은 굴 무덤에 시신을 넣고 그 입구를 돌이나 다른 도구를 이용해 막아 놓습니다. 그리고 3일간 무덤을 찾아가 애곡하는 시간을 가지지요. 죽은 자가 다시 살아날 경우 3일 안에 그 영혼이 다시 돌아올 수 있다고 믿었기 때문입니다. 그러나 만 3일이 지난 나흘째 되는 날에는 그 영혼은 완전히 육신을 떠났기에 죽은 자가 되는 것입니다. 그래서 유대인들은 시신을 매장하지도, 화장하지도 않았습니다. 그래서인지 죽은 지 3일이 지나지 않아서 사람이 다시 살아나는 일이 있을 때 그들은 그것을 불가사의한 일로 생각하지 않았습니다. 그럴 수도 있다고 믿었기 때

—— 석회암 동굴을 판 무덤은 정원으로 꾸며져 있기도 했습니다.

문입니다. 4일째는 그 죽은 자와의 완전한 이별 의식을 치릅니다. 우리나라의 삼우제三虞祭가 비슷한 개념입니다.

여기서 "죽은 자로 죽은 자를 장사하게 하라"는 말씀을 이해할 수 있습니다. 유대인들은 고인의 시신에서 유골을 수습하여 조상들의 납골함에 함께 넣어두었습니다. 이것을 두고 죽은 자로 죽은 자를 장사하게 하라고 말씀하신 것입니다.

나사로는 죽었습니다. 예수님이 나사로가 병들었다는 소식을 들었을 때 나사로는 이미 죽어 있었습니다. 하루, 이틀, 사흘. 나사로에 대한 일말의 희망은 동굴 속에서 서서히 잠들었습니다. 예수님이 오신다면 일어날 수 있을지도 모른다는 희미한 희망은 잠들었습니다. 그런데 나흘째가 되었습니다. 나사로는 완전히 죽었습니다. 죽었다가 다시 살아날 가능성마저도 죽었습니다. 예수님도 이제는 죽은 나사로에게 아무런 희망이 되지 못했습니다. 마르다와 마리아의 예수님에 대한 희망도 죽었습니다. 나사로가 완전히 죽었을 때 그 동굴 입구는 단단히 막혀 있었습니다. 숨 쉴 틈이 없었습니다. 그 죽어버린 희망은 썩어갔습니다. 그 냄새가 느껴오기 시작했습니다. 이때 예수님이 나사로를 찾으셨습니다. 그리고 그를 살리셨습니다. 단단히 닫혀버린 그 희망의 무덤에서 소망을 살려내신 겁니다. 예수님은 나사로에 대한 유대인들의 일말의 희망조차도 사라진 다음에, 즉 완전한 죽음 이후에 나사로를 살리신 것입니다.

나사로 부활 사건의 파장은 의외로 일파만파 번져갔습니다. 그것은 이 사건이 유월절을 앞두고 벌어진 사건이기 때문입니다. 때로 유월절이면 반로마 봉기와 무장 저항 운동이 벌어지곤 했습니다. 이런 시도는 결국 비참한 결과를 불러왔습니다. 체포되어 반로마 정치범으로 십자가 공개 처형을 당하곤 했습니다. 그런데 유월절을 앞두고 예수가 죽은 자를 살렸다는 소문이 들려옵니다. 게다가 그가 했다는 말은 더 놀랍습니다. "나를 믿는 자는 죽어도 살겠고 무릇 살아서 나를 믿는 자는 영원히 죽지 아니하리니"(요 11:25-26).

이것은 예수를 따르는 사람들에게는 커다란 위로와 기대가 되었을 것이지만, 또 어떤 사람들에게는 커다란 위협이 되었을 것입니다. 이 사건으로 인해 무수한 사람들이 예수를 추종하게 되고, 이것을 토대로 그가 힘을 갖게 된다면 로마와 전쟁을 하게 되는 상황이 올 수도 있다고 우려한 사람들이 그들입니다. 이것이 현실화될 경우 체제 수호자들이나 권력자들에게는 너무나 치명적인 위협이 되기 때문에, 나사로의 부활 소식은 불온한 뉴스가 아닐 수 없었습니다. 또한 반로마 혁명을 꿈꾸는 이들에게 이 소식은, 예수님의 의도와 상관없이 재해석되고 각인되었을 것입니다. 이제 걷잡을 수 없는 불온한 기운이 예루살렘에 감돌기 시작했습니다.

대제사장들과 바리새인들이 긴급회의를 소집하지 않을 수 없었던 이유가 바로 여기에 있었고, 그들은 곧바로 예수를 제거 대상 리스트에 올립니다.

나인 성 과부의 아들 장례 · · ·

> 그 후에 예수께서 나인이란 성으로 가실 새 제자와 많은 무리가 동행하더니 성문에 가까이 이르실 때에 사람들이 한 죽은 자를 메고 나오니 이는 한 어머니의 독자요 그의 어머니는 과부라. 그 성의 많은 사람도 그와 함께 나오거늘 주께서 과부를 보시고 불쌍히 여기사 울지 말라 하시고 가까이 가서 그 관에 손을 대시니 멘 자들이 서는지라. 예수께서 이르시되 청년아 내가 네게 말하노니 일어나라 하시매 죽었던 자가 일어나 앉고 말도 하거늘 예수께서 그를 어머니에게 주시니(눅 7:11–15).

나인 성 과부의 아들을 살리시는 예수님의 이야기입니다. 나인 성은 어디에 있는 도시인지 위치를 확인해보는 것도 좋을 것 같습니다. 장례를 치루는 죽은 청년의 어머니와 조문객들의 감정은 어땠을까요? 당일 장례를 마치는 경우가 많았기에, 그 청년의 죽음이 예기치 않은 것이었다면, 더욱 당황스러운 처지였을 것입니다. 그러나 본문은 그 청년의 죽음 자체에 대해서는 언급하지 않습니다. 조문객들은 어떤 옷차림새였을까요? 물론 그곳의 조문객들이 관습적으로 검은색 상복 같은 것을 입지는 않았습니다.

이 이야기에서 유대인의 장례 풍습을 엿볼 수 있었나요? 어떤 내용을 찾아냈나요? 사람들이 죽은 자를 메고 나오는 장면과 나인 성의 많은 사람이 함께 나오는 장면을 연상해보기 바랍니다. 그리고 '관'이라는 단어도 찾을 수 있을 것입니다. 그런데 관은 뚜껑이 덮힌 것이 아니었지요. 그것은 죽은 청년이 일어나는 장면이 있기 때문입니다.

십자가 ✝

예수의 마지막 유월절

예루살렘은 언제나 긴장감이 돌았습니다. 항상 이 맘 때가 되면 예루살렘에 내려진 비상 경계령 때문입니다. 십자가에 못 박히기 전 예수님이 마지막으로 유월절에 방문한 예루살렘을 재구성해보겠습니다.

예루살렘에는 유월절 명절을 기하여 열심당원들이 반란을 도모할 것이라는 소문이 돌고 있었습니다. 예수가 죽었다가 사흘 만에 다시 살아날 것이라는 소문도 돌고 있었습니다. 빌라도 총독의 요청에 따라 로마 경비 병력이 가이사랴에서 증파되었습니다. 예년보다 훨씬 많은 병력이었습니다. 평소 예루살렘 인구의 10배가 넘는 사람들이 유월절 순례를 위해 예루살렘을 찾고 있었습니다. 이 틈을 타서 일상적인 반로마, 반체제 세력의 시위가 있어왔는데, 올해의 유월절은 여느 해와 달랐습니다. 로마와 당시 유대 지배체제에 대한 반감이 그 어느 때보다도 팽배했고, 예수를 따르는 무리들은 날이 갈수록 늘어만 갔습니다. 당시 예수는 로마 총독부에서도 일급 요주의 인물로 지목된 상태였습니다. 적지 않은 사회 지도층 인사들도 예수 진영에 합류하기 시작했습니다. 가장 대표적인 인물은 여리고 관세청 지청장인 삭개오였습니다. 그를 위시해서 이미 적지 않은 인사들이 예수님에게 직간접으로 줄을 대고 있었습니다.

게다가 베다니 나사로 부활 사건은 일대 전환점이 되었습니다. 예수님에 대한 인기는 절정으로 치달았고, 예루살렘에는 그 어느 때보다 반체제 분위기가 고조되었습니다. 그만큼 부활 사건은 결정적이었습니다. 급기야 사두개인, 바리새인, 제사장 그룹을 비롯한 당시 세력가들은 한데 뭉쳐서 예수와 그를 따르는 무리에 대한 반격을 시작하고 있었습니다. 그 핵심에는 대제사장 가야바가 서 있었습니다. 이들 진영에는 예수 처형의 시기에 대한 이견이 존재할 뿐이었습니다. 유월절 이후를 거사일로 잡자는 의견이 지배적이었습니다. 예수님에 대한 현상 수배는 이미 이뤄졌고, 은 30세겔의 현상금도 준비되었습니다.

현상 수배

"누구든지 예수 있는 곳을 알면 신고하십시오. 현상금으로 은 30세겔을 후사할 것입니다."

예수님의 제자들은 이런 분위기를 아는지라 유월절 명절에 예루살렘에 올라가기를 주저했습니다. 이에 반해 열심당원들을 비롯한 반체제 세력들은 예수님을 통한 일대 반격을 준비하고 있었습니다.

사태가 심각하게 돌아가자 혼란을 방지하려는 로마 총독부의 긴박한 움직임이 있었습니다. 로마 황실에도 이런 정황이 보고된 상태였고, 황실에서는 민란을 예방하는 데 만전을 기하라는 지시가 있었던 터였습니다. 그래서 빌라도 총독은 예루살렘을 떠날 수 없었고, 가이

사라 주둔 천부장 병력이 예루살렘에서 긴박한 하루하루를 맞이하고 있었습니다.

이런 가운데 예수님과 제자 무리를 포함한 수다한 사람들이 예수님을 뒤따라 예루살렘에 입성했습니다. 왕의 등극을 상징하듯 이들은 어린 나귀에 올라탄 예수님을 위하여 종려나무 가지를 흔들며, 그 길에 옷을 깔고 종려나무 잎사귀를 깔면서 호산나를 외쳐댔습니다.

"타도 로마, 해방 이스라엘!"

어린아이들조차 이 행렬에 참여했습니다. 대대 병력으로 수십만 명의 사람들이 몰려오는 이번 명절에 있을지도 모를 소요를 진정시킨다는 것이 불가능하게만 보였습니다. 로마 경비 병력과 총독부는 더욱 긴장할 수밖에 없었습니다. 그러던 중에 이스라엘 지도세력이 반예수 진영에 합류했습니다. 그제서야 빌라도는 안도의 한숨을 쉴 수 있었습니다.

예수님의 예루살렘 입성 후 성전에 소란스러운 사건이 있었습니다. 그 사건으로 반예수 진영에 합류했던 힐렐 파 바리새인들(소수파)이 그 대열에서 이탈할 조짐을 보였습니다. 성전 제도 개혁운동은 이들이 지속적으로 추진해온 과제였기 때문입니다. 반예수 진영의 일부 균열 조짐은 예수님의 예루살렘 체류 기간 동안 심화되었습니다. 예수와 제자들의 만찬은 특별했습니다. 그것은 예수가 예고한 고난을 앞두고 제자들과 벌이는 만찬이었기 때문입니다.

마지막 식사 자리에서 빠져나온 가룟 유다는 곧바로 제사장 관저를 찾았고, 제보 조건으로 현상금을 타왔습니다. 밤이 깊은 시각이었습니다. 만찬을 마친 예수님은 무리를 이끌고 예루살렘 상부 도시에서 일반 서민들이 사는 하부 도시를 지나 성문 밖으로 자리를 옮겼습니다. 주요도로를 따라가지 않고 기드론 골짜기 길을 따라 이동했습니다. 일부 사람들이 유월절 순례를 위해 야영하고 있었습니다. 그렇지만 돌아다니는 사람들은 눈에 띄지 않았습니다.

30-40분이 흘렀을까요? 감람 산 중턱에 도착한 예수님은 그의 수제자 세 명만을 이끌고 동산 깊숙이 들어갔습니다. 짙은 어둠과 감람나무들로 몸을 숨기기에는 적당한 자리였습니다. 새벽녘에 이르기 전 멀리서 사람들의 웅성거리는 소리가 들렸습니다. 횃불을 든 무리는 제자들이 자고 있던 자리를 지나쳐 예수님이 계신 곳으로 빠르게 이동했습니다. 대제사장의 사병들과 산헤드린 소속 병력들이 무리지어 칼과 몽둥이, 횃불을 밝힌 가운데 가룟 유다를 앞세워 다가온 것입니다. 사태가 심각해지자 두려움을 느낀 제자들 다수는 달아났습니다. 베드로는 충정어린 마음으로 예수님에게 다가서는 말고의 귀를 병사의 칼로 내리쳤습니다. 이제는 더욱 긴장한 야고보와 요한도 자리를 피하고 있었습니다. 당신이 모든 책임을 질 테니 다른 사람들은 건드리지 말라는 협상안을 제시하자, 제사장에게서 파견 나온 예수님 체포조 책임자가 이를 받아들였습니다.

산헤드린 법정 공방에선 치밀한 사전 각본에 따른 거짓 증인들이 증언대에 세워졌지요. 힐렐 파 의원들의 반발이 예상보다 거셌지만 다수의 결의로 예수님의 유죄를 이끌어냈습니다. 죄명은 신성모독죄였습니다. 이어 약간의 논란 뒤에 사형이 선고되었습니다. 열심당에 내심 지지를 보내던 힐렐 파를 비롯한 일부 바리새인 진영의 산헤드린 의원들은 낙심할 수밖에 없었습니다. 유죄 판결을 받더라도 사형 선고까지 갈 것으로 예상하지는 못했기 때문입니다. 그것도 불과 서너 시간 만에 날치기로 처리될 줄은 생각조차 하지 못했습니다. 가룟 유다를 비롯한 일부 열심당원들은 산헤드린 법정에서 예수의 변론과 그 파장이 백성들의 단결을 이끌어내고 체제에 대한 반감을 증폭시킬 것으로 기대했지만, 그것은 그들만의 바람에 그치고 말았습니다. 상황은 최악이 되었습니다. 결국 가룟 유다는 자책감 속에 자살하고 맙니다.

사형선고

한편 제사장 진영과 산헤드린 다수파는 산헤드린 법정 기록을 작성하고 이른바 형식적인 법적 요건을 구비한 다음 총독의 유죄 판결을 이끌어내고자 했습니다. 이미 매수한 다수의 군중들을 준비시켜 두었습니다. 총독의 약점은 불안한 정치 기반 때문에 자신을 지지하는 권력이 절대적으로 필요하다는 점이었습니다.

한밤중에 법적 절차 없이 유죄 판결과 사형 선고를 이끌어낸 날치기 무리들은 불법적으로 빌라도에게 법정을 열도록 요구했습니다.

반예수 연합 진영은 대표단을 총독에게 보내 예수의 유죄를 선고하지 않으면 로마 황실에 탄원서를 내서 빌라도 총독의 무능과 민란 방조를 혐의로 고발하겠다고 협박했습니다.

아침이 밝아오는 시각 힘의 논리에 밀린 빌라도는 비정상적인 재판을 강행할 수밖에 없었습니다. 증인 신문이나 변론, 원고들의 고소, 고발 요건도 검토할 수 없었습니다. 빌라도는 채 몇 시간도 되지 않아 예수의 유죄를 선고했습니다. 총독 법정에는 많은 유대인들의 증언과 예수의 유죄 시인에 따라 예수를 중형인 십자가형에 처한다고 기록되어 있습니다. 완전히 속전속결이었습니다. 이것은 로마의 일반적인 판결절차에 따른다면 이례적인 것이었습니다. 아니 탈법의 전형이었습니다.

십자가형을 선고받은 예수는 처형될 죄수들과 함께 잠시 수감되는 감옥으로 보내졌습니다. 이곳 감옥에 도착한 예수는 간수들에 의해 일종의 신고식을 치렀습니다. 심하게 채찍에 맞고, 모욕당하고, 거듭 매질을 당하셨습니다. 그리고 광장으로 끌려가 사람들의 조롱거리가 되었습니다. 그들은 황제를 흉내 낸 옷을 입히고 가시 면류관을 머리에 씌웠습니다. 그러고 나서 예수님을 십자가에 못 박으려고 끌고 나갔습니다.

공개 처형

십자가 공개 처형이 아침 9시에 이루어진다는 소식을 듣고 해골터 언덕에는 이미 적잖은 사람들이 이미 와 있었습니다. 수많은 애국 인사들이 반로마 사범으로 십자가에 달려 숨을 거둔 장소였습니다. 9시쯤 되자 예수에 대한 실망감과 안타까움, 그래도 혹시나 하는 기대감으로 사람들은 해골터 언덕으로 몰려들고 있었습니다. 성문 밖으로 움직이는 10여 분 남짓한 거리에는 흐느끼는 사람들, 지금이라도 늦지 않았으니 로마를 타도하라는 명령을 내려달라는 사람들, 그를 향해 손가락질하며 비웃는 무리들이 두루 섞여 있었습니다. 해골터로 오르는 길 좌우편에는 삼엄한 경비가 이뤄졌습니다.

처형장에는 수많은 처형대가 꽂혀 있었습니다. 처형될 죄수들은 횡목을 지고 이동하게 되어 있었습니다. 이미 심한 매질과 채찍질과 조롱으로 심신이 지쳐 있던 예수님은 별로 크지 않은 십자가 횡목조차 끝까지 지고 가실 수 없었습니다. 함께 처형장으로 끌려가던 두 사람은 스스로 그 십자가를 지고 갔습니다. 이들은 강도였습니다. 당시 로마 권력이나 유다 지배 세력에 대항하는 적지 않은 독립운동가들이 강도라는 이름으로 십자가형에 처해지는 경우도 있었습니다.

십자가에 달린 지 몇 시간이 지나지 않아 예수는 숨을 거두셨습니다. 다른 정치범과 반로마 사범이 아직 살아 있던 순간에 30대 예수님이 숨을 거두신 것이었습니다. 당시 십자가 처형을 당하던 반로마 범죄인은 어떤 경우는 2, 3일간을 살아서 십자가에 달려 있기도 했습니다. 그런데 예수님은 불과 6시간여 만에 숨을 거두신 겁니다. 그 이유는 금요일 새벽부터 아침이 되기까지 심한 채찍질과 고문으로 이미 진이 다 빠졌기 때문입니다.

공감하며 성경 읽기

주께서 쓰시겠다 하라 · · · 먼저 누가복음 19장 28-36절을 읽어봅니다. 이 이야기에서 낯선 것 한두 가지를 찾아보세요. 그냥 눈으로만 보면 어떤 질문도 떠오르지 않을 겁니다. 앞서 언급했던 낯설게 성경 읽기를 해보시기 바랍니다.

> 예수께서 이 말씀을 하시고 예루살렘을 향하여 앞서서 가시더라. 감람원이라 불리는 산쪽에 있는 벳바게와 베다니에 가까이 가셨을 때에 제자 중 둘을 보내시며 이르시되 너희는 맞은편 마을로 가라. 그리로 들어가면 아직 아무도 타 보지 않은 나귀 새끼가 매여 있는 것을 보리니 풀어 끌고 오라. 만일 누가 너희에게 어찌하여 푸느냐 묻거든 말하기를 주가 쓰시겠다 하라 하시매 보내심을 받은 자들이 가서 그 말씀하신 대로 만난지라. 나귀 새끼를 풀 때에 그 임자들이 이르되 어찌하여 나귀 새끼를 푸느냐. 대답하되 주께서 쓰시겠다 하고 그것을 예수께로 끌고 와서 자기들의 겉옷을 나귀 새끼 위에 걸쳐 놓고 예수를 태우니 가실 때에 그들이 자기의 겉옷을 길에 펴더라(눅 19:28-36).

이 이야기의 배경을 떠올려보세요. 누가 등장하고 있나요? 예수, 제자들, 보냄받은 두 제자, 나귀의 임자들을 찾아볼 수 있습니다. 등장인물 외에 이 이야기의 중요한 소품이 있습니다. 바로 나귀와 나귀 새끼입니다. 이 둘을 같이 언급한 것은, 이 시대 사람들은, 나귀 새끼만 덜렁 묶어두지 않기 때문입니다. 이 이야기의 분위기를 음악으로 표현해본다면 어떤 음악이 적절해 보이나요? 경쾌함, 활기참, 비장함, 우울함, 힘참…. 어떤 분위기가 적절할까요? 저는 '비장함'을 이 이야기의 배경 음악으로 선택하겠습니다.

여기서 33절과 34절의 예수님 제자들 중 선발대와 나귀 주인 사이의 대화가 암호를 주고받는 것처럼 보이지 않는지요? 예수님은 그냥 아무 데나 가서 아무 나귀를 끌고 오라고 말씀하시나요? 예수님의 지시 사항을 다시 살펴보시기 바랍니다. 맞은편 마을, 아직 아무도 타보지 않은, 매여 있는 나귀 새끼 등 아주 구체적입니다. 이 이야기에 나오는 '주'는 예수를 먼저 떠올리게 하는 것은 아닙니다. '주'라는 단어는 종들이나 여자들이 자신의 주인이나 남편을 일컬을 때도 사용하던 일반적인 호칭이었다는 것을 염두에 두고 다시 본문을 읽어볼 필요가 있습니다. 그러면 그들 사이에 오고간 대화에서, 사전에 예수님에 의해 마련된 일종의 암호였을 것으로 추정할 수 있는 실마리를 찾게 될 것입니다.

예루살렘은 매번 사람들이 많이 모이는 절기가 되면, 만일의 소요 사태에 대비한 삼엄한 경계가 이뤄졌습니다. 게다가 이번에는 예수를 체포하기 위한 비공식 검거령이 내려진 상황이었습니다. 예수는 물론 예수에게 편의를 제공한 사람들 모두가 위험에 처해질 수 있는 상황이었습니다. 아래의 누가복음 22장도 같은 느낌으로 읽어보시기 바랍니다.

> 유월절 양을 잡을 무교절날이 이른지라. 예수께서 베드로와 요한을 보내시며 이르시되 가서 우리를 위하여 유월절을 준비하여 우리로 먹게 하라. 여짜오되 어디서 준비하기를 원하시나이까. 이르시되 보라, 너희가 성내로 들어가면 물 한 동이를 가지고 가는 사람을 만나리니 그가 들어가는 집으로 따라 들어가서 그 집 주인에게 이르되 선생님이 네게 하는 말씀이 내가 내 제자들과 함께 유월절을 먹을 객실이 어디 있느냐 하시더라 하라. 그리하면 그가 자리를 마련한 큰 다락방을 보이리니 거기서 준비하라 하시니 그들이 나가 그 하신 말씀대로 만나 유월절을 준비하니라(눅 22:7-13).

이 본문에 나오는 "내가 내 제자들과 함께 유월절을 먹을 객실이 어디 있느냐?" 이 또한 암호에 해당한다고 볼 수 있습니다. 여성들의 공간인 우물가에서 물 한 동이를 가지고 가는 남자(10절)를 만나는 장면도 극적입니다. 그를 가만히 따라가서 유월절 식사를 준비케 하신 것입니다. 예루살렘은 이처럼 다양한 음모와 긴장감이 가득한 공간이었던 것입니다. 예수님의 마지막 유월절도 긴장이 넘치는 시기였던 것입니다.

사마리아인

외면당하는 자

예루살렘에는 알려진 화려함과 더불어 어두운 그늘이 있었습니다. 그런 그늘을 드러내면서도 빛을 밝히는 이야기가 있습니다.

> 예수께서 대답하여 이르시되 어떤 사람이 예루살렘에서 여리고로 내려가다가 강도를 만나매 강도들이 그 옷을 벗기고 때려 거의 죽은 것을 버리고 갔더라(눅 10:30).

예루살렘을 오가는 길은 산적들이 들끓던 곳이었습니다. 해발 고도 700미터인 예루살렘은 주위에 더 높은 산지로 둘러싸여 있습니다. 예루살렘을 둘러싸고 있던 유대 산지와 동굴들은 자연스럽게 은신처 역할을 해주었기 때문에 요새로는 적합해도 교통로가 될 수 없는 지형적 특징을 가지고 있었지요. 이 지역은 강도들의 주요 활동 무대가 되곤 했습니다. 이들은 예루살렘을 오가는 도로상에서 행인들을 습격했고, 사람들은 어떻게 강도들의 습격을 피할까 전전긍긍했습니다. 성전세를 가지고 가던 사람들이 강도의 습격을 받기도 했고, 요세푸스는 로마 황제의 한 종이 예루살렘 인근 도로에서 강도의 습격을 받자 인근 마을들을 보복 약탈했다고 기록했습니다. 예루살렘 주변에서 강도의 출몰이 빈번해지자 로마 총독을 포함한 예루살렘 당국은 치안 유지에 골몰했습니다. 예루살렘 특별 법정은 이들을 재판하는 동시에 보다 강력한 치안 조치를 강구할 수밖에 없었습니다. 예루살렘 주변에 출몰하는 강도들은 좀도둑들도 있었고, 로마나 기득권층에 저항감을 가진 반체제 무장 세력들도 있었습니다. 어쨌든 이들 모두는 강도로 묘사되곤 했습니다.

자비를 베푼 자

이런 배경 속에 선한 사마리아인 이야기가 등장합니다. 이야기에 등장하는 인물은 모두 예루살렘을 떠나는 사람들이었습니다. 그들은 예루살렘 체류 목적을 이루고 가는 사람들로서 바쁠 일이 없었던 사람들이었습니다. 여기서 한 가지 덧붙일 것은, 위에서 언급했던 위험한 상황으로 인해 늦은 밤 혼자 여행하는 것은 금기시되고 있었다는 것입니다. 최소한 2명 이상이 무리지어서 가곤 했습니다. 이유는 앞서 말한 것처럼 강도들이 도처에 깔려 있었기 때문입니다.

여행 중 이동은 주로 저녁에 하기 때문에 강도 만난 이를 발견했을 때는 밤일 가능성이 높습니다. 도시는 물론 아니었을테고요. 이야기 속 제사장이나 레위인은 홀로 예루살렘에서 여리고로 내려가는 길을 가지 않았을 겁니다. 그리고 그들과 동행하던 사람들은 강도 만난 사람을 보고 놀라거나 겁을 먹었을 것입니다. 물론 본문 속에 언급되지 않지만 이런 정황을 떠올려볼 수는 있습니다.

사마리아인은 예루살렘에서 내려오는 길이 아니었습니다. 예루살렘에서 여리고 가는 길과 사마리아 지역에서 다른 곳으로 가는 중에 이 길을 만난 것입니다. 왜 그런 추측이 가능하냐면, 사마리아인의 예루살렘 출입은 쉽지 않았기 때문입니다. 유대인은 사마리아인을 상종하지 않았기에 강제적이진 않지만 출입이 어려웠음을 짐작할 수 있습니다.

이 비유를 통해 그 시대를 들여다볼 수 있습니다. 이 이야기에 담긴 시대상은 무엇일까요? 때때로 예루살렘의 관문이 되는 지역에서 강도 사건들이 벌어지곤 했다는 것입니다. 이 비유에 등장하는 등장인물의 특성은 그 시대를 살던 이들에게 공감되는 고정관념을 반영하는 것입니다. 제사장, 레위인, 강도, 주막집 주인… 예수님은 이런 통념을 반영하면서도, 특정 민족에 대한 부정적인 고정관념을 건드리는 것입니다. 사마리아인에 대한 유대인의 배타적인 거부감이 그것이지요.

"누가 강도 만난 자의 이웃이냐"는 예수님의 질문에, 사람들은 그를 도와주었던 '사마리아인'이라고 표현하지 않았습니다. 그냥 '자비를 베푼 자'라고 말합니다. 대답하는 과정에서도 유대인들은 사마리아인을 입에 담고 싶지 않았던 것입니다. 우리 또한 누군가의 존재를 인정하지 않으려는 경우가 적지 않습니다. 그런 이유로 그가 한 올바른 행위조차 받아들이지 않으려는 경우도 많습니다. 우리가 입에 담기조차 싫은, 아니 인정하고 싶지 않은, 투명인간 같은 존재가 있는가요?

제자들의 사마리아 시장 나들이 · · · 예수께서 사마리아 수가 성을 방문했습니다(요 4장). 정상적인 유대인이라면 엄두도 내지 않을 일이 사마리아 사람을 만나는 일, 사마리아 사람에게 말 거는 일, 사마리아 사람과 밥 먹는 일이었을 것입니다. 게다가 사마리아 여인하고 말을 섞는 일은 상상조차 할 수 없습니다. 그런데 예수님은 아예 사마리아 지방의 한복판으로 들어가셨습니다. 수가 성은 사마리아의 수도였던 세겜과 가까운 작은 마을입니다.

요한복음 4장 이야기를 따라가다 보면, 제자들이 아예 사마리아 수가 성에 먹을 것을 구하기 위하여 들어간 내용이 나옵니다(8절). 예수님의 제자들로서는 아마도 태어나서 처음으로, 수많은 사마리아 사람들을 한꺼번에 만났을 것입니다. 말도 걸었을 것입니다. 먹을 것을 사거나, 길을 찾기 위해서는 사마리아 주민들의 도움을 받아야만 했기 때문입니다. 그때 제자들의 감정은 어떠하였을까요? 가장 불편해했을 제자와 가장 자연스러웠을 제자는 또 누구였을까요?

여성

상처투성이 이름

앞서 살펴보았던 사마리아인과 같은 취급을 받던 존재는 또 있었습니다. 존재감이 인정되지 않던, 투명인간 같은 존재는 바로 여성들이었습니다.

> "저녁식사 반찬이 뭐 이래? 당장 집에서 꺼져!"
>
> "너는 생긴 게 왜 이 모양이야?"
>
> "따로 만나는 여자가 생겼으니 내 집에서 나가!"

남자의 이런 말 한마디가 이혼 사유가 되어 여자가 버려지던 시절이었습니다. 지금은 조금 나아지긴 했지만, 성경 시대엔 납득하기 어려운 사유로 이혼당하는 경우가 빈번히 일어나곤 하였습니다.

고대사회에서 흔히 볼 수 있는 것처럼, 이스라엘 공동체에서도 성차별이 심했습니다. 공식적이건 비공식적이건 각종 인구조사에도 여인들은 제외되었습니다. 인격체로 인정받기보다는 가축이나 노예와 같은 소유의 일부로 취급되었습니다. 삼종지도를 따를 수밖에 없었습니다. 태어나서 결혼 전까지는 아버지의 교훈을 따라야 했고, 결혼 이후에는 남편에게 순종하며 살아야 했습니다. 당시의 조혼 풍습으로 여성들은 12세 정도가 되면 결혼을 했습니다. 외출할 때는 물론 집에서도 얼굴을 가리고 있어야 할 때가 많았습니다.

두 사람 이상의 증인으로 증거를 삼는 사회 제도 속에서 여인들은 증인의 자격을 가질 수 없었을 뿐만 아니라, 토라를 읽는다거나 종교 공동체 정족수에도 들지 못했습니다. 당연히 랍비가 되거나 찬양대에도 참여할 수 없었습니다. 성전에서도 이방인의 뜰보다는 조금 안쪽인 여인들의 뜰까지만 출입이 허용되었고, 제사를 직접 드릴 자격도 주어지지 않았습니다. 게다가 매달 맞이하는 월경 전후한 시기와 산후 조리 기간(아들을 낳은 경우 40일, 딸을 낳은 경우는 80일)에는 성전 출입이 통제되었습니다. 이 시기에는 이방인의 뜰에도 출입할 수 없었습니다.

너무나 쉬웠던 이혼

옛날 우리나라에도 아내를 쫓아낼 수 있는 이유로 삼는 일곱 가지 금기사항인 '칠거지악'이 있었지요. 시부모에게 불순종한 것, 자식이 없는 것, 서방질(간음)하는 것, 질투가 심한 것, 나쁜 병이 있는 것, 말이 많은 것, 도둑질하는 것이 여기에 포함됩니다. 남편과 시집에서 이에 대한 모든 결정권이 있었다고 볼 수 있습니다. '삼종지도'는 태어나서는 아비에게 복종하고, 결혼한 후에는 남편에게 복종하고, 이후에는 아들을 따를 것을 가르칩니다.

그런데 당시의 팔레스타인은 과거 우리 조선시대보다 훨씬 더 심한 남존여비 사상에 기초한 사회 질서가 있었습니다. 성경의 여인들에 관한 주제를 다루면서 먼저 떠오르는 인물 중에는 사마리아 수가성 여인, 간음하다가 현장에서 잡혀와 공개재판을 받아야만 했던 여인, 그리고 일곱 귀신 들렸던 막달라 마리아가 있습니다. 서로 다른 배경에서 살던 이들은 당시 팔레스타인 여인들의 현실을 적나라하게 보여줍니다. 삼종지도니 칠거지악이니 하는 단어는 없었지만 이보다 더 심한 차별이 있었습니다. 성경의 가르침으로 가득한 나라에 이런 일이 정말 있었을까 의심하는 사람들도 많을 것입니다. 그렇지만 이스라엘 사회의 남존여비 사상은 그것이 종교적인 오해에 바탕을 두고 있기에 더 심각한 것이었고 반항조차 할 수 없는 현실이었습니다.

유대교의 여성관은 여자들을 강한 죄성을 지닌 존재로 간주하였습니다. 이혼은 남자들이 일방적으로 결정하는 경우가 대부분이었습니다. 별다른 과실이 없는 경우에도 이혼이 가능했고, 탈무드나 미쉬나 등 유대 전통에 따르면, 어떤 이유로든, 심지어는 아무런 이유가 없어도 여성들은 이혼당할 수 있었습니다.

구약에서 이혼 사유로 규정하고 있는 것은 간음 외에는 없었습니다(신 24:1). 여인이 간음했을 경우는 강제 이혼 사유가 되었습니다. 설령 남편이 용서했어도 이혼해야 했습니다. 이는 간음죄가 하나님에 대한 죄이며, 하나님이 주신 율법을 범한 죄이기에, 남편은 아내를 용서해줄 권리가 없다고 보았습니다. 또한 유대법은 이혼한 후 다른 남자와 재혼한 적 있는 전처와의 재결합을 금하였습니다. 제사장들은 이혼녀와는 결혼할 수 없었습니다. 탈무드엔 자기의 저녁을 망치거나, 아내보다 더 매력적인 여성을 발견했을 경우에도 이혼할 수 있다고 기록되어 있습니다. 물론 이혼에 앞서 아내의 동의는 필요 없었습니다. 구약 율법은 이것을 해석하던 랍비들의 전통에 따라 약간씩 차이를 보여주었습니다. 당시 양대 계파인 힐렐 학파와 삼마이 학파는 신명기 24장 1절의 해석을 두고 차이점을 보이고 있었습니다.

유대 랍비 힐렐의 추종자들인 힐렐 학파는 남자가 어떤 이유로든 자기의 아내와 이혼할 수 있다고 주장하였습니다. 가령 아내가 아침에 빵을 태우거나 불을 꺼뜨리는 경우, 또는 자기를 더 즐겁게 하는 애인이 생겼을 때조차도 이혼 사유로 인정하였습니다. 반면, 삼마이 학파는 율법이 규정한 음행 이외에는 이혼 사유로 인정하지 않았습니다. 그러나 이들 양 계파는 이혼의 주도권이 남자에게만 있다는 점에서 일치된 견해를 보였습니다.

모세 율법인 토라에 따르면 이혼 절차는 간단했습니다. 이혼 증서를 써서 아내에게 주고 내쫓으면 그만이었습니다(신 24:1-4). 그렇지만 이것이 악용되면서 남자에 의한 일방적인 이혼 절차가 만들어졌습니다. 남편이 죽은 경우는 법률적으로 재혼이 가능하였지만, 문제는 배우자가 실종된 경우입니다. 이 경우에는 실종된 남자 배우자가 이혼을 선언하지 못하는 까닭에 정혼(우리의 약혼에 해당하지만, 법률상 남편과 아내로 인정한다는 점에서 다르다)한 여인이나 아내는 이혼할 수가 없었고, 재혼도 불가능하였습니다. 실종자의 정혼녀는 청상과부가 되어야만 했고, 아내는 과부 아닌 과부로 평생을 지내야만 하였습니다.

결혼한 여자는 절대로 딴 남자와 성관계를 맺어서는 안 되었습니다. 그렇지만 이 규정도 남자에게는 예외였습니다. 여자에게는 재혼 이상이 허용되지 않았지만 남자의 경우는 결혼 횟수가 제한이 없었습니다. 또한 같은 행위로 발각되었을 경우에도 여자는 간음죄였지만 남자는 무죄로 취급되곤 하였습니다. 이러한 차별적인 제도는 남성 중심의 사회 질서 유지에는 도움이 되었는지 모르지만, 사회적인 약자인 여성들에게는 악법 중의 악법이었습니다. 당시 여성들의 사회 활동이 제약받던 남성 중심의 사회 제도 아래서, 이러한 이혼 관행들은 여성들의 생활 근거를 송두리째 무너뜨리는 것이었습니다. 그래서 생활고에 빠지게 되는 적지 않은 여성들은 첩살이를 했지요. 그러나 재혼까지야 법이 허락하였지만 이후의 관계는 무조건 간음이었기에, 첩살이 여성은 늘 죄인의 마음으로 살아야 했을 것입니다.

여기서 더 나아가 적지 않은 여성들이 몸을 팔아서 생계를 유지했습니다. 당시 여인으로서 다른 생계 수단이 없었고, 교육뿐만 아니라 모든 사회 활동을 제한받았던 여인들에게 매매춘은 그들이 선택할 수 있었던 몇 안 되는 방편 중에 하나였습니다. 몸을 파는 여성들을 예수님 당시에는 '죄인인 여자들'로 일컬었습니다. 예수님 당시에 '죄인'이라는 호칭은, 직업적으로 죄를 짓는 부류를 일컫던 말입니다. 그러므로 '죄인인 여자'는 직업적인 매춘 여성을 가리키는 말이었습니다.

성경을 살펴보면 팔레스타인 지역에 고대로부터 공공연한 매매춘 행위가 있었던 것으로 보이는데, 이방 지역에서 유입되어 온 여인들도 있었습니다. 유다와 다말의 사건을 통해서나 솔로몬 왕의 지혜로운 재판 자리에 등장하는 두 여인 등을 통해 유추할 수 있습니다.

유대인 내부의 매춘 여성들이 존재한 것도 사실이지요. 이것은 이스라엘 공동체가 가나안의 풍습이나 문화에 영향을 받은 것일 수도 있습니다. 더 나아가 당시의 중근동 지역 어디에서나 매매춘 행위가 공공연하게 이루어졌던 것을 볼 수 있습니다. 탈무드에서도 매매춘 행위를 합법화하고 권장하지는 않지만, 아내에 만족하지 못할 경우 이를 허용하고 있었습니다. 이런 허용 방침이 악용되면서 매매춘이 불법으로 규제되지 않았습니다.

간음하는 현장에서 잡혔다는 여인과 관계를 맺은 남자가 등장하지 않은 것이나, 그 여인이 사건 현장에서 잡혔다는 기록에 비추어 볼 때 몇 가지를 짚을 수 있습니다. 이 간음 행위가 직업여성과의 사이에 이루어진 일이든, 첩살이하는 여인과 그 남자와의 관계에서 이루어진 간음 행위이든 남자에게는 면죄부가 부여되던 것이 당시의 관례였습니다. 매매춘도 남자에게는 죄가 아니었기 때문입니다. 이들 가운데 대표적인 두 가지 경우를 살펴보겠습니다.

사마리아 수가 성 여인

자신의 의지나 열망과는 상관없이 사람들로부터 멀어져야 했던 경험이 있으신가요? 종교적 갈망은 물론 사회적 관계맺음의 희망도 빼앗긴 이들이 있습니다. 사마리아 수가 성에 사는 이름 모를 여인이 그중 하나입니다.

> 사마리아 여자 한 사람이 물을 길으러 왔으매 예수께서 물을 좀 달라 하시니 이는 제자들이 먹을 것을 사러 그 동네에 들어갔음이러라(요 4:1-42 참조).

사마리아 지역 한낮의 뙤약볕은 견딜 수 없는 고통입니다. 그리심 산과 에발 산 사이의 분지에 위치한 이곳의 낮 더위는 더욱 기승을 부렸습니다. 그래서 이곳 사람들은 낮 시간에는 외출을 삼가고 있었습니다. 배경은 사마리아 수가 성에서 멀지 않은 곳의 야곱의 우물이 있는 들판이 될 것입니다. 햇볕이 강하게 내리쬐는 곳이고요. 눈부신 햇살, 뜨거운 태양, 그리고 들판… 들려오는 소리도 별로 없는 곳입니다. 종종 바람이 스쳐 지나가고 있겠지요. 요한복음의 다른 본문들과 달리 수가 성 여인 이야기는 등장인물의 복합한 심리 묘사와 대화에 중점을 두고 있습니다.

여인은 이 무더위를 무릅쓰고 오가고 있습니다. 날마다 한두 시간씩 걸리는 먼 길을 물을 긷기 위해 돌 항아리를 어깨에 메고 오가는 것입니다.

이 여인에겐 네 가지가 결핍되어 있습니다. 우선 유대인이 아니었습니다. 그리고 남자가 아니었습니다. 게다가 남편이 없었고 자식도 없어 보입니다. 종교적으로나 사회적으로 죄인이나 다름없었습니다. 이런 조건을 가진 여인의 삶은 정상적인 삶이 아니었을 겁니다.

행여나 사람들의 눈길이 닿을까 조심스러웠겠지요. 사람들을 상대하는 것이 싫었을 겁니다. 그들의 눈초리는 사마리아 뙤약볕만큼이나 뜨거웠을 겁니다. 동네사람들은 '화냥년', '남편 잡아먹은 여자'라 수군거렸을 테고요.

이 여인은 남편이 다섯이 있었지만, 지금 있는 남자도 그녀의 남편이 아니었습니다. 그녀는 율법의 잣대로는 간음한 여인이었을 뿐입니다.

기지촌 여성, 막달라 마리아

막달라 마리아는 예수님을 따랐던 여인들 가운데 움직임이 섬세하고 활발하게 묘사되고 있습니다. 그런데 이 여인에게는 이름에 그 여인의 정체성이 담겨 있었습니다. 막달라가 그 열쇠어입니다.

> 막달라 마리아가 가서 제자들에게 내가 주를 보았다 하고 또 주께서 자기에게 이렇게 말씀하셨다 이르니라(요 20:18).

로마군이 주둔하던 예루살렘이나 가이사랴, 가버나움 등 주요 도시에는 자연스럽게 기지촌이 형성되었습니다. 이들 군사 도시에는 유흥업소가 자연스레 자리 잡았습니다. 이곳에 '죄인인 여자들'이 존재하는 것은 어떤 면에서 자연스러운 풍경이었습니다. 그중 대표적인 장소 중 하나가 가버나움 주변 지역이었습니다.

'막달라 마리아'라는 이름은 '막달라 출신의 마리아'의 의미를 지닙니다. 오늘날 한국도 그렇지만 그 당시 여성들을 일컬을 때는 출신 지역이나 남편 또는 자녀의 이름이 붙어 불리곤 했습니다. 청주댁, 광주댁, 영남댁 하는 것처럼 여성들의 출신지를 배경으로 불렀습니다. 당시 마리아라는 이름은 우리나라의 순이처럼 많은 여인들에게 붙여졌던 이름이었습니다.

'막달라'는 '기지' 또는 '요새'의 뜻을 지닙니다. 출애굽 당시 이집트의 지명에 나타나는 '믹돌'도 이집트의 전방 요새 도시를 일컫던 일반 명사였습니다. 막달라는 갈릴리 호수 서편, 예수님의 사역 중심지였던 가버나움에서 걸어서 한 시간 정도 떨어져 있습니다. 탈무드에 나오는, 풍성한 어획고 등으로 부유했던 도시 막달라 누나이야(고기들의 망대)와 같은 도시가 아닌가 하는 설도 있습니다. 동시에 그 음란함으로 널리 알려진 도시로도 언급됩니다. 이곳의 도덕적 타락상과 음란함으로 인해 로마에 의해 파괴되었다는 기록이 있기 때문입니다. 이곳은 요세푸스에 의해 요새화되었고, 로마를 대항하여 일어난 유대인 폭동 중심지의 하나가 되었습니다.

앞의 고찰을 토대로 할 때 마리아는 막달라라는 지역의 특성상 매춘과 연결지어 생각할 수 있습니다. 그녀가 실제 그 일에 종사한 것이든, 아니면 음란의 도시가 연상되는 품행이 바르지 못한 여인이든

'죄인인 여자들' 중 한 여인으로 보기에 충분할 듯합니다. 또한 예수님 당시 귀신들린다는 것은 일종의 부도덕한 삶을 산다는 의미를 포함하기도 하기에, 막달라 마리아가 일곱 귀신들렸다는 성경의 언급은 이 여인이 부도덕한 행위인 간음죄와 관련된 여인이었다고 추측해볼 수 있습니다.

예수님의 여성에 대한 태도는 가히 혁명적이었습니다. 조선시대에 칠거지악을 반대한 선비들이 있었더라도 주류사회의 엄청난 지탄을 받거나 파문당했는데, 하물며 이보다 더 심각했던 곳에서 예수님의 태도는 엄청난 사회적 파장을 불러일으켰습니다.

그 시대에는 이것이 운명이려니 하며 한을 가득 품고 살아가야만 했던 여인들이 있었습니다. 그 여인들 중에서도 경제적 · 사회적 · 종교적으로 억압받았던 사람들이 있었습니다.

그중 한 여인이 어느 날, 사람들의 손에 이끌려 성전 앞마당에 내동댕이쳐졌습니다. 이제 돌팔매질 당해 죽는 일만이 남아 있었습니다. 그러나 그를 향해 퍼붓던 그 독설도, 인기척도 없었습니다. 단지 '나도 너를 정죄하지 아니하노니 가서 다시는 죄를 범치 말라'라는 예수님의 말씀이 그녀의 귓가에 맴돌았습니다. 그때 여인의 마음은 어떠했을까요?

에스더서의 주인공은 누구일까요? 에스더서는 묘하게도 에스더가 아닌 모르드개 이야기로 시작하고, 모르드개 이야기로 끝이 납니다.

에스더의 초반부인 2장에서도 모르드개가 먼저 등장합니다. 모르드개의 출신 배경과 개인 정보가 자세하게 언급됩니다. 에스더는 모르드개의 지시를 충실히 듣고 따르는, 모르드개의 조연급 인물로 등장합니다. 에스더서의 핵심 플롯인 하만과의 갈등도 모르드개가 시작합니다. 모든 모략도 모르드개로부터 시작됩니다.

에스더의 마지막 장인 10장도 모르드개를 언급하면서 끝이 납니다. 아하수에로 왕이 모르드개에게 높은 벼슬을 주어서 영화롭게 하였다, 모르드개가 아하수에로 왕 다음으로 실권이 있었고, 사람들에게 존경을 받았다, 특히 자기 백성이 잘 되도록 꾀하였고, 유다 사람들이 안전하게 살도록 애썼다, 그래서 유다 사람 모두가 그를 좋아했다 등을 살펴볼 때, 주인공은 에스더이기보다 모르드개 같습니다. 에스더서는 에스더처럼 살자고 말해주는 책일까요, 모르드개처럼 살자고 교훈하는 책일까요?

에스더서는 특별합니다. 성경 66권 가운데, 유일하게 하나님이 직접 언급되지 않는 책입니다. 에스더나 모르드개를 앞으로 내세워 그 시대 사람들의 삶의 정황을 보여주고, 당신의 마음을 드러내는 책으로 볼 수 있습니다.

아하수에로 왕은 자신의 힘을 과시하고자 거대하고 호화로운 잔치를 6개월이나 계속했습니다. 초대받은 하객일지라도 당시에는 남녀의 합석은 허용되지 않았습니다. 오랜 잔치에 술에 절어 있는 아하수에로 왕, 그 흥에 겨워 왕비를 잔치에 불렀습니다. 왕이 잔치 끝물에 왕비를 부르는 것이 이상합니다. 그런데 더 이상한 것은 그 왕의 요청을 왕비가 거절한 것입니다. 왕비의 의중에 대해 성경은 전혀 언급하지 않습니다.

분노한 왕은, 이후 측근들을 불러들입니다. 남자들의 권위와 자존심을 위하여, 새로운 법을 만들어 왕비를 폐비로 만들었습니다. 에스더서 1장 22절은 이렇게 적고 있습니다. "왕은 그가 다스리는 모든 지방에 조서를 내렸다. 지방마다 그 지방에서 쓰는 글로 백성마다 그 백성이 쓰는 말로 조서를 내려서 '남편이 자기 집을 주관하여야 하며, 남편이 쓰는 말이 그 가정에서 쓰는 일상 언어가 되어야 한다'고 선포하였다"(새번역). 남편의 말이 곧 그 집의 법이라는 식입니다.

얼마 뒤 정신 차린 아하수에로 왕은 자신이 왕비에게 무슨 짓을 했는지를 알게 되었습니다(2장 1절). 그러자 이제 측근들은 왕과 자신들의 그릇된 정치 행위를 정상화하기보다, 새 왕비를 뽑는 이벤트를 펼칩니다. 분위기를 이상하게 바꾸는 것이었습니다. 왕비 간택 기간도 일 년이나 걸렸습니다. 이 기간 동안 혼기에 접어든 미혼 여성들과 그 부모들의 마음은 힘들었을 것입니다. 모든 혼인이 금지되고, 후보에 뽑힌 여인들은 불확실한 미래를 안고 왕의 여인이 되어 궁으로 향해야 했기 때문입니다.

에스더에서 우리는, 자신과 자신이 속한 집단과 그 집단의 지도자의 중대한 과실을 직면하지 않고 오히려 여론을 무마시키는 모습을 마주하게 됩니다. 에스더서는 이런 거짓이, 법과 제도와 관습으로 정당화되는 사회를 보여줍니다.

또한 왕비조차도 어렵지 않게 폐위될 수 있었습니다. 게다가 2장 7절은 독특한 관습을 보여줍니다. "모르드개에게는 하닷사라고 하는 사촌 누이동생이 있었다. 이름을 에스더라고도 하는데, 일찍 부모를 여의었으므로 모르드개가 데려다가 길렀다. 에스더는 몸매도 아름답고 얼굴도 예뻤다. 에스더가 부모를 여의었을 때에 모르드개가 그를 딸로 삼았다"(새번역). 사촌누이가 양녀가 되는 장면입니다. 당시엔 3촌 5촌 간의 결혼을 비롯하여 근친결혼이 일반적이었기에 양녀로 삼는 일 정도는 부지기수였습니다.

공감하며 성경 읽기

불운의 왕비, 와스디 · · · 에스더서 1장에서 불운의 여성이 되어버린 왕비 와스디에 대해서는 전혀 소개되지 않습니다. 그가 누구인지, 이 일련의 사건 과정에서 왕비가 왜, 어떻게, 무엇을 느끼고 말하고 행동하였는지 알 수가 없습니다. 게다가 왕비조차도 왕이 부르기 전에 왕 앞에 나타나면 목숨을 잃을 수(4:11) 있는 시대였습니다. 그 사회가 철저하고 강력한 남성위주의 사회, 가부장제도 체제였음을 보여주는 것입니다. 이 외에도 에스더가 보여주는 수많은 시대상이 있습니다. 다민족 사회, 다문화 체제로서의 페르시아 사회는 물론, 1, 2, 3차 포로로 그 땅에 끌려간 이들의 일상을 보여주고 있습니다. 597년경 유대의 19대 왕 여고냐(여호야긴) 왕 등이 바빌로니아에 포로로 끌려갈 때, 끌려갔던 이들 가운데 모르드개도 함께 끌려갔다(2:6)고 언급합니다. 아하수에로 왕은 기원전 485년 경에 페르시아 제국의 왕이 되었습니다. 에스더서는 3차 포로 이후 거의 110년 정도의 시간이 흘러갔음을 보여줍니다.

재미있는 정보가 에스더서 안에 가득합니다. 하나님은 그 시대를 살아간 포로의 후예들이었던 유대 백성들에게 그리고 여성들에게 어떤 것을 말씀하시고, 어떻게 느끼고 반응하셨을까요?

읽는 자가 만들어가는 성경 속 뒷이야기

성경의 무대가 되었던 곳에서 머물 수 있었던 것은 저에게 큰 휴식이었습니다. 성경 시대 인물들의 후손이 여전히 삶을 이어가고 있기에 저는 이들을 통해 살아 있는 역사 체험, 성경 문화 체험을 할 수 있었습니다. 그 덕분에 저는 살면서 오감과 일상을 통해 성경을 더 깊이 느끼고 배울 수 있었습니다. 그리고 이렇게 나눌 수 있는 기회도 생겼습니다.

지금의 내가 살면서 겪은 이야기를 50년 뒤나 100년 뒤, 아니 그보다 더 먼 미래의 사람들이 이해할 수 있을까? 어떻게 생각할까? 어떻게 하면 그들이 지금 이 시대를 살아가는 사람들처럼 느끼고 공감할 수 있을까? 엄연한 시대적·문화적·지역적 차이를 극복할 수 있을까? 여러 많은 간격과 장벽을 넘어 공감할 수 있는 길이 있을까? 그런 생각을 해봅니다.

성경 시대 사람들은 먼 옛날의 사람들입니다. 현재를 살고 있는 나와 성경 속 그들 사이엔 참 많은 장벽이 놓여 있습니다. 그럴수록 그들을 지식적으로 알기보다 공감하며 살고 싶었습니다. 그때 그 자리에 살던 이들은 다 이 세상을 떠났어도, 그때 그 자리에 함께하셨던 성령께서 지금 이 자리에 계시진 않을까. 성령께서 나와 그들 사이에 엄연히 존재하는 많은 장벽들을 일상에 대한 이해와 온전한 감각들을 사용해 뛰어넘을 수 있도록 도와주지 않을까를 생각했습니다.

책을 마무리하면서 독자들에게 미안한 마음을 전합니다. 책을 만들며 일부러 불친절한 요소를 많이 넣었습니다. 모든 것을 제시하고 설명해주는 책이기보다 독자 스스로 찾고 알아가고 생각할 수 있기를 바란 저의 의도였습니다. 그동안 익숙했던 성경 읽기 방식으로는 풍성하게 성경 말씀을 느끼고 누리는 것에 한계가 있다고 생각했기 때문입니다. 스스로 성경을 찾아가는 수고를 통해서, 성경을 더욱 깊게 느낄 수 있도록 하고 싶었기 때문입니다.

더 알아가기 위해 넣은 팁에는 사실 정답이 없습니다. 정답을 독자 여러분이 만들어가기를 바랍니다. 이 책이 성경을 더 공감하며 읽는 데 조금이나마 보탬이 되기를 바랍니다.

2014년 10월

김동문

오감으로
성경
읽기